유아교사를 위한

창의 · 인성교육의 이론과 실제

유아교사를 위한

창의·인성교육의 이론과 실제

김형재 · 구성수 · 김형숙 · 김병만
이종길 · 김경숙 · 심민서 · 허수윤
김경은 · 홍순옥 공저

학지사

머리말

21세기에 들어서부터 우리는 주변에서 창의 · 인성교육의 중요성을 강조하는 말을 자주 듣고 있다. 창의 · 인성을 언급하는 기사나 보도가 넘쳐 나고 있고, 다양한 분야에서 창의 · 인성 계발을 위한 노력들이 시도되고 있다. 창의 · 인성교육은 우리 교육이 답습해 온 주입식 교육의 한계를 극복하기 위한 새로운 교육 패러다임이다. 이처럼 창의 · 인성은 현대사회 구성원 모두의 행복과 성장을 위해 갖추어야 할 덕목이자 교육현장에서 반드시 양성해야 할 기본요소인 것이다.

창의 · 인성교육에 대한 논의는 교과를 넘어 사회적 현상으로 다루어지고 있다. 하지만 과도한 전공교과와 교직교과 이수를 통해 전공지식 습득에 지친 예비유아교사에게 창의 · 인성을 교육하기는 쉽지 않은 일이다. 이에 저자들은 일반적인 이론 수업에서 벗어나 다양한 교수매체를 활용한 창의 · 인성교육의 이론과 실제 활동을 통해 유아교사로서 창의적인 안목과 바람직한 인성을 향상시키는 데 도움을 제공하고자 이 책을 집필하였다.

이 책은 총 8장으로 구성되어 있으며, 각 장은 창의 · 인성교육의 이론, 창의적 미술 활동, 창의적 디자인 활동, 창의적 패러디 활동, 창의적 음악활동, 창의적 문제해결력 증진 활동, 창의적 과학 소양 증진 활동, 창의적 스토리텔링 활동을 담고 있다.

구체적으로 제1장에서는 예비유아교사와 유아교사를 위한 창의 · 인성교육의 기초 이론을 다루고, 제2장에서는 창의적 발상으로의 연계를 가능하게 하는 표현기법을 통해 자유로운 형태로 표현함으로써 교사들의 잠재능력을 향상시키고 독창성 있는 작품 구현을 돕기 위해 '창의적 미술활동을 통한 창의 · 인성교육의 이론과 실제' 를 표현기법 중심으로 다룬다.

제3장에서는 교사를 대상으로 현장에서 반영될 수 있는 유용성을 지닌 창의적 사고와 배려적 사고 증진을 이룰 수 있도록 하기 위해 디자인 사고를 중심으로 '디자인 교육을 통한 창의 · 인성교육의 이론과 실제' 를 다루고 있다. 제4장에서는 교사들의 창의력, 창의적 인성, 창의적 문제해결력뿐만 아니라 사회 · 문화적 현상에 대해 인식을 높이고 분별력 있는 비판적 안목을 기르는 등 바람직한 인성을 갖추며, 명화와 그림책의 다양한 장르와 패러디의 예술적 가치를 알고 예술문화에 대한 이해와 시각을 넓히고자 명화와 그림책을 중심으로 '패러디를 활용한 창의 · 인성교육의 이론과 실제' 를 다룬다. 제5장에서는 고든의 음악교육방법과 코메니우스의 단계적 학습모델에 근거하여 영상매체를 활용한 창의적 음악활동을 경험함으로 교사의 창의성 및 인성을 함양하기 위해 애니메이션과 광고음악을 중심으로 '영상기반 음악 만들기 활동을 통한 창의 · 인성교육의 이론과 실제' 를 다룬다.

제6장에서는 창의적으로 수학적 문제를 해결해 보는 경험을 통해 궁극적으로 창의적 시각으로 문제를 해결할 수 있는 힘을 키우기 위해 공학 TRIZ이론을 중심으로 '문제해결력 증진 활동을 통한 창의 · 인성교육의 이론과 실제' 를 다루며, 제7장에서는 과학활동을 중심으로 '과학적 소양 증진 활동을 통한 창의 · 인성교육의 이론과 실제'를 다룬다. 마지막으로 제8장에서는 교사들로 하여금 재미와 감동, 소통이 어우러진 문학활동을 할 수 있도록 도우며, 문학활동에서의 관심과 몰입을 통해 감수성을 키우고, 표현의 폭을 넓히고 재창조함으로써 문학 향유의 재미를 극대화하기 위해 고전문학을 중심으로 '스토리텔링을 활용한 창의 · 인성교육의 이론과 실제'를 다룬다.

이 책에서 제시한 다양한 교수매체를 활용한 창의 · 인성교육 이론과 활동은 예비유아교사와 현장유아교사의 창의 · 인성을 증진하는 교사교육 자료로 활용될 수 있을 것이다. 또한 학부기초과목이나 교양과목의 질을 함양하는 교수자료로도 활용될 수 있을 것이다. 특히 이 책에서 제시한 창의 · 인성교육 활동은 예비유아교사와 현직유아교사들에게 도덕적 딜레마 경험과 문제해결 경험을 제공할 것이고, 그들의 도덕적 예민성, 도덕적 판단력 증진과 함께 올바른 가치관과 확고한 자아 정체감을 형성한 바람직한 인성을 갖춘 창의적인 교사로 성장해 나가는 데 도움을 제공할 것이다.

이러한 다양한 창의 · 인성교육에 대한 실제적인 활동 경험은 의사결정능력, 행동실천력 증진과 함께 공동체 의식과 리더십을 갖춘 창의적 교사로 성장함에 있어 도움이 될 것이다. 또한 다양한 소집단 활동과 발상의 전환을 경험하는 활동, 토론 중심의 활동 등을 통해 이론 중심 교육과정에 대한 반성적 사고의 경험을 제공하고, 이상적인 교육과정의 방향성과 패러다임을 제공할 것이다.

저자들은 예비유아교사와 현직유아교사들이 이 책을 통해 유아들의 행복과 창의 · 인성에 무한한 책임의식을 갖기를 희망한다. 그리고 유아의 창의 · 인성교육에 관심이 많은 사람들의 무한한 사랑과 관심을 받기 바란다.

양서를 만들고자 한 초심에 비해 다소 부족한 결과물임에도 불구하고 출판을 시도하게 된 것은 독자들의 지적과 조언을 얻기 위함이다. 이 책은 최종의 결과물이 아니라 계속해서 수정 · 보완의 과정에 있으므로 양서로 거듭나는 매 과정에 독자 여러분의 진심 어린 충고와 도움을 구하고자 한다.

끝으로 이 책의 출간을 맡아 주신 학지사 김진환 사장님과 바쁜 일정 속에서 편집을 위해 노력하신 학지사 편집부 황미나 님을 비롯한 직원 여러분께도 진심으로 감사의 말씀을 드린다.

2015년 9월

저자 일동

차례

제 1 장

예비유아교사와 유아교사를 위한 창의 · 인성교육의 이론

1. 예비유아교사와 유아교사를 위한 창의 · 인성교육의 필요성

미국의 경우 2007년 국가 경쟁력 강화를 위한 산업정책 중 하나로 'Five for Future'에서 창의적이고 첨단적인 재능을 활용할 것을 제시하였다. 영국은 2000년부터 창의성을 국가 교육과정의 주요 목표로 강조하고 있으며, 국립과학교육지원센터(National Science Learning Centre: NSLC)에서는 창의적 교수-학습방법을 위한 연구를 전담하는 부서를 운영하고 있다. 또한 일본은 인간성 및 사회성 함양을 위한 인성교육의 병행을 추진해 오고 있다.

우리나라에서도 창의성과 인성은 21세기 미래교육에 있어서 매우 중요한 역량으로 강조되고 있다. 그 일환으로 교육과학기술부는 2010년에 창의 · 인성교육의 기본 방안을 수립 · 발표하였으며, 2011년에는 창의 · 인성교육의 확산을 최우선 중점 과제로 추진하였다.

최근 국내 매출액 상위 100대 기업의 인재상을 조사한 바에 따르면, 도전정신이 전문성을 앞질러 1순위를 차지하였고, 창의성이 4순위로 꼽혔으며, 인성과 관련된 주인의식, 도덕성이 각각 2순위와 5순위를 차지하였다(대한상공회의소, 2013). 이는 미래사회의 인재상이 모방형 인재에서 창조적 인재로 전환되고 있으며, 창의 · 인성을 중시하고 있다는 것을 의미한다.

현대사회는 과학기술의 급속한 발달로 인한 정보화와 기술화, 세계를 하나의 문화권으로 보고자 하는 국제화와 다원화 등이 이루어지고 있다. 그러나 이러한 사회 발전에 사회구성원들의 도덕적 태도와 윤리적 가치체제가 동반되지 못하는 불균형이 초래되고 있다. 이로 인해 우리 사회에서는 비도덕적 또는 반사회적인 문제가 심각하게 대두되고 있다. 유아교육현장에서도 2013년 4월의 부산 어린이집 영아 폭행사건에 이어 2013년 11월의 '아동을 상습 폭행한 어린이집 교사 적발' 등 아동학대와 관련된 사건들이 최근까지도 연속적으로 발생하면서 이와 직 · 간접적으로 관계된 유아교사의 인성교육이 사회적 관심사로 급부상하였다.

그에 대한 하나의 해결방안으로 교육학계에서는 그동안 도덕 교과서의 이론 중심의 인성교육에서 벗어나 실천 중심의 인성교육을 강조하며 우리 사회를 이끌어 갈 인재 양성에 초점을 맞춘 새로운 인성 덕목을 찾고, 이러한 인성을 함양하려는 교육을 시도하고자 한다. 이러한 맥락에서 최근 교직과목에서도 교육봉사와 논리와 논술교육이 새로이 추가되고, 창의 · 인성교육이 선택이 아닌 의무임을 강조하고 있다(교육과학기술부, 2009, 2010).

인성이 갖추어지지 않는다고 해서 창의성이 발현될 수 없는 것은 아니지만, 좋은 인성은 창의성을 이루는 데 아주 중요한 재료가 된다. 특히 현대사회에서 창의성이란 뛰어난 개인 혼자의 힘으로는 절대로 이루어 낼 수 없는 것이기 때문에 인성의 중요성이 더욱 부각되고 있다. 즉, 스티브 잡스(Steve Jobs)가 뛰어난 천재임에도 불구하고, 그의 아이디어를 현실화해 준 수많은 기술자와 디자이너 그리고 프로그래머들의 책임과 협력 등이 없었다면 세상을 바꾼 아이폰과 같은 창의적인 산출물은 탄생하지 못했을지도 모른다. 우리가 창의적인 성공을 하기 위해서는 자신의 의견만을 고집하지 않고 타인의 생각을 존중하고 경청하며, 필요하다면 기꺼이 자신의 생각을 수정하고 협력할 수 있는 덕목이 필수적이라는 것이다(김영옥, 2013: 박순정, 2013에서 재인용). 즉, 이러한 창의성교육과 인성교육이라는 두 교육의 유기적 결합을 통해 인성 개발이 곧 창의성 개발로 이어지게 된다.

이러한 창의 · 인성교육이라는 새로운 복합개념이 실현성 있는 현장착근의 이론과 구체적 실행 선례의 부족으로 현장에서의 실행에 어려움이 많다(김한나, 2012; 최준환 외, 2009)는 비판에도 불구하고 교육과학기술부의 기본 교육방향에 부합하는 창의 · 인성교육의 실행 및 관련 연구들은 지속적으로 늘어나고 있다. 유아교육 분야에서도 그 노력의 하나로 2013년의 '만 3~5세 연령별 누리과정'에서는 창의성과 인성을 각 활동에서 다루고자 하였으며, 유아의 창의 · 인성 함양을 위한 영상매체 활용 프로그램(교육과학기술부, 2010) 등을 개발하고 있다.

그러나 아무리 좋은 교수매체와 우수한 프로그램이 개발된다 하더라도 그 교육을 책임지고 이끌 유아교사가 창의적이지 못하거나 바람직한 인성을 갖추고 있지 못하다면 이러한 노력도 무용지물이 될 것이다. 따라서 무엇보다 시급한 문제는 유아교사들의 창의 · 인성교육으로, 예비유아교사와 유아교사들을 위한 창의 · 인성교육의 방향, 교수-학습방법, 교수매체와 다양한 프로그램의 개발이 필요하다.

한국과학창의재단에서도 이와 같은 맥락에서 창의 · 인성교육의 기본 틀 제시를 통해 교사의 창의 · 인성교육에 대한 이해를 위한 교사교육 강화 및 유아교사 양성교육기관에서부터 체계적인 창의 · 인성에 대한 지식 습득 및 태도 함양의 중요성을 강조하였다(한국과학창의재단, 2010). 그러나 이러한 정책에도 불구하고 예비유아교사를 위한 창의 · 인성교육에 대해 실제적인 안이 미흡한 실정이다.

따라서 이 책은 이러한 맥락에서 예비유아교사와 유아교사들의 창의 · 인성교육을 위해 이론 중심이 아닌 활동 중심의 프로그램을 개발하는 데 초점을 맞추었다.

2. 창의 · 인성교육의 이해

창의 · 인성교육은 창의성과 인성을 길러 주기 위하여 창의성교육과 인성교육의 독자적인 기능과 역할을 강조하면서, 동시에 두 교육의 유기적 결합을 통해서 창의성의 배양과 발휘를 촉진하는 인성과 사회 · 문화적 가치 및 풍토를 조성하고, 올바른 인성과 도덕적 판단력을 구비한 창의적 인재를 육성하는 교육철학 및 교육전략이다(문용린, 최인수, 2010). 이에 이 장에서는 창의 · 인성교육의 기본 개념을 정립하고, 창의 · 인성교육의 개념과 구성요소에 대해 살펴보고자 한다.

1) 창의 · 인성교육의 기본 개념 정립

창의 · 인성교육의 정의를 내리는 일은 쉽지 않다. 창의성과 인성이 양자택일의 개념이지, 공존할 수 있는 것이 아니라는 반론도 있기 때문이다. 창의성은 기존 사회나 문화의 규범을 타파하고 변혁하는 성향이 강한 반면, 인성이 우수하다는 것은 기존 사회에 바람직한 성향을 지니고 있다는 의미다.

교육부에서 제시한 '창의 · 인성교육 총론'에서는 창의성을 독창적이면서도 유용한 산물을 산출할 수 있는 사람의 특성이라고 정의하였으며, 인성이란 신뢰할 만하고 협동적인 인간관계를 맺으면서 만족스럽고 행복한 삶을 사는 생활태도와 품성을 이르는 말로 정의하고 있다(김균욱, 2012).

이 책에서는 창의성과 인성을 완전히 독립된 개념이 아니라 창의성을 좀 더 역동적인 인성의 개념으로 전환시켜서 유기적으로 결합된 것으로 이해하고자 한다. 여기서 독립적이라 함은 창의성과 인성이라는 각각의 개념 속에는 서로 섞이지 않는 개념이 존재한다는 것이며, '결합되었다 함'은 두 개념이 상호 조화롭게 공동의 목표를 추구할 수 있다는 것을 의미한다. 예를 들어, 창의성의 한 속성인 '독창성'과 인성의 속성인 '배려'의 경우 둘은 상당히 독립적인 개념이므로 서로 공존할 수 없을 것으로 보이지만, 독창성을 개인의 사고과정의 창의적 산출물로 보고 배려를 집단 내 구성원을 배려하고 존중하는 분위기로 여긴다면, 교육이라는 틀 안에서 독창성과 배려는 함께 계발시킬 수 있을 것이다. 따라서 이 책에서는 창의성을 문제, 고민, 갈등을 적극적으로 해결하는 능력 또는 특성으로 보아, 창의성과 인성이 유기적으로 결합된 맥락에서 창의 · 인성교육의 가능성을 실현해 보고자 한다.

2) 창의 · 인성교육의 개념

2009년에 교육과학기술부(현 교육부)가 발표한 「창의 · 인성교육 기본방안」에서는 창의 · 인성교육이 교육의 근본 가치를 창출할 것으로 전망하며,

현재 교육받는 학생들이 미래에 마주치게 될 다양한 기회와 도전에 대해 준비시키는 것이 국가의 의무라고 하였다. 미래교육은 '집어넣는 교육'이 아니라 '끄집어내는 교육'이 중심이 되어야 하며, 학생들의 잠재력과 바람직한 가치관을 '찾고 키워 주는' 교육의 핵심에 '창의성'과 '인성'이 존재한다고 하였다(교육과학기술부, 2009). 교육과학기술부에서는 창의 · 인성교육에 대해 '새로운 가치를 창출하고 동시에 더불어 살 줄 아는 인재'를 양성하는 미래교육의 본질이자 궁극적인 목표를 가진 교육이라고 정의하였다(교육과학기술부, 2009).

즉, 창의 · 인성교육은 기존의 창의성교육과 인성교육이 단순히 결합된 것이 아니라 보다 포괄적이고 종합적이며 미래지향적이고 동시적인 특징을 가지면서 '새로운 가치를 창출하고 동시에 더불어 살 줄 아는 인재'를 양성하는 미래교육이다.

(1) 창의 · 인성교육의 기본 개념

곽재희, 김광태, 김현진, 윤영식(2012)이 제안한 창의 · 인성교육의 기본 개념으로는 포괄성, 종합성, 미래지향성, 동시성이 있다. 이를 살펴보면 다음과 같다.

첫째, '포괄성'이란 교육이 영재 등 특정 학생에게 한정된 교육이 아니라 모든 학생을 대상으로 일상적으로 이루어지는 교육임을 말한다. 즉, 교육내용도 자신에 대한 이해, 타인에 대한 관심과 배려, 환경 등 전 지구적 문제에 대한 창의적인 해결 노력까지 포괄한다.

둘째, '종합성'이란 일부 교과나 활동에서만 담당하는 것이 아니라 교과활동과 창의적 체험활동, 가정교육 등을 통해 기본적인 자질을 종합적으로 함양하는 자질교육임을 말한다.

셋째, '미래지향성'이란 부정적 이미지의 관행적인 교육이 아니라 '즐거움, 스스로 중요한' 등 긍정적 이미지의 미래형 교육을 말하며, 이러한 개념적 특징은 공교육을 정상화하고 경쟁력을 높이는 교육을 지향하고 있다.

넷째, '동시성'이란 창의 · 인성교육은 '개방성' 등과 같이 그 구성요소 자체가 같거나 협동능력 향상 등과 같이 인성 개발이 곧 창의성 개발로 이어져 동시에 교육할 때 그 교육효과가 커질 것임을 말한다.

이러한 창의 · 인성교육의 기본 개념에 대한 구체적인 내용은 〈표 1-1〉과 같다.

표 1-1 창의 · 인성교육의 기본 개념

	포괄성	종합성	미래지향성	동시성
정의	창의 · 인성교육은 영재 등 특정 학생에게 한정된 교육이 아니라 모든 학생을 대상으로 일상적으로 이루어지는 포괄적인 교육임	창의 · 인성교육은 일부 교과나 활동에서만 담당하는 것이 아니라 교과활동, 창의적 체험활동, 가정교육 등을 통해 유아 단계부터 종합적으로 함양해야 하는 자질교육임	창의 · 인성교육은 부정적 이미지의 관행적인 교육이 아니라 '즐거움, 스스로 중요한' 등 긍정적 이미지의 미래형 교육임	창의 · 인성교육은 창의성과 인성을 동시에 함양하는 교육임
특징	교육내용은 자신의 이해부터 타인에 대한 관심과 배려, 환경 등 전 세계적인 문제의 창의적인 해결까지 포괄함	창의 · 인성교육은 학교 안팎의 다양한 물적 · 인적 자원과 방법을 활용하여 적극적인 개발과 노력이 요구됨	학점을 올리는 방법을 가르치는 기존 교육의 존재 기반을 근원적으로 제거하며, 미래지향적인 교육을 정상화하고 경쟁력을 높임	창의 · 인성교육은 '개방성' 등과 같이 그 구성요소 자체가 같거나 협동능력 향상 등과 같이 인성 개발이 곧 창의성 개발로 이어져 상호 동반효과가 큰 쌍둥이 자질을 가짐

출처: 곽재희, 김광태, 김현진, 윤영식(2012) 재구성.

(2) 창의 · 인성교육의 인간상

교육과학기술부(2009)는 미래사회가 요구하는 창의적인 인재를 양성하기 위해 자주인, 창의인, 문화인, 세계인을 교육적 인간상으로 제시하였다.

첫째, 자주인(self-directed person)은 '전인적 성장의 기반 위에 개성의 발달과 진로를 개척하는 사람'으로 지덕체를 고르게 발달시키고, 개성을 발휘하고, 진로를 개척하고, 자기주도성 등을 함양한 인간을 말한다.

둘째, 창의인(creative person)은 '기초능력의 바탕 위에 새로운 발상과 도전으로 창의성을 발휘하는 사람'으로 기초능력 구비와 확산적 사고, 문제해결력, 독창성, 새로운 가치창출능력 등을 함양한 인간을 말한다.

셋째, 문화인(cultivated person)은 '문화적 소양과 다원적 가치에 대한 이해를 바탕으로 품격 있는 삶을 영위하는 사람'으로 다양한 문화적 소양과 다원적 가치에 대해 이해하고, 삶의 질을 추구하는 인간을 말한다.

넷째, 세계인(global-minded person)은 '세계와 소통하는 시민으로서 배려와 나눔의 정신으로 공동체 발전에 참여하는 사람'으로 의사소통능력과 세계시민의식, 지구공동체의식, 문제해결력, 배려와 나눔 등을 함양하고 인류 공영의 가치를 추구하는 인간을 말한다.

3) 창의 · 인성교육의 구성요소

이 책에서는 창의 · 인성교육을 '창의성교육과 인성교육의 독자적인 기능과 역할을 강조하는 동시에, 두 교육의 유기적 결합을 통해 올바른 인성과 도덕적 판단력을 구비한 창의적 인재를 육성하는 것'이라고 보았다. 창의 · 인성교육의 기본적인 배경요소로는 지식 기반과 문화 및 풍토를 들 수 있다. 이는 창의성과 인성을 겸비한 인재 양성을 위해서는 교과 지식을 기반으로 한 창의성과 인성의 교육뿐만 아니라 이를 수용할 수 있는 사회적 관심과 분위기, 즉 문화 및 풍토의 토대가 필요하다는 것이다(문용린, 최인수, 2010a). 따라서 이 책에서도 '창의성의 배양과 발휘를 촉진하는 사회 · 문화적 가치와 풍토 조성'까지 포괄하는 교육으로 보고자 하였다.

이에 창의성과 인성이 혼합된 접근으로 문용린과 최인수(2010b)의 「배려와 나눔을 실천하는 창의인재육성을 위한 창의 · 인성교육 활성화 방안 연구」에서 제시한 창의 · 인성교육의 구성요소를 정리하면 [그림 1-1]과 같다.

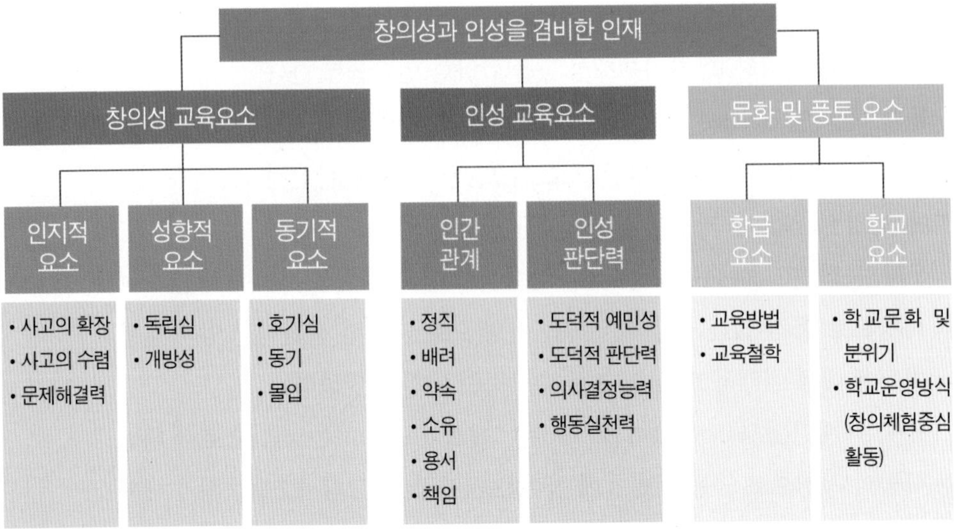

[그림 1-1] 창의 · 인성교육의 구성요소

출처: 문용린, 최인수(2010b).

(1) 창의성교육의 구성요소

이정희(2003)가 제시한 인지적 요인에서 보는 창의성은 지적 능력의 한 특성으로 간주되며, '확산적 사고'와 '수렴적 사고'로 나누어진다. 확산적 사고는 기존에 알려지지 않은 새로운 대안을 창출해 내는 능력이고, 수렴적 사고는 주어진 정보를 통하여 가장 안전하고 확실한 해답을 찾는 능력이다.

또 다른 인지적 관점은 창의성을 문제해결력으로 파악하는 관점으로, 창의성 연구자들은 문제의식, 문제파악, 문제발견, 문제정의를 창의성의 주요 요소라고 하였다. 김종안(1998)은 문제해결력은 문제발견력, 올바른 문제정의 및 재정의 능력, 문제해결안 산출 및 이와 관련된 전략사용능력, 그리고 해결안을 평가하는 능력이라고 하였다. 예를 들어, 창의성이란 어떤 상황에서 자신이 원하는 목표에 도달하기 위해 여러 가지 조작을 하는 일련의 과정을 통해 발현되는 문제해결력이라는 것이다(이정희, 2003에서 재인용).

문제를 해결하기 위해서는 도달해야 할 목표와 현재 상태의 불일치를 발견하고, 목표 상태에 도달하기 위해 여러 가지 조작을 해야 한다. 이렇게 도달해야 할 목표와 현재 상태와의 불일치를 발견하는 것이 바로 '문제발견'이다. 문제발견은 문제를 찾아내거나 형성하고 창조하기 위한 행동, 태도, 사고과정을 말하며, 문제표현, 문제구성, 문제제기, 문제형성, 문제확인, 창의적 문제발견, 문제정의 등의 용어로 표현되는 다양한 행동과 기술, 경향성의 복합체라고 할 수 있다. 따라서 문제발견은 '비구조화된 실제적 문제 상황에서 질문이나 문제를 생각하고 형성하는 능력'이라고 정의할 수 있다.

문제해결은 문제를 인식하고 현재 상태에서 목표 상태에 도달하기 위해 진행되어 가는 복잡한 인지적 과정이며, 여러 단계를 거쳐서 이루어진다. 문제해결의 단계는 공통적으로 문제 파악하기, 문제와 관련된 정보 찾기, 찾은 정보로부터 해결책 찾기, 제안된 해결책을 평가하고 수정하기의 과정을 거친다.

문제해결의 종류는 일반적 문제해결과 창의적 문제해결로 나눌 수 있다. 일반적 문제해결과 창의적 문제해결은 문제를 정의하고 해결안을 찾고, 이를 실행해 평가하는 등의 유사한 절차가 이루어지지만 문제의 특성 및 해결 방법에서 차이를 보인다. 일반적 문제해결에서는 구조화된 문제를 다루며, 기존의 알고리즘을 적용하거나 이미 기억한 절차를 그대로 적용하는 반면, 창의적 문제해결에서는 비구조화된 문제를 다루며, 문제와 방법 및 해결책을 스스로 발견하거나 창조해 해결한다.

창의성을 문제해결의 한 유형이라고 보는 입장에서 스미스(Smith, 1998)는 창의성이란 매우 간단한 사고에서 매우 복잡한 사고과정까지의 연속선상에 위치하는 문제해결의 한 유형이라고 했다.

이에 창의 · 인성교육의 구성요소 중 인지적 구성요소를 구체적으로 살펴보면 〈표 1-2〉와 같다.

정의적 요인은 인지적 요인들과 상호작용하여 창의성의 발현을 돕는다. 창의적으로 과제를 수행하는 데 사고기술과 문제해결력 등의 인지적인 요인뿐

표 1-2 인지적 구성요소

인지적 요소		
사고의 확장	사고의 수렴	문제해결력
• 확산적 사고 • 다양한 관점에서 새로운 가능성이나 아이디어를 다양하게 생성해 내는 사고능력 • 상상력/시각화 능력 • 이미지나 생각을 정신적으로 조작하고 마음의 눈으로 사물을 그릴 수 있는 사고능력 • 유추/은유적 사고 • 사물이나 현상들 사이에서 기능적으로 유사하거나 일치하는 내적 가능성을 알아내는 사고능력	• 논리 · 분석적 사고 • 부적절한 것에서 적절한 것을 분리해 내고 합리적인 결론을 끌어내는 사고능력 • 비판적 사고 • 편견, 불일치, 견해 등을 인식할 수 있는 능력	• 문제발견 • 새로운 문제를 찾고 형성하고 창조하는 것 • 문제해결 • 문제를 인식하고 현재 상태에서 목표 상태에 도달하기 위해 진행해 가는 일련의 복잡한 사고 활동

출처: 문용린, 최인수(2010b) 재구성.

만 아니라 동기와 성격 등의 정의적인 요인도 영향을 미친다.

많은 연구에서 창의적인 인물들의 사례연구와 인성검사를 통해 창의적 인간의 성격적 특성을 밝혔다(이인순, 1987; 정은이, 박용한, 2006; MacKinnon, 1978; Sternberg, 1988; Sternberg & Lubart, 1991). 스턴버그와 루바트(Sternberg & Lubart, 1991)는 창의적 성격 특성에 관한 연구에서 창의적 성격의 공통적 특성을 모호함에 대한 인내심, 끈기, 새로운 경험에 대한 개방성, 위험을 기꺼이 감수하고자 함, 자신에 대한 확신과 믿음의 용기의 다섯 가지로 제시하였다.

동기에 관해 연구한 헤네시(Hennessey, 1995)는 사람들이 외압보다는 오히려 흥미, 즐거움, 만족 그리고 일 그 자체의 도전에 의해 동기화될 때 가장 창의적이라 하였다. 보상이나 평가에 대한 기대나 외적인 제약은 아동의 창의적 동기에 부정적인 영향을 줄 수 있으며, '일 놀이 가설'은 아동들의 일이나 놀이와 같은 활동에 대한 지각이 과제에 대한 흥미와 창의성을 변화시킨다는 간접적인 증거가 된다고 하였다(이정희, 2003).

창의적 성향의 특성은 다양하게 언급되고 있으나, 공통적으로 지적되고 있는 내용을 정리하면 다음과 같다(Shallcross, 1985).

- 다양한 경험에 대해 개방적이다.
- 목표지향적이다.
- 독립심이 강하다.
- 주관이 강하다.
- 자신감이 있다.
- 독창적이다.
- 위험에 대해 적극적이다.
- 자긍심이 강하다.
- 유머가 있고 장난기가 있다.
- 인내심이 강하다.
- 처음의 시도나 실험을 좋아한다.
- 호기심이 강하다.
- 변화나 자극에 대해 예민하다.
- 비전을 중시한다.
- 위험에 대해 강하다.
- 자기주장이 강하다.
- 애매함과 무질서를 수용한다.
- 용기가 있다.
- 전통, 관습에 얽매이지 않는다.
- 동기화 능력이 강하다.
- 융통성이 있고 유연하다.
- 자유분방하다.
- 복잡한 것을 싫어하지 않는다.

학습자가 지식 기반에 있어 문제해결의 산출이 가능한 조건이라 해도 학습자 스스로 문제해결에 대해 흥미가 없거나 동기화되지 않아 행동의 시작조차 하지 않는다면 학습활동은 일어나지 않는다.

문제해결을 시작한 후에도 학습자가 자기 조절 전략 사용과 자신의 효능성에 대한 기대를 어떻게 하느냐에 따라 산출 결과가 영향을 받기 때문에, 동기적 요소는 일반적 그리고 특정 영역의 지식과 기능 기반 요소 등 창의적 문제해결력의 나머지 요소들이 기능을 발휘하는 데 원동력을 제공하는 부분이면서 성장하는 요소다.

동기적 요소는 자기 조절 학습이론으로서 문제해결자의 내재적 동기화와 자아효능감이 있다. 한 개인이 스스로 과제 수행을 시작하고, 과제를 수행하는 자체를 보상으로 지각하여 몰두하고, 만족감과 흥미를 느끼고, 잘 풀리지 않는 과제에 끈기 있게 매달리고 집착을 보일 때 그 사람은 내재적으로 동기화되었다고 말한다. 자아효능감은 자기 조절로서, 자기 판단, 자기 관찰, 자기 반응의 세 하위 기능으로 구성된다.

창의 · 인성교육의 구성요소 중 성향적 구성요소와 동기적 구성요소를 구체적으로 살펴보면 〈표 1-3〉과 같다.

(2) 인성교육의 구성요소

인성은 개인적 · 사회적 · 교육적인 다양한 속성을 포함한 포괄적 의미의 인성으로 보아야 한다. 즉, 개인이 사회에 적응하는 과정에서 개인적으로는 자아를 실현하고 사회적으로는 더불어 살기 위한 도덕적 · 친사회적인 가치를 추구하는 사회적인 특성이며, 교육이나 학습에 의해 습득하거나 변화가 가능한 인간의 성품을 '인성'이라고 본다(이경민, 2010). 이런 정의의 연장선상에서 인성교육은 포괄적으로는 바람직한 인간상을 함양하는 것을 목적으로 한 교육으로, 인성을 함양하기 위해 가르치고 배워야 할 것과 그것을 적절하게 이해하고 실천할 수 있는 인지적 · 정의적 · 행동적 요소를 강화하는 교육이라 정의할 수 있다.

표 1-3 성향적 구성요소와 동기적 구성요소

<table>
<tr><th colspan="2">성향적 구성요소</th><th colspan="3">동기적 구성요소</th></tr>
<tr><th>개방성</th><th>독립성</th><th>호기심/흥미</th><th>몰입</th><th>동기</th></tr>
<tr><td rowspan="3">다양성
다양한 아이디어나 입장을 수용하는 열린 마음
복합적 성격
서로 모순되는 정반대의 성격을 동시에 가지고 있는 것</td><td rowspan="3">용기
모험심, 위험감수, 개척자 정신, 도전정신
자율성
타인의 말에 쉽게 흔들리지 않고 스스로 선택하고 행동하는 성향</td><td rowspan="3">주변 현상과 문제들을 매사 경이롭게 생각하고 끊임없는 질문과 깊은 흥미를 보이는 성향</td><td rowspan="3">어떤 활동에 깊게 빠져들어 시간의 흐름이나 공간, 나아가 자신에 대한 생각까지도 잊어버리게 되는 심리적 상태</td><td>문제를 되도록 멀리 떨어져서 보게 하는 것</td></tr>
<tr><td>보상전략은 제한적으로 활용하기</td></tr>
<tr><td>관련짓기를 훈련하기</td></tr>
<tr><td rowspan="4">애매모호함에 대한 참을성
불확실함과 모호함을 잘 견딤으로써 새로운 방향으로 문제해결을 이끄는 성향
감수성
미세하고 미묘한 뉘앙스를 잘 느끼고 감지하는 것</td><td rowspan="4">독창성
자기만의 방식으로 현상을 판단하고 유행을 따르지 않는 성향</td><td rowspan="4">높은 호기심과 흥미는 내적 동기와 몰입을 직접적으로 유발하고 촉진하여 창의성 발현을 이끄는 필수적인 성향</td><td>열정</td><td>즐길 수 있는 분위기 만들기</td></tr>
<tr><td>즐거움</td><td>충분한 휴식을 권장하기</td></tr>
<tr><td>성실</td><td>시간적 압박을 줄이기</td></tr>
<tr><td>끈기</td><td>실패에 대한 불안감을 덜어 주기</td></tr>
</table>

출처: 문용린, 최인수(2010b) 재구성.

최종욱(2009)은 실천 중심 인성교육이 되기 위해 우리가 말하는 인성이나 인성교육은 그 개념을 좀 더 단순하게 해야 한다고 말한다. 그는 그간의 인성교육은 전인교육과 관련지어 다소 모호하고 추상적인 지식 중심 교육을 목표로 인식하는 경우가 있었다고 지적하며, 21세기가 요구하는 인성은 인성교육의 핵심적 요소를 명료화하여 접근이 용이하고 지식과 실천을 포함한 목표를 명확히 함으로써 쉽게 실천할 수 있고, 그 결과의 평가도 가능해질 것으로 보았다.

강선보 등(2008)은 21세기가 요구하는 인성은 성인과 같은 완벽한 인간의 관점에서 이해될 것이 아니라, 일상생활 속에서 인간 본연의 모습을 실천하고 노력하는 실천인으로서 살아 숨 쉬고, 공동체 속에서 더불어 살고, 앎과 실천이 융화된 인간상으로 이해해야 한다고 하였다.

따라서 이 책에서 집중적으로 살펴볼 인성 개념은 창의성교육과 관련된 개념으로, 기존의 인성교육에서 추구하는 '착한 도덕군자' 양성과 이타성 함양을 강조하는 것이 아닌 창의성을 촉진하고 창의성을 발현하는 데 도움이 되는 능력으로서의 인성적 측면이다. 또한 이 책에서는 인성교육을 자신의 개성을 발휘하여 사회와 공동체에 유익함을 줄 수 있는 인간으로서의 자질과 능력을 기르는 교육으로 보고자 한다.

이에 창의 · 인성교육의 구성요소 중 인성교육의 구성요소는 인간관계 덕목과 인성판단능력으로 나누어 구성하였으며, 이를 구체적으로 살펴보면 〈표 1-4〉와 같다.

표 1-4 인성교육의 구성요소

인간관계 덕목	인성판단능력
정직 객관적인 기준에 따라 있는 그대로의 결과를 인정하고 받아들이는 것	도덕적 예민성 사태를 도덕적 관점에서 받아들이고 인식할 수 있는 능력
배려(존중) 다문화, 다학문 등의 다양성을 받아들이고, 상충되는 의견을 합의에 이르는 것	도덕적 판단력 정의롭고 공공의 관점에서 상황을 판단하여 행동선택에 있어서 보다 바람직한 이유와 정당성을 추구하고 판단할 수 있는 능력
약속(신뢰) 자신에게 주어진 역할을 정확하게 이행하는 것	의사결정능력 보다 바람직한 가치를 판단하고 이해할 수 있는 능력을 바탕으로 가치와 일치하는 행동을 선택하는 능력
소유(절제) 타인의 지적 · 물적 능력, 성과 등을 인정하고 자신의 역량에 맞는 결과를 받아들이는 것	행동실천력 바람직한 행동을 선택한 후에 그것을 직접적으로 행동으로 보일 수 있고 실천할 수 있는 능력
용서 타인의 입장과 견해를 이해하고 받아들일 수 있는 열린 마음을 갖는 것	
책임 주인의식을 갖고 적극적으로 과제를 수행하는 것	

출처: 문용린, 최인수(2010b) 재구성.

참고문헌

강선보, 박의수, 김귀성, 송순재, 정윤경, 김영래, 고미숙(2008). 인성교육. 경기: 양서원.

곽재희, 김광태, 김현진, 윤영식(2012). 창의 · 인성교육을 위한 전략 연구: 초등사회과교육. 파주: 한국학술정보.

교육과학기술부(2009). 창의 · 인성교육 기본방안.

교육과학기술부(2010). 창의와 배려의 조화를 통한 인재육성.

김균욱(2012). 창의 · 인성교육에 미치는 문인화의 영향에 관한 연구. 고려대학교 교육대학원 석사학위논문.

김영옥(2013). 3~5세 연령별 누리과정 지원을 위한 유치원 관리자 원장 · 원감 연수. 한국교원대학교 유아교육원 유아 창의 · 인성교육과 누리과정, 110-113.

김한나(2012). 창의 · 인성교육에 대한 초등교사의 인식 및 운영실태. 이화여자대학교 일반대학원 석사학위논문.

대한상공회의소(2013). 100대 기업이 원하는 인재상 보고서.

문용린, 최인수(2010a). 창의 · 인성교육의 총론. 인하대학교 교육연구소, 10, 21-29.

문용린, 최인수(2010b). 배려와 나눔을 실천하는 창의인재육성을 위한 창의 · 인성교육 활성화 방안 연구. 한국과학창의재단 연구보고서.

박순정(2013). 예비유아교사를 위한 창의 · 인성교육 프로그램 개발 및 적용효과. 동의대학교 일반대학원 박사학위논문.

이경민(2010). 유아행복교육의 가능성 탐색연구. 어린이미디어연구, 8(1), 165-181.

이경화, 임선하, 김정희, 김슬옹, 최미정(2010). 범교과 창의 · 인성수업 모형 개발. 한국과학창의재단 연구보고서.

이인숙(2011). 가정과 교육에서 창의 · 인성교육에 대한 가정과 교사의 관심과 실행. 이화여자대학교 석사학위논문.

이인순(1987). 창의성의 구성요인과 훈련효과. 성균관대학교 대학원 박사학위논문.

이정희(2003). 유아의 통합적 창의성 증진을 위한 프로그램 개발연구. 계명대학교 일반대학원 박사학위논문.

정은이, 박용한(2006). 임상적 창의성의 성격요인과 개별성, 관계성과의 관계. 한국심리학회지 일반, 25(1), 89-105.

최종욱(2009). GPS 인성 프로그램. 전문대학특성화사업보고서.

최준환, 박춘성, 연경남, 민영경, 이은아, 정원선, 서지연, 차대길, 허준영, 임청묵

(2009). 인성교육의 문제점 및 창의 · 인성교육의 이론적 고찰. 창의력교육연구, 9(2), 89-112.

한국과학창의재단(2010). 배려와 나눔을 실천하는 창의인재 육성을 위한 창의 · 인성교육 총론적 고찰.

Hennessey, B. A. (1995). Social, environmental, and developmental issues and creativity. *Educational Psychology Review, 7*, 163-183.

MacKinnon, D. W. (1978). *In Search of Human Effectiveness: Identify and Developing Creativity*. New York: Creative Education Foundation, Inc.

Shallcross, D. (1985). *Teaching Creativity Behavior: How to Evoke Creativity in Children of All Ages*. Buffalo: Bearly Limited.

Smith, J. A. (1998). 사회과 창의적 교수법(한면희, 정문성, 김용찬 역). 서울: 교육과학사.

Sternberg, R. J. (1988). *The Nature of Creativity*. London: Cambridge University Press.

Sternberg, R. J., & Lubart, T. I. (1991). An investment theory of creativity and its development. *Human Development, 34*, 1-31.

제 2 장

창의적 미술활동을 통한 창의 · 인성교육의 이론과 실제: 표현기법 중심으로

1. 창의적 미술활동을 통한 창의 · 인성교육의 필요성

전 세계적으로 미술교육에 지대한 영향을 미친 로웬펠드(Lowenfeld, 1982)는 미술교육에서 가장 중요한 핵심을 '창의성 계발'이라고 하면서 미술교육의 이론과 실천을 강조하였다. 미술활동은 창의성과 매우 밀접한 관계를 맺고 있으며, 미술의 속성 자체가 계속적으로 새로움을 추구하기 때문에 창의성은 미술교육에 의해 계발되고 육성될 수 있다(이규선, 2000). 이처럼 미술활동의 중요성이 대두되고 있는 현 시점에서 좀 더 창의적인 교수 · 학습방법을 적용한 미술활동이 요구된다.

창의적 미술활동이란 자신의 생각과 느낌을 마음껏 표현하고, 활동과정에서 창의성을 계발하고, 나아가 바람직한 인성을 형성하며, 표현의 결과보다 과정에 중점을 두어 활동하는 것을 말한다. 즉, 창의적인 미술활동은 유아들이 느끼고 경험한 것들을 자유롭게 표현할 수 있는 활동 중심으로 이루어져야 한다. 이 과정에서 활동을 이끌어 가는 교사는 유아들의 창의적이고 유연한 사고를 도울 수 있도록 충분한 동기부여와 감수성 체험, 발상 지도를 통하여 다양한 표현기법과 재료를 제시하는 등 다양한 미술활동 교수 · 학습방법을 개발해야 한다.

그러나 현재 이루어지고 있는 미술활동에 대한 여러 연구를 살펴보면 기술적인 표현을 중시하는 기능적인 교육에 많은 비중을 두고 있어 창의성 계발이 어려운 실정이다. 또한 창의적인 발상을 지도하는 교사의 인식 또한 부족하며, 활동에 대한 구체적인 지도방법도 미흡한 실정이다. 아울러 미술활동에서는 창의성에 대한 활동을 강조하고 있으면서도 그리거나 만들고 재료에 대한 이해와 기법을 단순히 습득시키는 실기활동이 주류를 이루고 있다(정연숙, 2002).

창의성이란 잠재된 상상력이 시각적인 표현과 결합하여 새로운 질서를 정립하고 구체화하는 과정이기 때문에, 미술활동을 통한 다양한 표현은 미적 정서와 함께 창의성을 기르는 기초교육이라 할 수 있다. 또한 창의성은 무조건 자유롭게 표현하는 기회를 많이 부여한다고 해서 계발되는 것이 아니라 체계적이고 합리적인 교육을 통해, 즉 교사의 창의적인 발문 및 지도에 의해 효율적으로 신장될 수 있다(송영복, 2005).

인성교육으로서 미술활동은 미술적인 표현이나 기능적인 부분인 기술만을 기르는 것이 아니라 인간교육의 관점에서 풍부한 미적 감수성과 창의성 계발을 통해 인간의 내면을 시각적 · 공간적 · 조형적으로 자유롭게 표현해 나가는 정서적 활동이다. 즉, 미술활동은 미술만을 교육하는 것이 아니라 미술을 통해 창의성을 함양하여 바람직한 인성을 목적으로 건전한 인격을 갖춘 인간을 육성하는 것의 일면을 담당해야 하는 것이다.

허버트 리드(Herbert Read)는 현재 급변하는 정보화 사회 속에서 나타나는 많은 사회문제들은 생명을 하찮게 여길 뿐만 아니라 상호 간의 관계성 및 통합과 연계성의 단절에 그 원인이 있다고 보고, 이성과 감성의 조화로운 함양은 예술교육으로만 가능하다고 하였다(지예인, 2013). 따라서 유아교육현장의 미술활동에서 이성과 감성을 조화시키는 창의 · 인성교육은 필수적이며, 이를 위해서는 실제 활동에 적극적으로 활용될 수 있는 구체적인 교수 · 학습방법 및 프로그램의 개발이 필요하다.

따라서 이 장에서는 예비유아교사를 대상으로 미술활동의 핵심이 되는 창의성과 인성의 신장을 위해 표현기법을 중심으로 이론과 활동의 실제를 경험하고, 표현기법에서 즉흥적이고 우연으로 나타나는 효과를 통해 새로운 형상을 직접 표현해 볼 수 있도록 하였다. 이를 통해 사고의 원동력이 되는 예비유아교사의 자발성을 자극하여 자신의 감정표현에 자신감을 가지게 하고, 창의적인 표현활동을 통해 다양하고 무한한 미술표현의 세계를 직접 경험하게 함으로써 앞으로 유아교육현장에서 미술활동을 통한 창의 · 인성교육 실제를 활용 및 적용하는 데 도움이 될 것으로 사료된다.

2. 표현기법 중심의 창의적 미술활동을 통한 창의 · 인성교육

1) 창의성의 개념

창의성을 정의하는 여러 이론들을 살펴보면, 공통적으로 '새로움' '독창성' '적절성' 등을 핵심요소로 보고 있다. 즉, 창의성은 남들과 다른 새로운 방법으로 접근하는 독창성, 창조성, 확산적 사고에 의해 새로운 것을 창출해 내는 힘으로, 환경과 상호작용하여 독특한 아이디어와 문제 상황에 적절한 것을 만들어 낼 수 있는 인간의 사고능력을 말한다(오연주, 2009). 이러한 창의성은 선천적으로 지니고 있는 인간의 잠재능력으로서 교육을 통하여 발전될 수 있으며, 꾸준한 노력과 훈련을 통해 개인의 창의적 능력이 향상될 수 있다.

2) 창의성의 구성요소

길포드(Guilford, 1970)는 창의력이란 확산적 사고이며 사회적 유용성 또는 새로운 사물을 만드는 능력이라고 정의하면서 창의성의 구성요인을 다음과 같이 제시하였다(김경은, 김숙령, 2001).

- 민감성(sensitivity) 주변 환경 또는 타인과 관련하여 나타나는 문제를 인식하고, 약간의 변화에도 적극적으로 생각하고 반응하며, 이에 대해 능동적으로 대처하고 받아들일 수 있는 능력을 말한다.

- 유창성(fluency) 사고의 속도 개념으로서 제한된 시간 내에 많은 아이디어를 생산해 내는 것이며, 신속하고 자유롭게 생각하고 문제에 대해 다양한 해결책을 산출해 낼 수 있는 능력을 말한다. 또한 특정한 상황을

빨리 판단하고 해결하는 능력을 의미한다.

- 융통성(flexibility) 새로운 상황을 자유롭게 받아들이고 사고를 빠르게 전환시키는 능력을 말한다. 즉, 사물을 다른 각도에서 볼 수 있는 능력과 다양한 관점에서 상황을 볼 수 있는 능력을 의미한다.

- 독창성(originality) 창의성의 원동력으로, 아이디어의 양보다 질적인 측면을 중시하고 자신만의 새롭고 독특한 아이디어로 문제를 해결하는 능력을 의미한다.

- 재구성력(reconfiguration) 어떤 문제에 대해 새로운 관점으로 바라보고 대상의 용도와 기능을 변화시켜 재구성하는 능력을 말한다.

- 집요성(persistency) 생각이나 활동에서 끝까지 추구하는 성향으로, 목적한 바를 성취하고자 인내심을 갖고 끝까지 노력하는 태도를 말한다.

3) 창의 · 인성교육과 미술활동

2009 개정교육과정에서 미술을 "느낌과 생각을 시각적으로 표현하고, 시각 이미지를 통해 다른 사람과 소통하여 자신과 세계를 이해하는 예술의 한 영역" 이라고 설명하면서, "미술은 그 시대의 문화를 기록하고 반영하기 때문에 우리는 미술문화를 통해서 과거와 현재를 이해하고, 나아가 문화의 창조와 발전에 공헌할 수 있다." 라고 밝혔다. 또한 미술을 통해 구현하고자 하는 목표가 "미적 감수성과 직관으로 대상을 이해하고 삶을 창의적으로 향유하며 미술문화를 계승 · 발전시킬 수 있는 전인적 인간을 육성하는 데 있다." 라고 밝혔다(교육과학기술부, 2009).

이와 같이 미술활동은 새로움을 바탕으로 다른 사람과 소통하며 전인적 인

표 2-1 미술활동 영역의 창의성 교육요소

창의성 교육요소		내 용
사고의 발상 · 표현	상상력	생각과 발상의 제한을 받지 않고 자유롭게 이미지를 떠올리고 표현할 수 있는 능력
	표현력	창의적인 아이디어를 단순히 시각적으로 표현하고 적용할 수 있는 능력
	유추력	새로운 발상의 전환, 즉 다른 형태나 구조를 생각해 내고 구성하려는 능력
융합적 사고수렴	확산적 사고	표현기법을 접했을 때 넓은 관점에서 바라보고 표현하여 하나의 형태를 만들어 내는 능력
	감상	작품을 감성적으로 이해하고 느끼고 받아들이는 능력
	평가	다른 사람의 작품을 감상하면서 차이점을 찾아 평가하고 분석하는 능력
창의적 성향 · 동기	호기심	새로운 주제와 변화에 의문을 제기하고 탐색하는 능력
	독창성	자신만의 새롭고 독특한 아이디어, 즉 창작의 능력
	개방성	열린 사고와 시각으로 나와 다른 아이디어와 표현을 받아들이는 능력
	몰입	작품을 완성하는 데 몰입하는 집중도가 높아 자신의 능력 이상을 발견하여 자신감과 행복감을 느낄 수 있는 능력

출처: 조재경(2012).

표 2-2 미술활동 영역의 인성 교육요소

인성 교육요소		내 용
인간관계 덕목	정직	내가 완성한 창작의 결과물을 조작하지 않고 정확하게 보고하기
	약속	미술활동과 관련해서 자신에게 주어진 역할을 이해하고 실행하기
	책임	내가 맡은 역할을 정확하게 수행하기 위해서 노력하기
	용서	나와 다른 사람의 상황을 이해하기
	배려	사람마다 다른 상황과 입장을 이해하기
	소유	보이지 않는 창작물(아이디어)에도 소유권이 있음을 알기
인성 판단력	도덕적 예민성	미술활동에서 차별받는 사람의 감정과 기분에 대해서 생각해 보기
	도덕적 판단력	미술활동에서 나와 타인의 입장이 모두 중요하다는 것을 이해하기
	의사결정 능력	나의 이익과 모둠 혹은 반의 이익 중 무엇이 중요한지 판단하기
	행동실천력	바람직한 행동을 선택한 후 그것을 직접적인 행동으로 실천하기

출처: 조재경(2012).

간을 육성할 수 있다는 점에서, 창의성은 물론 감수성과 심미감, 통찰력, 그리고 직관력뿐만 아니라 정직, 배려, 소유 등과 도덕적 예민성에서부터 행동 실천력까지 인성요소를 도모할 수 있다.

4) 표현기법의 이해

미술활동은 느낌이나 생각, 그리고 아름다움을 시각적 · 조형적으로 표현하는 예술의 한 영역이다. 이러한 영역 가운데 한 부분인 표현활동은 자신이 보고, 느끼고, 상상한 것을 여러 가지 형태로 자유롭게 표현하는 과정을 통해 자아실현의 수단이 되는 동시에 그 과정에서 자신만의 독창적인 생각을 반영하게 된다. 따라서 표현활동에서 여러 가지 표현기법을 이용한 미술활동은 새로운 것, 독창적인 것, 창조적인 것 등을 산출해 봄으로써 창의성 계발에 긍정적인 영향을 미친다.

미술활동에 적용한 창의적 기법은 우연한 효과를 이용해 잠재된 창의성의 영역을 자극하여 끌어내는 '우연적 표현기법'과 '다양한 재료를 통해 창의성을 발휘하는 조형활동'으로 나누어 설명할 수 있다.

표현기법은 다양한 표현으로 활동을 시도하는 과정에서 풍부한 사고 및 새로운 발견을 하게 하므로 개성적이고 창의적인 자기표현을 하게 한다. 또한 창의성 계발을 유도함과 동시에 상상력과 우연성, 적용력 등을 키우고, 새로운 조형의 세계를 폭넓게 체험할 수 있으며, 활동과정에서 새로운 재료를 이용하게 함으로써 창조적 의욕과 정서적 기쁨을 경험하게 한다(박영숙, 2008).

이와 같이 미술활동에서의 다양한 표현의 시도는 과정 속에서 풍부한 사고

표 2-3 여러 가지 표현기법

표현기법	내 용
드리핑	물감을 묽게 해서 붓으로 뿌리거나 떨어뜨려 표현하는 기법
리펠런시	상호반발성에 의한 표현기법으로, 양초, 파라핀, 크레파스와 물감 등을 사용하는 기법
손가락 그림	그림물감이나 색 있는 풀 물감을 손가락을 이용해 칠하고 문질러 무늬를 만들어 입체감 있게 표현하는 기법
데칼코마니	한쪽 면에 물감을 칠한 종이를 반으로 접어 손으로 문질러 좌우 대칭의 무늬를 나타내는 기법
마블링	물과 기름이 섞이지 않는 특성을 이용한 그림으로, 물 표면에 떠 있는 유성물감을 도구를 이용해 섞은 후 종이에 찍어 내는 기법
스크래치	밝은색 크레파스로 밑그림을 그리고 그 위에 어두운 색으로 채색한 후 핀이나 디자인 나이프 등으로 나타내고 싶은 그림을 긁어서 표현하는 기법
스텐실	원하는 모양을 종이에서 도려내어 형지를 만들고, 그 안에 스펀지나 분무기 등 도구를 이용해 색을 입혀 표현하는 기법
배틱	크레파스로 밑그림을 그리고 그 위에 수채화 물감으로 색을 입히는 기법
프로타주	요철이 있는 물체 위에 종이를 대고 연필이나 크레파스로 문질러 물체의 무늬를 나타내는 기법

의 개발과 새로운 아이디어를 창출할 수 있는 계기를 만들고, 개성적이고 창의적인 자기표현을 할 수 있도록 도우며, 낯선 것에 대한 새로운 자극과 반응을 도출해 낼 수 있게 한다.

(1) 우연적 표현기법

우연을 개념에 따라 크게 두 가지로 나누어 보면, 하나는 확실한 이유나 고의성 없이 생기는 것, 즉 일어날 수 있지만 꼭 일어나지 않아도 되는 것으로서 필연적인 것과 반대되는 우연으로, 다른 하나는 어떤 일에 부수적으로 오는 우연, 즉 부수적인 성격이나 특성으로 설명할 수 있다. 이러한 우연적인 효과를 회화적으로 이용하기 위해 다양한 표현기법이 개발되었고, 드리핑

데칼코마니

(dripping), 손가락 그림(finger painting), 마블링(marbling), 데칼코마니(decalcomanie), 그라타주(grattage), 프로타주(frottage) 등이 이에 속한다. 이러한 우연적 표현은 많은 우연적 형태를 만들어 내어 그림의 시작단계에서 영감을 주고 상상력을 일깨워 주며 자유로운 창조적 힘을 발휘하게 하는 것으로서, 대부분의 예술가들은 창의적인 수단으로 인식하고 이를 적절히 이용하고 있다(정정미, 2012).

(2) 재료를 이용한 표현기법

재료를 이용한 표현기법은 일상생활에서 쉽게 접할 수 있는 모든 재료를 가지고 다양하게 표현하는 방법으로 유아의 자유로운 생각과 개성을 중시하고 창의력과 감성을 마음껏 표출하게 하므로, 창의성 발달은 물론 심미감 발달과 정서 발달을 가져다준다.

- **자연물을 이용한 미술표현 활동** 자연물 재료는 우리에게 친숙한 재료로 쉽게 구할 수 있고 여러 가지 감촉을 촉각적으로 체험할 수 있게 하여 유아의 탐구심과 관찰력을 향상시킨다는 장점이 있다. 또한 유아들에게 자

연물에 대해 구체적이고 세밀하게 지각하게 함으로써 자연친화적인 태도를 갖게 한다.

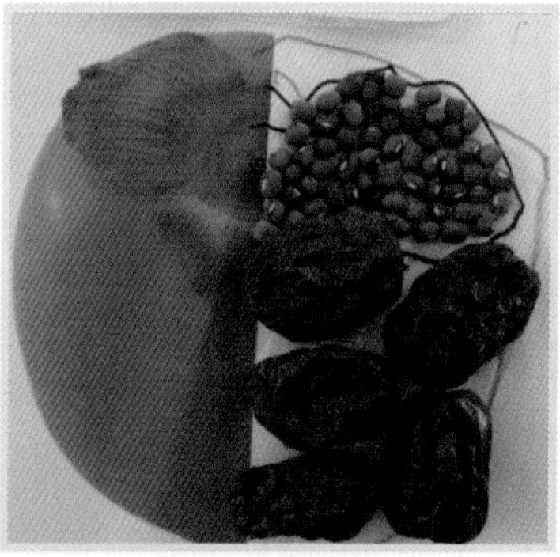
곡식 콜라주

나뭇잎 모빌

• 인공물을 이용한 미술표현 활동 인공재료가 가지고 있는 특성 중 다양한 재료의 제공은 독창성과 응용력을 향상시키고, 유아의 시각을 넓혀 표현력을 증진시킨다. 그리고 확장된 재료는 풍부한 상상력을 제공하고, 유아들의 호기심을 자극하여 흥미를 유발시켜 감수성을 강화시키고, 표현에 대한 자신감이 상승되도록 돕는다.

여러 가지 모양으로 꾸미기

무지개 물고기

- **재활용품을 이용한 미술표현 활동** 재활용품을 이용한 미술활동은 버려진 물건의 용도를 변경해 재사용할 수 있는 기회를 제공하므로 환경보존에 대한 인식을 심어 준다. 또한 버려진 물건들이 미술작품으로 재구성되는 과정에서 유아는 재료에 대한 시각의 다양성과 작품을 새롭게 구성할 수 있는 아이디어를 창출하는 효과를 얻을 수 있다.

분유통 드럼

캔을 이용한 애벌레

이상에서 살펴본 바와 같이 우연적 표현기법과 다양한 재료를 이용한 표현기법은 기능주의교육에서 벗어나 유아의 흥미를 유발하고, 풍부한 상상력을 재구성하게 함으로써 창의성을 향상시킨다. 또한 사고의 확장과 함께 실생활 속에서 미의식을 찾으려는 적극적인 태도를 가질 수 있도록 돕는다.

5) 표현기법을 활용한 창의적 미술활동을 위한 지도방안

교육현장에서 유아를 지도하는 교사의 역할은 유아의 창의성 발달에 많은 영향을 미치기 때문에, 유아교사는 무엇보다 능동적이고 적극적인 태도를 갖추고, 교사 자신부터 창의적인 역할을 선행해야 한다. 이와 관련하여 창의적인 미술활동을 위한 교사의 역할을 다음과 같이 정리하였다(박정옥, 김수희, 2014; 김현자 외, 2013; 양연숙 외, 2014; 이정욱, 임수진, 2014).

(1) 다양한 미술재료의 제공

교사는 유아에게 자신의 생각을 자유롭게 표현할 수 있도록 격려하고, 다른 사람의 작품을 감상할 수 있는 기회를 충분히 제공해야 한다. 또한 유아의 창의성을 계발하기 위해서 교사는 유아가 표현한 그림이나 작품에 대해 자신의 의도대로 수정하지 말아야 하며, 유아가 생각한 것을 표현할 수 있도록 다양한 미술재료와 활동을 제공해야 한다.

(2) 효과적인 동기유발

동기유발은 어떤 목표를 지향하여 생각하고 행동하도록 하는 것이다. 이는 환경 속에서 자연스럽게 생기는 것으로 창의적 미술활동을 위해 필요한 것이다. 효과적인 동기유발을 위해 교사는 유아에게 많은 경험과 다양한 미술활동을 제공하고, 유아의 생각을 격려하며, 사고의 폭을 넓혀 창의적으로 표현할 수 있도록 돕는다. 또한 현장견학을 통한 체험학습을 계획하고 다양한 미술활동과 함께 창의적인 발문을 통해 효과적인 동기유발이 일어날 수 있도록 돕는다.

(3) 허용적인 분위기 조성

교사의 허용적인 태도는 유아로 하여금 마음의 안정을 갖게 함과 동시에 자유로운 분위기를 조성한다. 교사는 유아의 작품을 긍정적으로 평가하여 자신감을 줄 수 있어야 하며, 교사 중심이 아닌 유아 중심으로 생각하고 그들이 자신의 생각을 자유롭게 표현할 수 있는 기회를 제공해야 한다. 또한 창의성은 정형화된 환경이 아닌 자유롭고 개방적인 분위기가 중요하기 때문에, 교사는 너무 정적인 분위기를 조성하기보다는 소음을 긍정적으로 수용해 줄 수 있어야 한다.

(4) 언어적 상호작용

유아가 새롭고 독창적인 생각을 할 수 있도록 돕는 교사의 언어적 상호작용은 유아의 창의성 계발에 도움을 준다. 그리고 교사의 언어적 반응과 발현적 질문은 유아의 사고를 확산시켜 줄 뿐만 아니라 새로운 표현을 시도할 수 있도록 격려해 준다. 따라서 유아교사는 유아가 사물을 역동적이고 적극적으로 탐색하고 관찰할 수 있도록 격려해야 한다.

(5) 유아의 자발적인 참여

창의적인 미술활동은 결과보다 과정에 의미를 두고 유아가 자발적으로 참여하는 '유아 중심의 교육'이 되어야 한다. 교사는 전체 교육과정에 기초하여 내용을 구성하고 유아의 흥미나 호기심 등이 일어날 수 있도록 동기를 부여하면서 유아의 생각을 격려하고 허용해야 한다.

(6) 발달단계에 맞는 지도

창의적인 미술활동의 지도방법은 발달단계에 맞는 활동으로 이루어져야 한다. 예를 들어, 결과보다 과정이 중시되어야 하며, 유아로 하여금 주도적으로 자유롭고 창의적으로 표현할 수 있도록 격려하고, 또래와의 상호작용이 이루어져 재료를 나누어 쓸 수 있도록 하고, 친구의 작품을 감상하게 하는 등 소집단 형태로 협력하여 작업할 수 있는 환경을 제공해 준다.

(7) 개방적인 환경의 제공

개방적 환경이란 교사의 의도가 배제된 환경으로, 유아가 무엇을 어떻게 할 것인지 스스로 선택하여 자유롭게 표현할 수 있는 환경을 말한다. 정해져 있는 활동지에 같은 패턴으로 똑같이 하는 활동은 유아의 사고를 억제하게 되므로 창의적인 미술활동이라 할 수 없다. 따라서 개방적인 환경을 위해서 교사는 유아의 호기심을 자극하고 표현을 촉진시킬 수 있는 물적 자원을 구비해 줌과 동시에 동기유발자, 촉진자, 안내자, 관찰자, 조언자로서의 역할을 담당하며 허용적인 자세로 유아가 자신의 생각을 창의적으로 표현할 수 있도록 적극 지원해야 한다.

(8) 창의적인 교사의 자질

유아는 교사의 창의성이 나타날 때 창의성이 더욱 발휘된다고 한다. 그러므로 교사 자신이 창의적인 사고를 가지고 유아에게 개방적인 질문을 하며, 유아의 창의적인 표현을 촉진하기 위해서 연령별 발달 수준에 맞는 다양한 재료를 제공한다. 또한 유아의 자유로운 표현을 적극 지지하고 격려하여 유아가 자신에 대해 긍정적인 자기표현력을 비롯해 창의적 표현력을 기를 수 있도록 해야 한다. 즉, 교사의 적극적인 사고와 지도는 유아에게 자율성과 심미감뿐만 아니라 창의적 표현력의 계발을 최대화하는 원동력이 될 수 있다.

6) 창의성을 위한 교사의 역할

백중열(2013)은 교육현장에서 유아를 지도하는 교사들은 창의성의 중요성을 인식하고 그에 대한 지도와 육성에 관심을 가져야 한다고 하면서 유아들의 창의성 증진을 위한 교사의 역할을 다음과 같이 제시하였다.

- 호기심과 산만한 행동을 구별할 수 있어야 한다. 창의적인 유아들은 호기심이 많아서 엉뚱한 행동을 하는 경우가 있기 때문에 유아의 행동을 관찰한 후에 창의적인 요인을 파악해야 하고, 유아의 행동이 창의적인 발상을 가졌다면 제재하기보다는 창의적인 발상을 할 수 있도록 배려할 수 있어야 한다.

- 유아의 창의적인 행동에 자신감을 길러 주어야 한다. 유아의 창의적인 태도나 행동은 다른 유아들에게 새로운 자극을 줄 수 있으므로 자신 있게 행동할 수 있도록 주변 여건을 고려해 주어야 한다.

- 창의적인 생각을 표현할 수 있는 분위기를 조성해 주어야 한다. 유아가 흥미를 가지고 자유롭게 생각하고 표현할 수 있는 분위기를 만들어 주

어야 한다.

- 어떤 문제에 대해 다양한 관점에서 해결할 수 있는 능력을 길러 주어야 한다. 유아가 여러 가지 가능성이 있는 확산적 사고를 할 수 있도록 지도해야 한다.

- 창의적인 유아들의 문제점을 파악하고 대처해야 한다. 유아의 문제점에 대한 원인을 먼저 파악하고, 문제를 해결하기 위해 필요한 방법을 다양한 관점에서 제시하여 스스로 해결하도록 지도해야 한다.

- 교사는 유아가 창의성을 발휘할 수 있도록 창의성 교육에 대한 새로운 프로그램을 개발하기 위해 노력해야 한다. 교사는 창의성에 대한 지식을 습득하고, 효율적으로 전달할 수 있는 능력을 갖추어야 한다.

3. 창의적 미술활동을 통한 창의 · 인성교육의 실제

활동 ① 담장 너머 특별한 장면이 보인다면?

담장 너머로 보이는 세상은 어떤 장면일지 상상하여 표현해 보세요.

[학생 작품]

활동의 실제 ① 담장 너머 특별한 장면이 보인다면?

담장 너머로 보이는 세상은 어떤 장면일지 상상하여 표현해 보세요.

활동 ② 춤추는 다섯 손가락

음악을 듣고 연상되는 그림을 손가락으로 표현해 보세요.

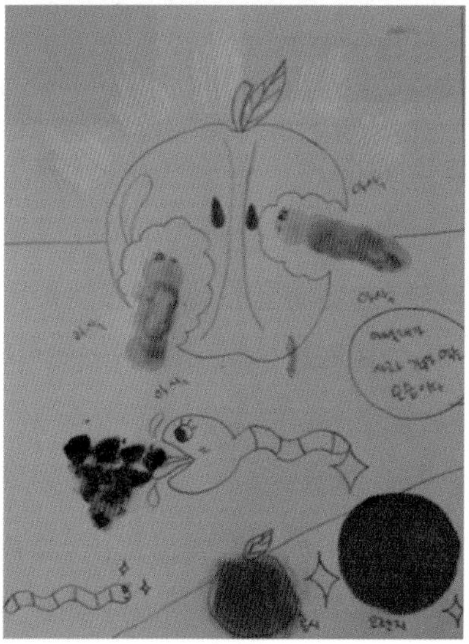

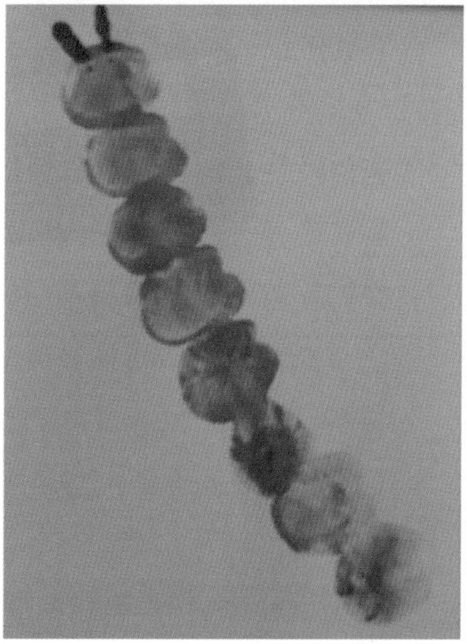

[학생 작품]

활동의 실제 ② 춤추는 다섯 손가락

음악을 듣고 연상되는 그림을 손가락으로 표현해 보세요.

활동 ③ 그림의 재구성

다음 명화를 보고 재구성하여 표현해 보세요.

〈그랑드 자트섬의 일요일의 오후〉 조르주 파에르 쇠라

[학생 작품]

활동의 실제 ③ 그림의 재구성

다음 명화를 보고 재구성하여 표현해 보세요.

〈그랑드 자트섬의 일요일의 오후〉 조르주 파에르 쇠라

활동 ④ 상상그림

그림을 보고 다음 장면을 상상해서 그린 후 이야기를 지어 보세요.

〈모견도〉 이암
출처: 네이버 지식백과

뜰의 나무 아래 어미 개 검둥이와 세 마리의 강아지가 서로 뒤엉켜 있다. 어미와 동색인 검둥이는 어미 개의 품에 당당히 파고들었고 극성스러운 흰둥이는 거꾸로 매달려 젖을 먹고 있다. 순한 강아지 누렁이는 어느새 어미 등에서 잠이 들었다.

다음 이야기를 상상해서 그려 보세요.

[학생 작품]

활동의 실제 ④ 상상그림

그림을 보고 다음 장면을 상상해서 그린 후 이야기를 지어 보세요.

〈모견도〉 이암
출처: 네이버 지식백과

해 석	

활동 ⑤ 보이지 않는 세상

제시된 사진자료를 보고 보이지 않는 세상을 표현해 보세요.

[학생 작품]

활동의 실제 ⑤ 보이지 않는 세상

제시된 사진자료를 보고 보이지 않는 세상을 표현해 보세요.

활동 ⑥ 우연적 표현기법(Ⅰ)

데칼코마니로 그림을 표현하고 그 내용을 해석해 보세요.

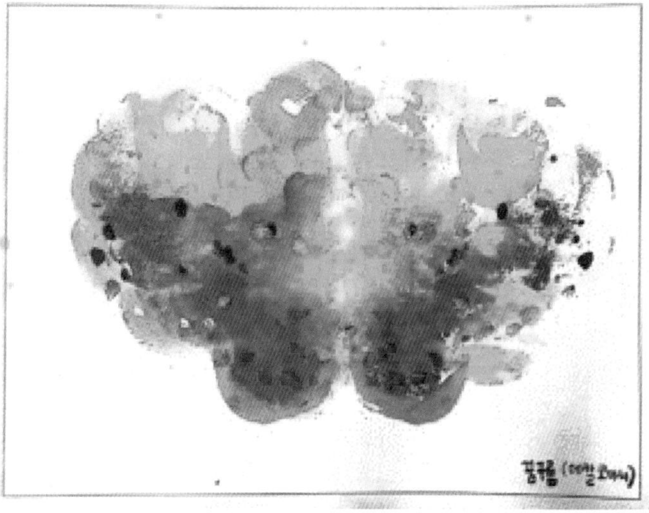

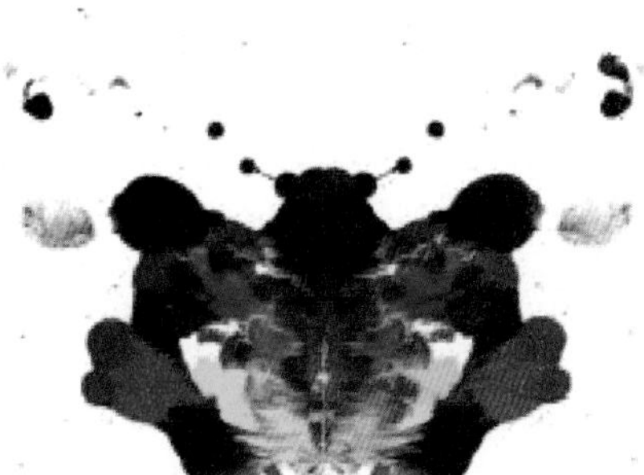

[학생 작품]

활동의 실제 ⑥ 우연적 표현기법(Ⅰ)

데칼코마니로 그림을 표현하고 그 내용을 해석해 보세요.

해 석	

활동 7 우연적 표현기법(Ⅱ)

실을 이용하여 표현하고 그림을 해석해 보세요.

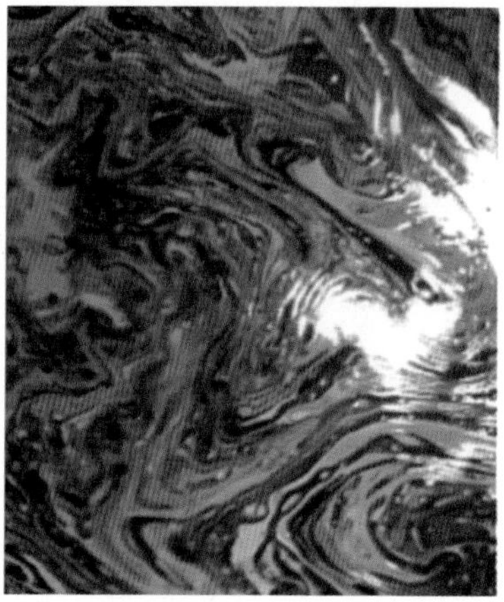

[학생 작품]

활동의 실제 ⑦ 우연적 표현기법(II)

실을 이용하여 표현하고 그림을 해석해 보세요.

해 석	

활동 ⑧ 부분을 보고 전체를 완성하기

부분을 보고 전체를 연상해서 그림을 표현해 보세요.

[학생 작품]

활동의 실제 ⑧ 부분을 보고 전체를 완성하기

부분을 보고 전체를 연상해서 그림으로 표현해 보세요.

〈흰 소〉의 일부, 이중섭

활동 ⑨ 선을 이용한 창의적 발상의 표현

여러 가지 선을 이용하여 자신의 느낌을 그림으로 표현해 보세요.

[학생 작품]

활동의 실제 ⑨ 선을 이용한 창의적 발상의 표현

여러 가지 선을 이용하여 자신의 느낌을 그림으로 표현해 보세요.

활동 ⑩ 우연적 면의 형태를 찾아 그림 완성하기

제시된 도형을 같은 것끼리 연결한 후 새롭게 발견된 면의 형태를 그림으로 완성해 보세요.

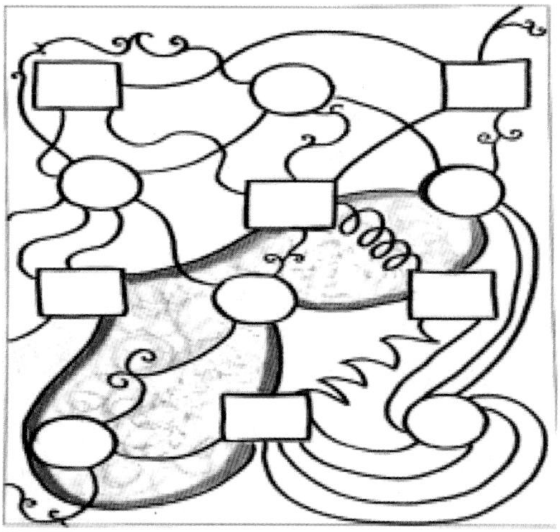

[학생 작품]

활동의 실제 ⑩ 우연적 면의 형태를 찾아 그림 완성하기

제시된 도형을 같은 것끼리 연결한 후 새롭게 발견된 면의 형태를 그림으로 완성해 보세요.

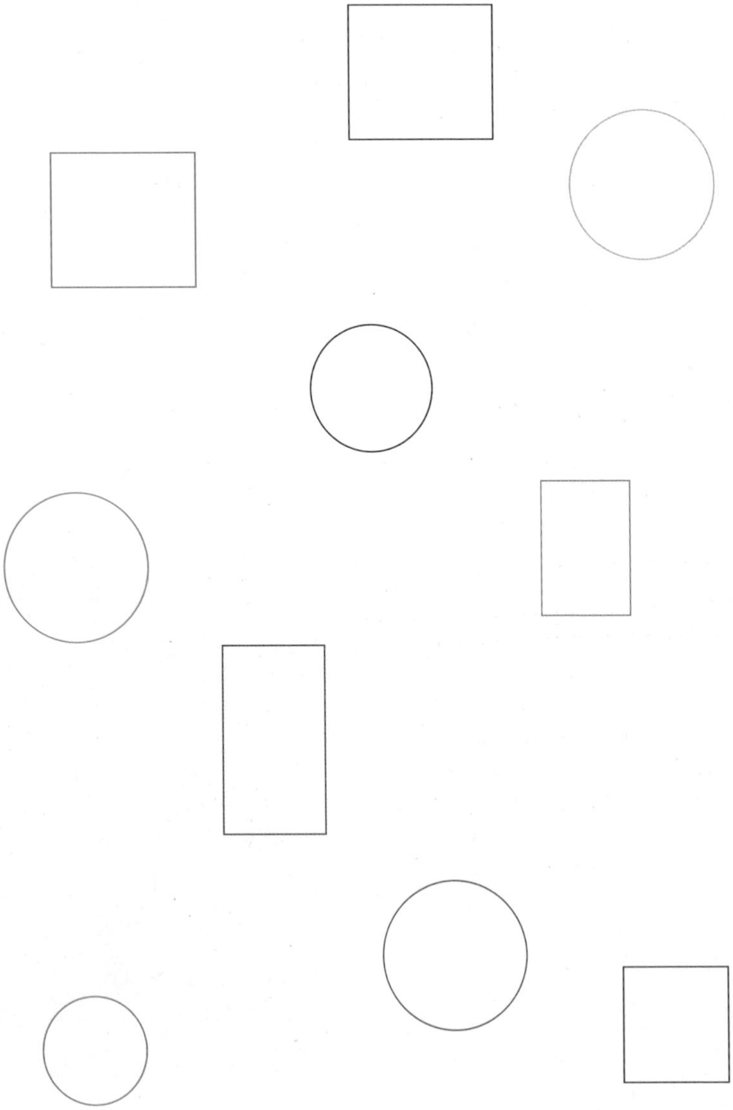

활동 ⑪ 착시의 세계 표현하기(옵아트)

옵아트 기법을 이용하여 자신이 표현하고 싶은 것을 디자인해 보세요.

[학생 작품]

활동의 실제 ⑪ 착시의 세계 표현하기(옵아트)

옵아트 기법을 이용하여 자신이 표현하고 싶은 것을 디자인해 보세요.

활동 ⑫ 상상의 세계 표현하기

제시된 그림을 참고로 자신만의 상상의 세계를 표현해 보세요.

〈신종생물〉 서정국

〈도시 위에서〉 샤갈

[학생 작품]

활동의 실제 ⑫ 상상의 세계 표현하기

제시된 그림을 참고로 자신만의 상상의 세계를 표현해 보세요.

〈신종생물〉 서정국

〈도시 위에서〉 샤갈

활동 ⑬ 동화 듣고 표현하기

주인공 엘리스의 집을 색종이와 잡지를 활용해 자유롭게 꾸며 보세요.

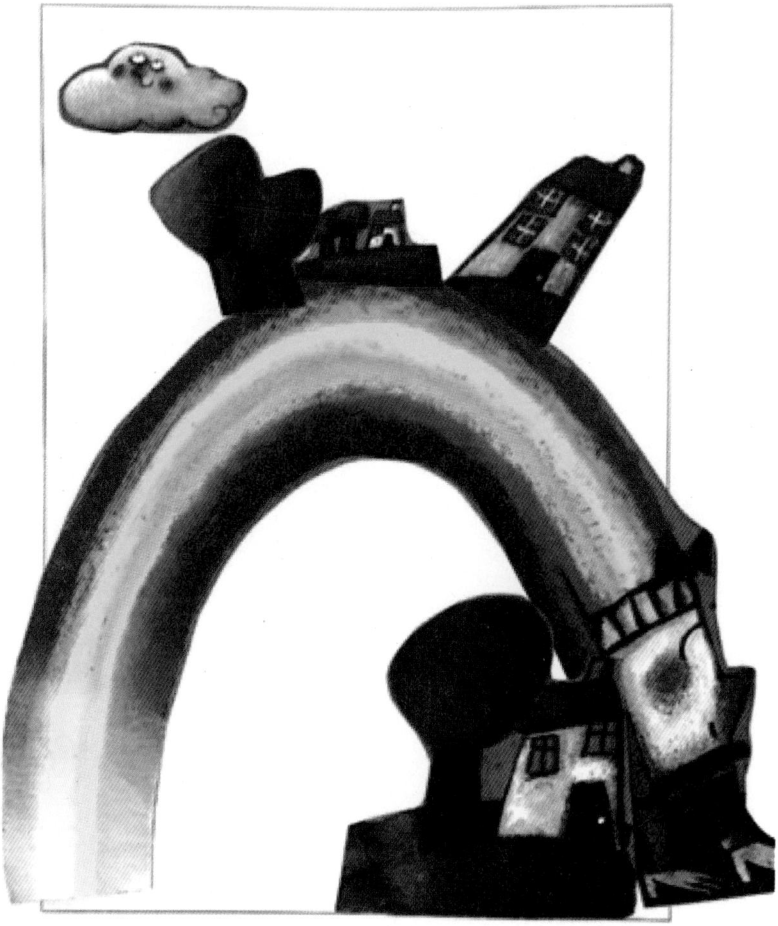

[학생 작품]

활동의 실제 ⑬ 동화 듣고 표현하기

주인공 엘리스의 집을 색종이와 잡지를 활용해 자유롭게 꾸며 보세요.

활동 ⑭ 새로운 눈으로 표현하기

제시된 그림을 결합하여 새로운 작품을 표현해 보세요.

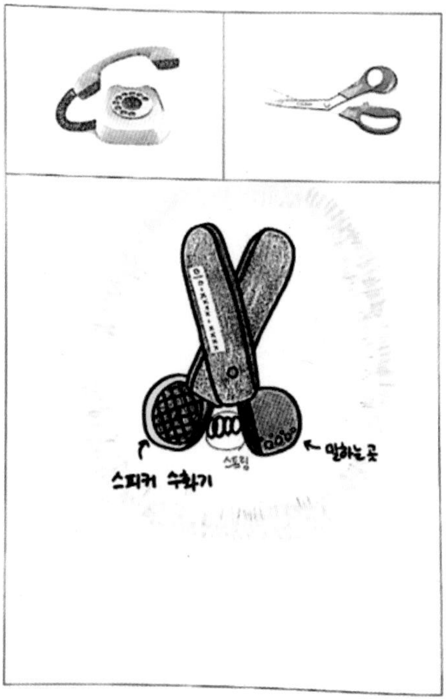

[학생 작품]

활동의 실제 ⑭ 새로운 눈으로 표현하기

제시된 그림을 결합하여 새로운 작품을 표현해 보세요.

참고문헌

교육과학기술부(2009). 창의 · 인성교육 기본방안.
김경은, 김숙령(2001). 어린이를 위한 유아 창의성 교육의 이론과 실제. 서울: 교육아카데미.
김현자, 서지영, 홍은주, 오지영, 조득현(2013). 활동중심 아동미술. 서울: 창지사.
박영숙(2008). 표현기법의 다양한 결합을 통한 아동화 표현력 신장에 관한 연구. 진주교육대학교 교육대학원 석사학위논문.
박정옥, 김수희(2014). 유아미술교육. 경기: 양서원.
백중열(2013). 교사를 위한 유아미술교육 이론과 실제. 경기: 공동체.
양연숙, 장혜자, 김현지, 김연주, 송진영(2014). 영유아미술교육. 경기: 양서원.
오연주(2009). 조형활동을 활용한 영유아 미술교육. 서울: 창지사.
이규선, 김동영, 류재만, 전성수, 최윤재, 권준범(2000). 미술교육학. 경기: 교육과학사.
이정욱, 임수진(2014). 탐색 · 표현 · 감상의 통합적 유아미술교육. 경기: 정민사.
정연숙(2002). 미술교육에 있어 드리핑기법을 통한 창의적 표현. 충남대학교 교육대학원 석사학위논문.
정정미(2012). 우연적 표현기법을 활용한 창의적 발상 연구. 인천대학교 교육대학원 석사학위논문.
조재경(2012). 핵심역량 중심의 미술영역 창의 · 인성 교육 수업모델 개발. 이화여자대학교 석사학위논문.
지예인(2013). 창의 · 인성 함양을 위한 미술과 교수-학습 과정안 개발. 홍익대학교 교육대학원 석사학위논문.

Lowenfeld, V. (1982). *Creative and Mental Growth*. New York: Macmillan.

제 3 장

디자인 교육을 통한 창의 · 인성교육의 이론과 실제: 디자인 사고 중심으로

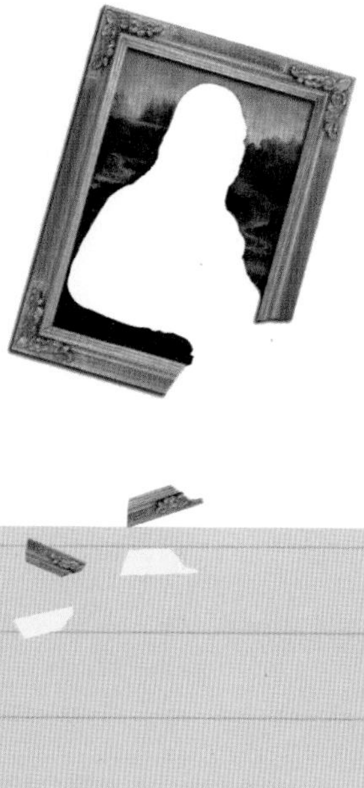

1. 디자인 교육을 통한 창의 · 인성교육의 필요성

21세기 지식정보화 사회에 접어들면서 이동통신기술과 정보통신기술, 인터넷의 발달로 사람들은 세계의 다양한 정보들을 매일 접할 수 있게 되었으며, 그로 인해 다양한 개성의 존중과 자유로운 선택의 기회가 확대되고 있다. 이렇듯 다양하고 새로운 지식과 정보의 창출이 활발하게 이루어짐에 따라 빠르게 진화해 가는 사회 · 문화적 변화에 적응해 나가기 위한 개개인의 능력이 중요시되고 있고, 이는 창의적 인재 양성에 대한 국가적 · 사회적 요구로 이어지고 있다.

학교 교육에서는 국가수준 교육과정과 다양한 창의성 프로그램을 통해 창의성의 기초를 마련하기 위한 시도가 지속적으로 이루어지고 있다. 이런 시대적 상황을 반영하듯 2013년 초에 대통령직 인수위원회에서는 창의성을 기초로 한 과학기술을 국정 운영의 중요 기조로 삼아 미래창조과학부를 신설하여 창조적 성장정책을 제시한 바 있다(세계일보, 2013. 1. 11.). 이는 영국과 같이 창조산업에 기반을 둔 국가를 벤치마킹하여 미래적 가치를 찾고자 한 시도다. 또한 동 위원회에서 제시한 경제혁신 3개년 계획에서는 새로운 창조적 가치를 만들기 위해 세계에서 가장 창의적인 인재로 주목받고 있는 애플사의 전 CEO '스티브 잡스', 마이크로소프트사의 CEO '빌 게이츠', 전 세계인들이 사용하는 소셜 네트워크 서비스 페이스북 창립자인 '마크 주커버그' 등과 같은 창의적 인재 양성의 중요성을 역설하였다(한국경제, 2014. 2. 25.). 이러한 시대적 흐름에 맞추어 교육의 방향도 전달 중심의 천편일률적 교육에서 탈피하여 인간이 지닌 고유성과 개별성 존중에 의미를 두며 새로운 관점과 창의적 산출물을 만들어 낼 수 있는 창의성교육으로 나아가고 있는 추세다.

무엇보다도 유아교사 양성과정에서 창의성교육의 가치는 유아의 창의성 발달에 유아교사의 창의성이 매우 중요한 역할을 한다는 데서 그 의미를 찾을 수 있다(김호, 2008; 김호, 서선진, 2009; 양윤정, 2002; 윤정진, 김형재, 2010).

창의적인 교사들은 그렇지 못한 교사들보다 창의성을 가르칠 때 보다 효과적이다(Marks, 1989). 학습자의 창의성을 계발시키는 것 못지않게 학습자를 가르치는 교사를 대상으로 창의성 지도방법을 교육하고(김호, 2008), 창의적 사고과정을 직접 경험해 보도록 하는 것은 매우 중요하다. 이러한 교사 창의성의 중요성에 따라 예비교사들의 창의성 증진을 돕기 위한 교육 프로그램이나 교수 · 학습방법에 대한 연구들이 점진적으로 이루어지고 있다(김호, 2008; 박나운, 황희숙, 2012; 윤정진, 김형재, 2010).

김호(2008)는 강의와 집단토의, 창의성 활동을 발표하고 그 활동을 직접 수행해 보는 창의성교육을 실시한 결과, 창의성교육이 예비교사의 확산적 사고 및 확산적 사고에 대한 태도에 긍정적인 영향을 미친다고 하였다. 윤정진과 김형재(2010)는 예비유아교사를 대상으로 렌줄리(Renzulli)의 New Directions in Creativity(NDC)를 기초로 한 창의성 계발 프로그램을 실시한 결과, 창의성 계발 프로그램이 예비교사의 창의성 하위 요인 중 독창성, 추상성, 정교성, 개방성에 긍정적인 효과가 있는 것으로 나타났다. 박나운과 황희숙(2012)은 직접적인 창의성 교수방법 훈련이 포함된 실천적 지식과 반성적 사고를 강조하는 창의성 수업을 실시하고, 그 경험 속에서 드러난 예비유아교사의 창의성 및 창의성교육에 대한 인식의 변화를 질적으로 탐색하였다. 연구 결과, 예비유아교사들은 창의성 수업에 대한 자신감을 가지게 되었으며, 창의성 수업은 교사가 주도하는 수업이 아닌 유아 스스로 흥미를 느끼고 자율적인 학습을 할 수 있도록 환경을 제공해 주는 것이 중요하다는 것을 인식하게 되었다고 밝혔다. 이처럼 창의성교육 프로그램들이 개발되어 실시되고 있으나 예비유아교사와 유아교사를 위한 프로그램은 여전히 부족한 실정이다. 따라서 유아교사 양성기관에서부터 예비유아교사들의 창의성을 증진할 수 있는 보다 다양한 교수 · 학습방법과 교육 프로그램들이 지속적으로 개발되고 수행될 필요가 있다.

한편 예비유아교사와 유아교사가 교사교육을 통해 창의성교육을 받고 창의성을 발휘하는 경험을 했다고 할지라도, 이를 실제 유아교육현장에서 실행하는 것은 쉽지 않은 일이다. 창의성교육 프로그램에 참여한 교사들 중 10% 만이 자신이 배운 것을 실행하고 있을 뿐, 나머지 교사들은 자신의 수업에 아무런 변화도 가져오지 못했다는 연구결과(Joyce & Showers, 2003: 윤정진, 김형재, 2010에서 재인용)에서 볼 수 있듯이 창의성 교사교육 프로그램은 보다 활용 가능하고 구체적인 과정을 포함한 체계적인 교수 · 학습방법을 바탕으로 구성되어야 한다. 이러한 맥락에서 최근 효과적인 창의성교육을 위한 체계적인 교수 · 학습방법 중 하나로 '디자인 교육을 접목한 창의성교육 프로그램'에 대한 관심이 높아지고 있다.

창의성의 속성이 새로운 사고와 새로운 발견, 새로운 형태의 창조 등 새로운 것을 생각하고 발견하고 생성해 내는 것과 관련되는 것임을 볼 때 디자인 교육은 창의성과 많은 관련성을 가진다(정진현, 2009). 또한 디자인은 예술(arts), 산업(industry), 커뮤니케이션(communication), 기술(technology)이 종합된 것이기에(Richard & Victor, 2002) 단순히 미적 감정의 표현이 아니라 생활 주변의 문제를 해결해 나가기 위한 구체적인 과정을 가진다. 최재영 등(2005)은 이 과정을 '스스로 지각적 판단과 주변 세계를 탐색하여 실생활 속에서 문제점을 찾고 확산적 사고를 통한 문제해결력을 키우는 과정'으로 설명하였다. 디자인 교육은 다른 학문과의 통합교육이 가능할 뿐만 아니라(이정은, 2001) 다학문적인(multidisciplinary) 특성을 가지고 있어(김현희, 2002), 예비유아교사교육을 포함한 여러 분야에 활용될 수 있다.

디자인 교육에도 여러 가지 접근방법이 있지만, 이 중 교사교육에 활용될 수 있는 대표적인 예로 버넷(Burnette, 1996)의 'I(Intending, 의도)/ D(Defining, 정의), E(Exploring, 탐색), P(Planning, 계획), P(Producting, 생산), E(Evaluating, 평가)/ I(Integrating, 통합)' 모델이 있다. 이 모델은 생활 속에서 주제를 선정하는 '동기유발과 문제발견', 확산적 사고와 수렴적 사고를 가질 수 있는 '정보수집 및 아이디어 도출', 의도에 따라 표현활동을 진행하면서 이를 일상생활에 적용하고, 평가 및 활용해 보는 일련의 과정(process)으로 구성되어 있다. 이러한 과정은 창의적 문제해결과정을 단계화하고 체계화한 것으로서 일반적

	과정(process) 단계	활동안내	핵심적 개념	
I	의도 Intending	동기유발과 관련되어, 니드를 인지하고, 착수하고, 책임을 수용하고, 목적을 위임한다.	원한다, 필요하다, 목표	1단계 확산적 사고로 다양한 관점에서 탐색하고, 주제선정을 위한 아이디어를 구성한 단계
D	정의 Definding	문제, 니드, 자원을 확인하고 정의하고 명확히 한다.	이름, 리스트, 서술적, 묘사	
E	탐색 Exploring	이슈, 아이디어, 가능성을 도출하고, 조사하고, 비교하고, 차별화한다.	추구하다, 고려하다, 상상하다	
P	계획 Planning	실제적 결정과 실행에 대한 예상을 표현하고 전달한다.	결정하다, 배열하다, 표현하다	2단계 문제를 해결하기 위해 창조적 의사소통능력을 향상시킬 수 있는 단계
P	생산 Producing	의도된 것을 만들거나 기법적으로 수행하기 위해 자원을 다루고 적용하고 응용한다.	수행하다, 만들다	
E	평가 Evaluating	문제가 해결되었는지, 목적이 달성되었는지, 그리고 결과가 유의한지를 결정한다.	관찰하다, 측정하다, 판단하다	3단계 객관성을 가질 수 있도록 대중들과 지속적인 소통을 통해 유용성을 가질 수 있는 단계
I	통합 Integrating	디자인 경험의 의미와 중요성을 고찰하고 해석한다.	학습하다, 알다, 응용하다	

[그림 3-1] Burnette의 창의적 문제해결에 기초하는 디자인 과정(process) 'I/DEPPE/I' 모델 재구성

인 창의성교육이나 수업 모형에 제시되는 문제 이해, 아이디어 발견, 해결안 발견의 과정과 크게 다르지 않다. 그러나 이 디자인 교육은 대상물을 만들고 꾸미는 목적지향적인 교육방법이 아니라 디자인의 체계적이고 통합적인 학습 과정을 조화시켜 문제를 해결해 나가는 과정 속에서 창의성을 발달시키는 교육을 의미한다. 이러한 의미에서 디자인 교육은 [그림 3-1]과 같은 교육과정으로 이루어져 스스로 행하면서 배우고 문제를 해결해 나가는 과정을 포함하므로 상상력, 인지적 능력과 함께 미적 감성을 함양시킬 뿐만 아니라(정진현, 2009) 유아교육현장에서 교사가 실질적으로 창의적인 수업을 구현할 수 있는 '교사 창의성'을 발달시키는 데 도움이 된다.

파파넥(Papanek, 1995)에 따르면 디자인 과정은 모든 인간 활동의 기본이 되는 행위이며 우리가 소망하고 예측할 수 있는 목표를 향해 가는 모든 행동의 계획과 정리로서, 유아기부터 교육이 되어야 보다 창의적인 결과를 얻을 수 있다고 한다. 따라서 디자인 교육은 6세 정도부터 시작되어야 한다(김현희, 2002; 신희상, 2003: 유예순, 2002에서 재인용).

최초로 디자인 교육을 시도하여 디자인 산업이 국가 성장에 실질적으로 기여하고 있는 영국의 경우 1990년대 초부터 디자인 관련 교과를 모든 공립학교를 위한 국정 교과과정에 포함시켜 디자인 교육을 유치원에서 고등학교까지 'Art & Design' 'Design and Technology'라는 독립적인 과목으로 시행하고 있다. 또한 교육과정의 조정과 교육방법을 자문하는 국정 교과과정 위원회를 설치하여 '디자인을 기초로 한 교육'이라는 목표 아래 다양한 교과과정에 응용할 수 있는 일반적인 디자인 교육의 개념을 정립하였다. 이처럼 디자인 교육은 다른 학문과의 통합교육이 가능할 뿐만 아니라 다학문적인 특성을 가지고 있어(김현희, 2002; 이정은, 2001) 국가수준의 만 3~5세 연령별 누리과정과의 연계를 포함하여 여러 분야에 활용될 수 있다.

이에 이 장에서는 디자인 교육을 활용한 창의 · 인성 수업을 통해 예비유아교사들의 창의 · 인성 증진을 목표로 하며, 이와 같은 교사의 창의 · 인성 증진이 갖는 교육적 의미를 발견하고자 하였다. 이를 통해 향후 예비유아교사의 창의 · 인성 증진을 위한 디자인 교육 교수 · 학습방법의 활용 가능성을 확인하고, 이러한 창의 · 인성교육을 활용하여 보다 효과적인 수업을 진행할 수 있도록 돕고자 한다.

2. 디자인 교육을 통한 창의 · 인성교육

1) 디자인 개념

디자인이라는 용어는 광범위하게 사용되고 있는데, 그 의미는 다의적으로 여러 가지 의미를 내포하고 있다. 우선 영어로 'design'이라는 단어의 사전적인 의미는 '심적 계획'이라는 의미로서 계획 또는 설계를 말하며, 예술에 있어서의 계획은 회화 제작 시 예비 스케치 과정을 일컫는다. 동사로 'design'은 라틴어의 'designare'에서 유래하여, '지시하다'와 '계획을 세우다' 또는 '스케치하다'의 세 가지 의미를 가진다(명승수, 1992). 이러한 디자인의 의미는 전문적인 디자인 교육이 아닌 일반적인 교육으로서의 역할이 강조된 것으로, 이는 창의적이고 현실적인 문제해결력을 키우는 과정에 중점을 두고 있다. 디자인 교육 또한 논리적 사고과정을 통해 기본적인 개념을 자연스럽게 이해하고, 그 행위과정을 경험할 수 있도록 하는 것이다.

디자인의 개념은 21세기에 들어서면서 과거 '미술로서의 디자인'이라는 인식에서 벗어나 '기술로서의 디자인' '과학으로서의 디자인' '인문학 · 사회학으로서의 디자인' 등 복합적이고 통합적인 것으로 그 의미 범위가 확대되고 있다(한국디자인진흥원, 2014).

이상에서 살펴본 바와 같이 디자인의 의미는 단순히 '계획'과 '설계'라는 의미에서 벗어나 현 시대에는 통합적 관점으로서의 개념을 가지고 있다. 즉, 생활 속에 문제들을 발견하고, 이를 단순한 행위로 해결하려는 것이 아니라 인문학, 과학, 사회학, 기술 등 다양한 학문적 통합을 통해 의미 있는 질서를 만들어 그 문제들을 해결해 나가는 것이다(박윤희, 2010).

이와 같은 맥락에서 볼 때 디자인 교육은 문제를 해결하기 위한 인지적 요소를 가진 '사고과정 중심' 활동이라 할 수 있으며, 구체적 목표를 가지고 활동함으로써 그 목표를 설정하거나 내용 및 교육방법을 결정할 때 현실성이 내포되어 '유용성'도 가지고 있다. 또한 디자인 교육은 일상생활 속에서 문제들을 발견하고 해결하는 활동으로서 사회적 관계를 형성하는 객관적인 심리요소를 가지기도 한다(신세례, 2013). 이러한 디자인 교육은 디자인 행위를 통해 스스로 발전해 나가며 생활 속에서 함께 공존할 수 있는 편리함과 윤택함에 대한 소통을 해 나가는 것이다.

이러한 포괄적인 의미를 가진 디자인 교육이 단지 직업적이고 업무적인 연구에 그칠 것이 아니라 유아기 때부터 디자인 교육을 적용함으로써 인지적 사고를 통해 유아의 삶, 경험, 이해, 사고, 그리고 실제적 수행 능력을 통합하고 재구성할 수 있는 과정을 경험할 수 있도록 해야 한다(최재영, 최영숙, 민미경, 이정희, 2005). 다른 순수예술과 달리 디자인 교육 과정은 조형활동이라는 '신체적 행위'보다 논리적 탐구에 따른 '정신적 행위'에 좀 더 가깝다고 할 수 있으며, 디자인 자체는 문제해결과정으로 이해되므로 체계적인 일련의 행위나 단계를 의미한다(최길열, 2001). 하지만 이 과정에서 나타나는 디자인 행위는 지능, 자원, 상상력, 예술성, 기법, 감각 및 지식의 다양한 측면을 요구하기 때문에 고정적이지 않고 항상 변화하면서 상호작용하며 창의적인 특성을 가진다.

따라서 디자인 교육은 현재 빠르게 진화하는 사회 · 문화적 변화에 적응할 수 있는 인간의 창의적 사고능력을 향상시켜 준다는 것을 알 수 있다. 또한 오늘날의 디자인 교육은 기존의 전문 디자인 교육처럼 성인을 위한 교육으로 그 가치가 제한된 것이 아니라 유아기부터 성인까지 전 연령을 아우르는 일반 디자인 교육으로, 인간의 삶의 질을 향상하기 위한 통합적 행위인 것이다(문용린, 최인수, 2010).

2) 디자인 교육의 특성

디자인 교육은 일상생활과 관련된 주제를 표현활동과 역할놀이의 형태로 구현하여 사회성 발달과 다양한 교과과정 통합에 도움을 주는 중요한 교육영역으로 새롭게 대두되고 있다(백종원, 2009). 또한 디자인 교육은 사고의 다양성을 통해 세상을 새롭게 바라보고 환경을 개선시킬 수 있는 통찰력을 기른다는 차원에서 창의성 증진에 중요한 영역이다(최윤의, 2013).

디자인 교육 이론가들의 각 주장을 근거로 하여 디자인 교육의 특성을 분류하면 다음과 같다.

첫째, 디자인 교육은 통합적 사고 교육의 특성을 지닌다. 아처(Archer, 1979)와 오웬(Owen, 1989)은 진정한 의미의 지식에 대한 획득의 기회를 제공하기 위해서는 인접 학문과 관련을 맺는 통합적 속성이 필요함을 이야기하였다. 퓨(Pugh, 1982)는 디자인을 예술과 과학을 통합하는 행위로서 지식을 추구하기보다는 지식체계들의 통합으로 구분되어야 한다고 주장하였다. 이를 통해 디자인 교육은 다양한 학문과의 연계성을 가지며, 이러한 학문적 통합의 속성으로 인해 통합적 사고가 이루어질 수 있다.

둘째, 디자인 교육은 문제해결 중심 교육의 특성을 지닌다. 크로스(Cross, 1990)와 버넷(1996)은 디자인을 하나의 문제해결 사고과정으로서, 문제의 발견, 문제의 규정, 연구, 탐구하는 과정, 해결책 제시, 해결안의 생성, 문제해결 결과의 평가까지 전 과정을 생각하고 행동하는 디자인적 사고에 의미를 두고 있다. 이것은 결과보다는 실행과정에서 발생하는 문제들을 해결하는 디자인 과정으로서 이를 통해 자신이 무엇을 원하는지 명확히 파악할 수 있을 뿐만 아니라 논리적 사고력을 키워 나가게 한다.

셋째, 디자인 교육은 활동경험 위주 교육의 특성을 지닌다. 파파넥(Papanek, 1995)은 디자인 교육이 인간의 삶에서 풍요로움을 추구하는 '설계'와 '계획'을 목적으로 하며, 활동경험을 통해 과거 인간의 잘못된 지식과 경험을 새롭게 수정하고 이해하여 새롭게 구성할 수 있는 활동경험 위주의 교육임을 주장하였다. 이러한 활동경험 위주의 디자인 교육의 적절한 교육시기에 대해서는 적어도 6세 때부터 시작해야 그 가치를 추구할 수 있다고 주장하였다.

[그림 3-2] 디자인 교육의 세 가지 교육 특성

3) 디자인 교육의 필요성

디자인 사고를 훈련하는 디자인 교육은 창의적이고 통합적인 사고능력을 기르는 데 매우 효과적인 방법이다(박은덕, 2002). 우리나라는 최근 이러한 디자인 교육의 가치를 깨닫고, 선진국을 모델로 하여 교육과정과 시스템을 연구하는 등 디자인 교육에 힘쓰고 있다. 김혜숙(1999)은 디자인 교육을 통해 사회를 풍요롭게 하는 문화 속 가치가 창조되고, 지적 능력을 개발하는 중요한 기회가 제공된다고 하였다. 디자인 교육은 무엇보다 모든 사람들을 위한 대중교육으로서 역할을 수행할 수 있으므로 인지적 능력이 발달하고 호기심이 많은 유아기부터 교육하는 것이 중요하다고 주장하였다.

유아 디자인 교육을 실시하고 있는 여러 나라는 학습과 인지적 성숙에 대한 교육학 분야의 이론에 기초하여, 유아기부터 초등학교 저학년 시기까지를 유아 디자인 교육의 적기로 보고 있다(Papanek, 1995). 유아를 대상으로 디자인 교육을 하려면 심리적 교육환경, 물리적 교육환경, 사회적 교육환경 등을 통한 총체적 상호작용으로 통합교육환경을 갖추어야 하며, 부모, 교사, 또래 등의 인적 환경은 안내자, 조언자의 형태로 구성되어야 한다(Archer, 1979). 피아제(1960)와 비고츠키(1978)는 개인과 환경의 밀접한 관련성을 강조하고 있으며, 외적 물리활동과 내적 지적활동으로 이루어지는 유아 활동과 인지적 상호발달과정으로서의 디자인 교육은 밀접한 연계성을 가지고 있다. 따라서 유아기 발달에서 디자인 교육은 중요한 교육적 환경으로서의 의미를 가지며, 유아 발달에 적합한 실제적이고 다양한 디자인 교육 활동을 통해 유아들은 신체 · 인지 · 언어 · 사회 · 정서 등 전인 발달을 도모할 것이다.

4) 디자인 교육 관점

디자인 교육의 관점은 전문 디자인 교육과 일반 디자인 교육 관점으로 분류될 수 있다. 전문 디자인 교육은 1970년대에 공업화 위주의 산업이 발달하면서 상품의 고급화를 목적으로 학교 내 '디자인과'라는 명칭을 사용하여 고등학생 이상을 대상으로 실시한 교육이다. 또한 기능 위주의 교육을 통해 결과물을 구성하고, 실무에 바로 적용할 수 있는 능력을 배양하였다(송지성, 김우영, 2013).

반면, 일반 디자인 교육은 우리의 일상적인 삶에서 무의식적으로 행하는 것이나 무의미한 것에 대해 계획과 패턴으로 질서를 만들어 내려는 직관적인 노력의 실행적 과정이다(Papanek, 1986). 즉, 마음에서 인식되고 후속적인 실행을 위해 의도된 계획 또는 목적에 대한 수단의 채택을 의미한다(송정희, 2011). 또한 현대 의미의 디자인의 중요성과 영역 확장은 단순히 디자인의 기능적 측면이 아니라 문제해결의 과정을 통해 개인의 삶의 질과 관련된다.

파파넥(Papanek, 1995)은 저서 『인간을 위한 디자인(*Design for the Real World*)』을 통해 '인간이 행하는 거의 모든 행위는 모두 디자인'이라고 주장하면서, 모든 사람은 디자이너가 될 수 있다는 것과 디자인은 인간이 자신의 환경과 그 자신까지도 창조할 수 있는 인류의 강력한 도구임을 강조하였다. 즉, 디자인의 확장과 발전은 정신적 · 물질적 삶으로 구성되어 있는 인간의 삶에서 전반적 삶의 향상을 위한 욕구에 의하여 이루어지고 있다는 것이다. 따라서 디자인 교육의 기본적 교육철학은 개인적 · 사회적 삶의 다양한 문화적 의미를 이해하고, 그 의미들이 어떻게 생성 · 소통되는지 다양한 관점에서 이해할 수 있는 해석능력(Literacy)을 갖게 하는 것이다(Owen, 1989). 또한 디자인은 일상생활 속에서 행하는 모든 행동을 목적에 맞게 조절하여 자신의 생각을 구체화하는 작업이다. 따라서 구체화된 과정을 가지는 디자인 교육이 유아에게 제대로 적용되려면 교육환경 속에서 유아들이 스스로 문제를 인식하고 해결해 나가는 것을 촉진시키는 창의적인 교육환경이 중요하다(Burnette, 1996).

미래사회를 살아갈 유아들에게 디자인 교육은 개인의 삶뿐만 아니라 자원의 보존과 재생, 환경 문제, 사회복지와 구호 등 사회적 · 환경적 요인들을 범국가적이고 다문화적 · 통합적 관점에서 접근해야 한다. 이러한 측면에서 디자인 교육은 단순히 장식적 측면만이 아닌, 대상의 기능과 구조, 조형성, 인간 감성, 공학, 생태학 등의 개념을 포괄한다(Papanek, 1986). 이처럼 디자인 교육은 전인교육의 관점에서 폭넓은 교양을 쌓고 건전한 인성을 함양하는 교육으로서 디자인 교육에 다가가야 할 것이다. 여러 학자들이 주장하는 일반 교육으로서 디자인 교육의 가치는 다음과 같다.

오웬(1989)은 디자인 교육을 예술, 과학, 기술공학, 인문학 등에 통합적으로 접근하는 교육이라고 하였다. 그는 모든 학문적 분야를 포괄할 수 있는 수준에서 문제해결, 개념화, 시각화, 커뮤니케이션 등의 전문적 교육이 부가된 일반 교육이야말로 훌륭한 디자인 교육이라고 주장하였다. 아처(1979)와 퓨

(1982) 역시 디자인은 통합적 학문으로서 자연과학, 인문학 등 다른 학문과의 효과적인 의사소통을 통해 창의적 문제해결력과 창의적 사고력을 키울 수 있는 교육임을 주장하였다. 오웬은 전문적 지식과 공학의 테크놀로지와 과학의 이성에 인문학의 상상력이 더해져 미술의 감성으로 표현되는 것을 디자인이라고 설명하였다. 즉, 디자인 교육은 예술, 과학, 기술공학, 인문학 등의 확고한 기초를 필요로 하는 통합적 속성을 지녔으며, 이는 디자인의 특성이다.

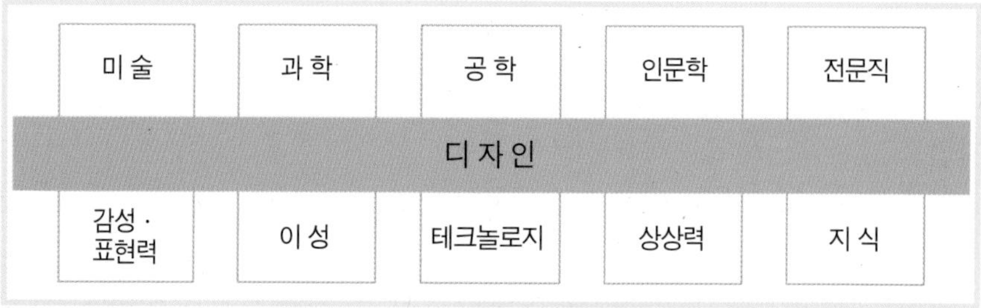

[그림 3-3] 오웬의 통합적 분야로서의 디자인

출처: 박윤희(2010): 백종원(2009)에서 재인용.

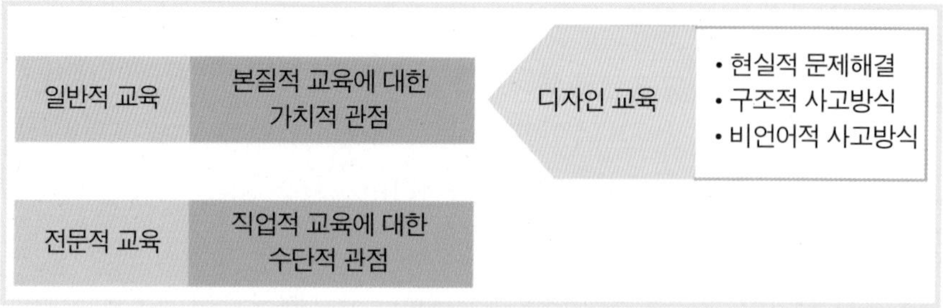

[그림 3-4] 크로스(Cross, 1990)의 디자인 교육의 본질적 가치구조

크로스(Cross, 1990)는 수준의 차이가 있을 뿐 모든 사람은 디자인 능력을 가지고 있기 때문에 디자인은 기본적으로 일반 지식을 통한 형성이 가능하며, 문제해결력, 구조적 사고방식, 비언어적 사고방식으로서의 디자인 교육을 통해서 그 능력을 발달시킬 수 있다는 일반 교육의 가능성을 주장하였다.

크로스(1990)가 주장하는 일반 교육으로서 디자인 교육의 본질적 가치구조를 살펴보면, 현실적 문제해결력으로서 디자인 교육은 과학이나 인문학의 교육 영역에서 다루는 구조화된 문제 유형과 명확히 구분된다. 또한 디자인 교육은 일상생활의 현실적 문제를 해결하는 능력의 계발로서 교육의 정당성을 가진다. 구조적 사고방식으로서의 디자인 교육은 사물을 인지적 관점에서 이해하고, 구조적으로 통합하여 종합하는 방식으로 '구조적 사고'라는 특징을 지닌다. 크로스(1990)는 비언어적 사고방식으로서 디자인 교육은 의사소통 또는 내적 사고를 구체화하기 위해 언어적 · 수식적 방식이 아닌 동작, 의상, 표정 등과 같은 비언어적 방식에 의존한다고 설명하였다.

이처럼 일반 교육으로서의 디자인 교육은 유아교육의 전인 발달을 이루는 창의성 증진을 위한 통합교육과 여러 영역에서 적용되는 부분이 많다. 생활주제 중심으로 이루어지는 유아교육과정은 유아의 일상생활 속에서 스스로 탐색하고 발견하는 태도를 통해 유아가 현실적 태도를 가지도록 한다. 디자인 교육 역시 일상생활의 현실적 문제들을 목적에 맞게 질서 있는 체계로 구성하는 것으로, 유아교육과 일반 디자인 교육이 같은 맥락에 있다.

따라서 일반 디자인 교육은 유아의 주변 상황 속에서 문제를 찾고 해결을 위해 발견하고 탐색하는 '사고과정 중심' 교육을 통해 유아의 창의적인 디자인 활동의 폭을 넓혀 나갈 수 있다.

3. 디자인 교육의 실제

1) 디자인 사고의 기초 단계 질문

디자인 교육 사고 기초 단계는 디자인 교육의 세 가지 특성인 활동경험 중심, 통합적 사고 중심, 문제해결력 중심으로 구성된 질문을 통해 예비유아교사의 인지적 · 정의적 사고, 유연성을 가질 수 있도록 한다.

(1) 활동경험 중심 질문

- '도민준'(드라마 〈별에서 온 그대〉의 주인공)에게 우리나라 배달서비스에 대해 어떻게 설명할 수 있을까?

(2) 통합적 사고 중심 질문

- 당신의 1년이라는 시간을 1억 원에 산다는 사람이 있다. 어떻게 하겠는가?

(3) 문제해결력 중심 질문

- 당신의 지혜를 무게로 잴 수 있는 방법은 무엇일까?

2) 디자인 활동의 실제

(1) 그림책을 활용한 건축 디자인 교육

『늑대가 들려주는 아기돼지 삼형제 이야기』(2008)를 읽고 아기돼지 삼형제가 지은 건축물의 문제점을 찾은 후 이를 보완하여 설계해 봅니다. 자연에너지를 활용한 친환경 건축물로 아기돼지 삼형제가 살 집을 설계해 보세요.

[그림 3-5] 아기돼지 삼형제가 살 집 아이디어 스케치

[그림 3-6] 유아를 대상으로 한 건축디자인 교육 사례

그림책을 활용한 확장활동: 그림책을 활용한 도구 디자인 교육

전래동화 『토끼의 재판』에서 호랑이를 구해 주기 위해 페트병 1개와 가위만을 사용하여 새로운 도구를 만들어 봅니다.

(2) 실험을 통한 패키지 디자인 교육

① A4용지 10장을 이용하여 2m 높이에서 낙하하는 생계란을 깨뜨리지 않고 받을 수 있는 조형물을 만들어 봅니다.

[그림 3-7] 아이디어 도출을 위한 탐색과정
(디자인과정: I / D, E 단계)
의도 정의 탐색

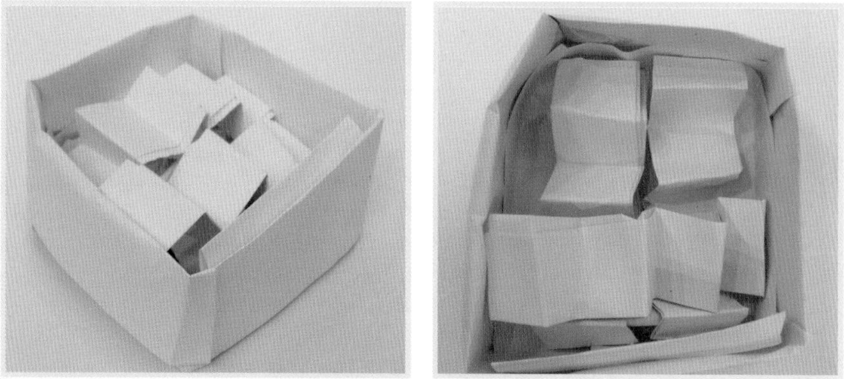

[그림 3-8] 아이디어를 통한 구체적 결과물 표현과정
(디자인과정: P, P 단계)
계획 생산

[그림 3-9] 문제점과 개선점 파악 후 수정 · 보완
(디자인과정: E / I 단계)
평가 통합

② 실험 결과(물)를 기초로 하여 유아들이 들 수 있는 계란 패키지를 디자인해 봅니다.

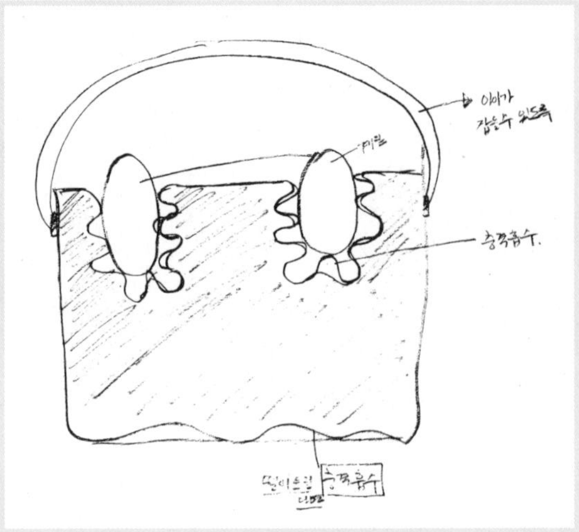

[그림 3-10] 유아들을 위한 계란 패키지 디자인 아이디어 스케치

[그림 3-11] 유아들을 위한 계란 패키지
(디자인과정: I 단계)
통합

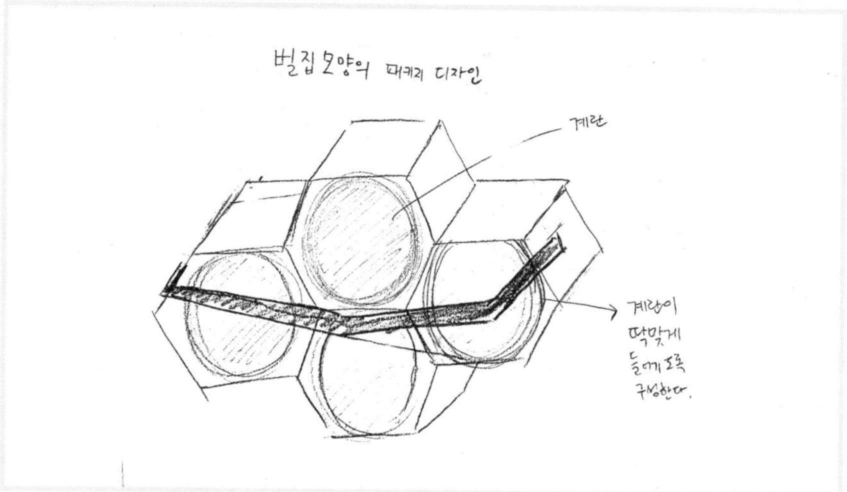

[그림 3-12] 유아들을 위한 계란 패키지 디자인 아이디어 스케치

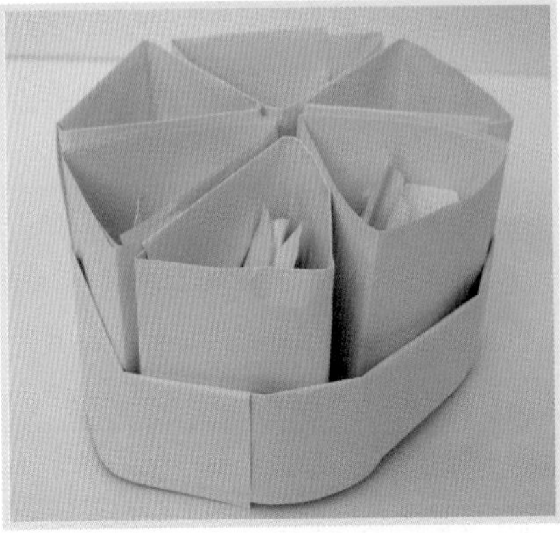

[그림 3-13] 아이디어를 통한 구체적 결과물 표현과정

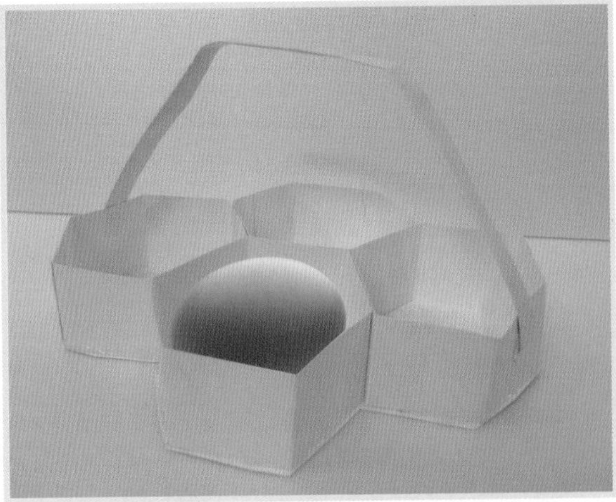

[그림 3-14] 유아들을 위한 계란 패키지

③ 실험 결과물을 토대로 유아들이 생계란을 보호하거나 손쉽게 운반할 수 있는 패키지를 디자인해 봅니다.

(3) 음악을 활용한 영상디자인

오렌 라비(Oren Lavie)의 〈Her Morning Elegance〉를 듣고 떠오르는 이미지를 스토리 보드로 제작해 봅니다.

학생 작품 사례 1

학생 작품 사례 2

비 오는날
영상 스토리 보드

소 리	영 상	내레이션
비 오는 소리		우산을 미처 챙기지 못한 여자는 우산을 쓰고 가는 남자를 부러움 가득한 눈으로 바라보면서 비를 맞으며 걸어간다.
비 오는 소리와 길거리에서 들리는 소리들		우산을 들고 가는 남자는 비를 맞으며 걸어가는 여자를 발견하고는 함께 우산을 쓰자고 권유한다. -남자: 같이 쓰실래요?
로맨스(발라드) 음악이 배경음악으로 나온다.		우산을 함께 쓰고 가는 남자와 여자. 우산 속에서 긴장감이 흐르고, 스치듯 스킨십이 자연스럽게 이루어지며 호감을 가지게 된다.
카페에는 발라드 음악이 나온다.		우산을 씌워 준 남자에게 여자는 감사함의 의미로 카페에 들러 차를 대접하고 차를 마시며 이야기를 나눈다. -여자: 감사합니다. 감사의 의미로 차를 사고 싶은데 시간이 어떠신지요? -남자: (빙그레 웃으며) 물론 좋지요.
휴대폰 버튼 소리		헤어질 시간이 되어 일어나며 여자가 말한다. -여자: 저, 내일 제가 우산을 씌워 주고 싶어요! -남자는 말없이 여자의 휴대폰에 자신의 전화번호를 남긴다.

커피 한잔
영상 스토리 보드

소 리	영 상	내레이션
도시에서 들려오는 소리들		창가에 앉아 해가 지는 모습을 보며 따뜻한 커피 한잔을 멋스럽게 들고 마신다.
라디오에서 흘러나오는 발라드 음악과 커피 포트에 물 끓는 소리	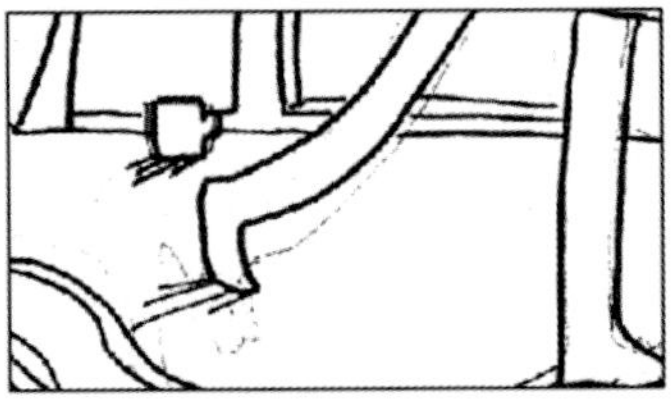	회상을 하듯 화면은 줌인이 되며, 그녀는 혼자 있기 쓸쓸해 1층으로 내려와 화장을 하고 멋을 부리면서 외출 준비를 한다.
쓸쓸한 음악이 들리며. 지하철 소리와 사람들의 속삭임		집을 나온 그녀는 지하철을 탄다. 지하철에서 피곤함을 느끼는 사람들의 여러 가지 모습들을 보며 삶의 무게를 느낀다.
		지하철 창가에 비친 화장한 자신의 모습을 보며 한숨을 내쉰다. 그녀: 휴~
지하철 소리와 쓸쓸한 바람소리	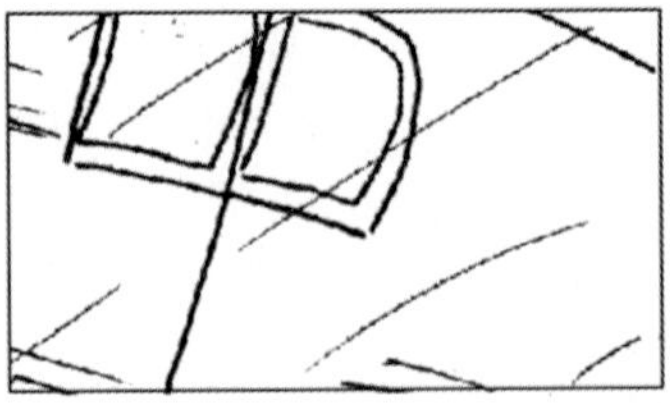	화면은 줌아웃이 되며, 그녀가 탄 지하철은 빠르게 지나간다.
아침의 맑은 새소리		화면이 천천히 어두워지면서 그녀의 눈이 클로즈업 되어 천천히 눈을 뜨는 모습이 보인다. 햇살이 그녀의 눈 속으로 빨려 들어가고, 그녀는 무척 밝고 활기찬 기분이 든다. 그리고 그녀의 얼굴에는 힘찬 내일을 기약하는 활기 있는 얼굴이 보인다.

영상 스토리 보드

소리	영상	내레이션

참고문헌

김현희(2002). 초등 미술 교육에서의 현대 디자인 교육 방향 모색. 춘천교육대학교 교육대학원 석사학위 청구논문.

김혜숙(1999). 초등학교 디자인 교육에 관한 연구: 행동지향적 디자인 교육과정 모델개발을 중심으로. 한국과학기술원 대학원 석사학위 청구논문.

김 호(2008). 창의성교육이 예비유아교사들의 확산적 사고 및 확산적 사고에 대한 태도에 미치는 효과. 유아교육학논집, 12(2), 127-145.

김 호, 서선진(2009). 예비유아교사의 반성적인 저널에 나타난 창의성교육에 대한 인식 분석 연구. 열린유아교육연구, 14(5), 205-227.

명승수(1992). 현대 디자인학의 지평. 서울: 디자인하우스.

문용린, 최인수(2010). 배려와 나눔을 실천하는 창의인재육성을 위한 창의 · 인성교육 활성화 방안 연구. 과학창의재단 연구보고서.

박나운, 황희숙(2012). 예비유아교사의 창의성 수업경험을 통한 창의성 및 창의성교육에 대한 인식의 변화 탐색. 미래유아교육학회지, 19(4), 159-178.

박윤희(2010). 어린이디자인 교육 프로세서를 통한 주제 중심 교육 콘텐츠 개발. 이화여자대학교 대학원 석사학위 청구논문.

박은덕(2002). 국내 · 외 디자인 교육 프로그램의 비교 분석, 조형교육, 19.

백종원(2009). 창의적 디자인 교육의 미래 전망(찰스 오웬 이론 중심). 이화여자대학교 디자인여성학회 세미나 발표.

송정희(2011). 디자인, 디자인론. 서울: 비즈앤비즈.

송지성, 김우영(2013). 전문대학 공업계열 학과의 시각디자인 교육에 관한 연구. 한국디자인문화연구지, 20(1).

신세레(2013). 사회적 창의성 신장을 위한 디자인 통합교육 프로그램 개발. 서울과학기술대학교 NID융합기술대학원 박사학위 청구논문.

양윤정(2002). 유아의 창의성 증진을 위한 교사의 역할에 대한 인식 연구. 배재대학교 대학원 석사학위 청구논문.

유예순(2002). 창의적 표현력 신장을 위한 디자인 교육방안 연구: 초등학교 고학년 중심으로. 숙명여자대학교 대학원 석사학위 청구논문.

윤정진, 김형재(2010). 예비유아교사를 위한 창의성 프로그램 개발과 효과검증연구. 유아교육연구, 30(3), 239-261.

이정은(2001). 지각 능력 발달을 위한 디자인 교육에 관한 연구. 국민대학교 대학원 석사학위 청구논문.

정진현(2009). 디자인 중심의 실과 수업이 초등학생의 창의성에 미치는 효과. 한국실과교육학회지, 22(1), 115-135.

최길열(2001). 디자인 발상 연구. 서울: 주간 디자인 신문(주).

최윤의(2013). 유아디자인 교육 콘텐츠 개발 연구. 홍익대학교 디자인대학원 박사학위 청구논문.

최재영, 최영숙, 민미경, 이정희(2005). 창의성 계발을 위한 유아 디자인교육에 대한 연구. 미술교육논총집, 19(1), 155-175.

Archer, B. (1979). Design as a discipline. *Design Studies, 1*(1), 17-20.

Buchanan, R. (1990). Design as a new liberal art, Strategies for educating designers in the post industrial society, *1990 Conference on Design Education*, 15-16.

Burnette, C. (1996). *Design-Based Education: 12'*, Unpublished Materials, Univ. of the Arts.

Cross, N. (1990). The nature and nurture of design ability. *Design Studies, 11*(3), 127-140.

Marks, T. (1989). Creativity inside out from theory to practice. *Creativity Research Journal, 2*, 204-220.

Owen, C. L. (1989). 정보화 사회에 있어서의 디자인 교육. 국제 디자인 세미나, 한국과학기술원 과학기술대학, 세미나발표 내용.

Papanek, V. (1986). 인간과 디자인(한도룡, 이혜묵 공역). 서울: 미진사.

Papanek, V. (1995). 인간을 위한 디자인(조재경, 현용순 공역). 서울: 미진사.

Piaget, J. (1960). *Psychology of Intelligence.* Paterson, NJ: Littlefield, Adams.

Pugh, S. (1982). The integrative enveloping culture-not a third culture. *Design Studies, 3*(2), 93-96.

Richard. B., & Victor, M. (2002). 디자인 담론(한국디자인연구회 역). 서울: 조형교육.

Vygotsky, L. S. (1978). *Mind in Society: The Development of Higher Mental Process.* Cambridge, MA: Harvard University Press.

세계일보(2013. 1. 11.). 과학기술 기초로 창의성 기반 성장 정책 펼 것.
한국경제(2014. 2. 25.). 박근혜 대통령 경제혁신 3개년계획 담화문 전문.

한국디자인진흥원 http://www.kidp.or.kr

제 4 장

패러디를 활용한 창의 · 인성교육의 이론과 실제: 명화와 그림책 중심으로

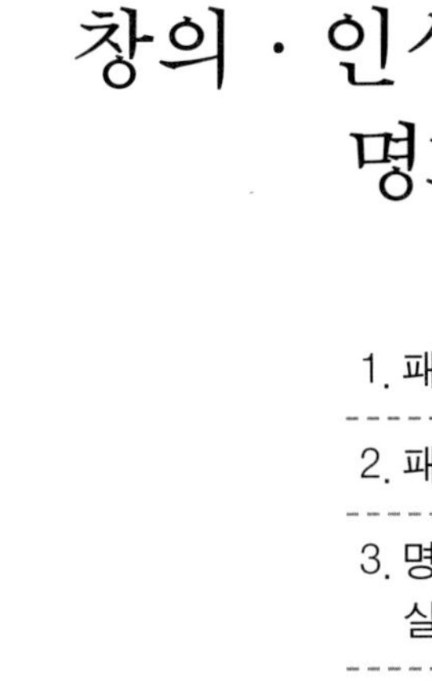

1. 패러디를 활용한 창의·인성교육의 필요성

21세기는 포스트모던 사회로, TV, 광고, 사진, 컴퓨터, 영상 등 학습자의 일상생활에서 쉽게 접할 수 있는 매체들을 통해 이미지들이 넘쳐 난다. 우리는 다양한 이미지의 홍수 시대에 살고 있다. 다양한 이미지는 하루에도 생산, 소비, 소멸, 재생산의 과정을 반복하며, 이러한 이미지는 우리의 생활에 많은 영향을 미친다.

패러디(parody)는 포스트모더니즘의 시작을 알리는 대중문화의 주요 표현 기법 중 하나다. 패러디는 산업혁명 이후 산업 발달의 영향으로 과거 전통미술 작품 또는 대상을 조롱, 풍자, 비판하는 형태를 취하며 현대미술에까지 활발하게 활용되었다(박현정, 2008). 오늘날 패러디는 기술의 발달과 인터넷의 사용으로 다양한 소재에 대한 접근성이 보다 용이해졌기 때문에, 미술뿐만 아니라 광고, 음악, 영화, 건축, 드라마, 문학에 이르기까지 광범위하게 활용되고 있다.

TV에서는 영화, 드라마, 명화 등을 패러디한 광고나 유행어가 쏟아져 나와 웃음을 유발하기도 하고, 온라인상에서는 특정 인물이나 정치 상황을 패러디하여 풍자하기도 한다. 최근 대학생들은 휴대폰으로 촬영한 이러한 패러디 제작물을 UCC에 올리기도 한다. 이처럼 패러디란 용어는 대학생들에게 있어 쉽게 접할 수 있으며, 일상생활에서 자주 적용되고 있다.

패러디는 기능적인 재료나 도구의 사용을 필요로 하지 않고 주변에 있는 것들을 재료로 사용함으로써 재료 선택이 쉬워 짧은 시간 내에 작품의 성취도를 높일 수 있다. 또한 패러디는 기존의 명화나 그림책에 대한 이해와 해당 작품을 해석하는 사고과정을 필요로 하기 때문에, 예비교사들은 패러디하는 과정을 통해 창의성뿐만 아니라 비판적 사고력, 종합적 사고력 등을 키울 수 있다.

따라서 이 장에서는 그림과 명화 패러디를 활용한 창의·인성교육의 이론 및 실제 수업을 통해 예비유아교사들의 창의적 사고력, 창의적 인성 및 창의적 문제해결력 등을 신장하고자 하며, 사회 · 문화적 현상에 대한 인식을 높이고 분별력 있는 비판적 안목을 기르는 등 바람직한 인성을 갖추고자 한다. 또한 패러디를 적용한 작품 감상이나 패러디를 활용한 명화와 제작활동을 통해 명화와 그림의 다양한 장르와 패러디의 예술적 가치를 알고, 예술문화에 대한 이해와 시각을 넓히고자 한다.

2. 패러디를 활용한 창의 · 인성교육

1) 패러디의 이해

(1) 패러디의 개념

패러디의 어원을 살펴보면, 희랍어인 'paradia'는 'para(대응, 대조)'와 'odia(노래)'가 결합한 '대응노래'라는 뜻으로, 텍스트 간의 대비나 대조의 의미를 갖는다. 두산세계대백과사전에는 패러디(parody)를 "엄숙한 작품의 장중한 스타일을 기교로써 모방하면서 그것을 경쾌하고 익살스러운 작품으로 꾸며 야유, 풍자한 것"이라고 설명하고 있으며, 저작권적인 관점에서는 패러디를 "익살 혹은 풍자적 효과를 위하여 행하는 문학, 음악, 혹은 작곡 등 중요 작품의 모방"이라고 정의하고 있다(두산세계대백과사전, 1999).

일반적으로 이미 알려진 명화나 이미지를 모방하여 우스꽝스럽게 바꾸어 놓아 다분히 비판적인 혹은 조롱의 의미를 담은 것을 패러디로 지칭해 온 것은 좁은 의미의 패러디다. 패러디는 재현의 역사를 보여 주기 위한 방식으로, 과거의 이미지들을 발굴해 내는 행위는 포스트모더니즘의 주제와 형식을 표현하는 중요한 기법 중 하나다. 자칫 이미 알고 있는 예술작품을 인용하여 재해석하고 표현하는 것은 무의미한 장난쯤으로 이해되어 평론가들에게 비판의 대상이 되곤 하였다. 그러나 현대미술의 패러디는 그 영역과 의미가 확장되어 옛것에서 새로움을 만들어 내는 표현양식의 다양성을 낳고, 여러 가지로 해석됨으로써 다원성을 지향하는 사회적 요구에 적절하게 부합되었다(이나영, 2000).

패러디의 개념은 본체에 덧붙여진 요소, 즉 단순한 모방이 아닌 변형된 새로운 요소가 추가될 때 패러디로서 진정한 의미를 지닌다. 원작을 모방한다 하더라도 패러디는 원작에 제시된 요소와 그와 대비되거나 덧붙여진 요소를 동시에 전달함으로써 원작과 패러디 작품 간의 새로운 대화적 맥락을 창출하게 된다. 패러디에서 중요한 것은 단순히 원작을 모방하여 원작을 감추는 것이 아닌, 원작과 비판적 거리를 가지고 모방한 사실을 알아차릴 수 있게 하는 상호텍스트성에 있다(김영순 외, 2005).

(2) 패러디의 형식과 유형

패러디의 형식

패러디는 [그림 4-1]과 같이 원작과 패러디스트, 패러디 텍스트와 독자라는 두 단계의 소통과정을 거친다. 제1 소통과정을 살펴보면 패러디는 원 저작물을 변형하여 다른 목적이나 개성을 드러내는 새로운 표현, 의미를 지닌 메시

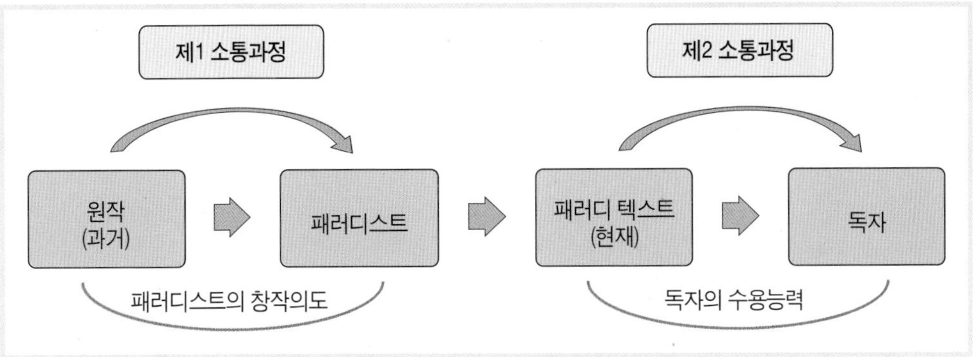

[그림 4-1] 패러디의 소통과정

출처: 이선희(2009) 재구성.

지를 갖기 위한 목적으로 제작된다. 패러디는 의식적으로 원작을 패러디 텍스트로, 과거를 현재로 끌어들이는 작업이다(이선희, 2009).

이선희(2009)에 따르면 패러디의 형식에서 패러디는 차용으로서의 대상과 패러디 목표로서의 대상을 구분할 필요가 있다고 한다. 즉, 패러디 대상이란 차용대상으로서의 원작을 지칭하며, 패러디 목표란 풍자, 공격, 비판의 대상으로서의 원작이나 텍스트 밖의 현실을 지칭한다.

[그림 4-1]과 같이 패러디는 어떠한 기존의 작품(원작)을 차용할 것인가에 대한 것과 원작이 새로운 패러디 텍스트로 재창조되어 효과적인 패러디의 의미를 지니기 위한 패러디의 목표, 즉 작가의 창작 동기가 필수적이다.

패러디의 유형

패러디는 광범위한 범주의 텍스트에 작용한다. 전체 장르에 관한 패러디, 한 시대나 조류에 관한 패러디, 특정 예술가에 관한 패러디 등을 들 수 있다. 이때 특정 예술가에 관한 패러디의 경우 개별 작품에 관한 패러디나 작품의 일부분에 관한 패러디 또는 예술가의 전체 작품의 심미적 양식상 특징에 관한 패러디를 볼 수 있다(정끝별, 1997).

비평 대상에 따라 패러디의 유형을 구분하면 희화적 패러디(spoofs parody), 직접적 패러디(direct parody), 매개적 패러디(vehicle parody)가 있다.희화적 패러디는 가볍고 악의 없는 조롱이나 풍자로 원 저작물을 희화한 것을 말하고, 비평의 대상이 원 저작물 자체인 것을 직접적 패러디라 하며, 원 저작물을 비평의 수단으로 이용하지만 원 저작물의 내용과는 전혀 무관한 현대사회에 대한 일반적인 비평을 하는 것을 매개적 패러디라고 한다(이기용, 이지윤, 2007).

(3) 명화 패러디

명화를 패러디한 작품이나 광고는 유명 미술작품으로서의 유명세 및 권위가 부가되기 때문에 이러한 방식은 전 세계적으로 즐겨 사용해 왔다. 더구나 컴퓨터 그래픽의 발전으로 인하여 합성과 조작, 변형 등의 기법을 자유롭게 사용할 수 있게 되면서 다양한 이미지 합성으로 시각적 재창조를 시도할 수 있어 패러디를 활용한 다양한 작품들이 넘쳐 나고 있다. 특히 대중에게 익숙하고 전달력이 강한 기념비적인 고전작품이나 일상용품들의 복제 및 복사를 전제로 하기 때문에 가장 패러디가 많이 되는 명화가 가장 유명한 그림이라는 사실은 놀라운 일이 아니다.

명화 패러디는 원래의 명화 그 모습 자체를 이용하고 다른 나라 언어에서 단어, 형태소, 문자나 개별적 표현 따위를 빌려다 쓰는 것이다. 명화 패러디는 명화 이미지의 형태와 부분만을 빌려오거나 주제에 맞게 변형하여 새로운 의미를 부가하는 이미지 변용을 통해 표현할 수 있다. 즉, 명화의 이미지 조작으로 원작의 이미지는 유지하되 약간의 변형으로 학습자에게 흥미를 주면 쉽게 접근할 수 있다.

특히 명화 패러디는 잘 알려진 원작을 모방의 직접 대상으로 삼기 때문에 학습자들이 쉽게 원작을 인식할 수 있으며, 미술 영역뿐만 아니라 다양한 영역에서도 쉽게 찾아볼 수 있다. 이러한 점뿐만 아니라 비판적이거나 희화적인 패러디가 많고, 대량복제가 가능하며 다양성을 가지고 있다는 것이 명화 패러디의 특징이다(김혜원, 2009).

패러디한 여러 작품의 예로 〈모나리자〉와 〈최후의 만찬〉, 피카소의 작품 등을 들 수 있다.

[그림 4-2] 〈모나리자〉(1506)
레오나르도 다빈치(Leonardo da Vinci)

[그림 4-3] 〈L. H. O. O. Q.〉(1919)
마르셀 뒤샹

[그림 4-4] 〈모나리자〉(1990)
수잔 허버트

[그림 4-5] '게이트웨이 컴퓨터즈' 광고
(1998)

프랑스의 전위미술가 마르셀 뒤샹(Marcel Duchamp)은 파리의 길거리에서 산 모나리자가 그려진 엽서에 프랑스어로 'L. H. O. O. Q.'라고 하여 '그녀의 엉덩이는 뜨겁다.' '그녀는 달아올라 있다.'라는 뜻의 제목을 붙였다. 그는 우리가 익히 아는 모나리자의 얼굴에 수염을 그려 놓았는데, 이는 모나리자로 상징된 미술의 가치와 권위를 풍자한 것이다.

명화 패러디 작가인 수잔 허버트(Susan Herbert)는 [그림 4-4]처럼 명화 속 주인공을 고양이로 바꿔 그린 그림들로 유명한 일러스트레이터다. 극장 매표소에서 일을 하면서 배우들을 그려 주던 그녀는 자신의 고양이 폴리를 모델로 하여 명화들을 패러디한 그림들을 모아 『명화 속 고양이들(*A Cats Gallery of Art*)』이라는 책을 출간해 유명해졌다.

[그림 4-5]는 1998년의 '게이트웨이 컴퓨터즈' 광고로, '고객이 만족으로 미소 짓게 만들겠다.'는 이야기를 담고 있다.

이처럼 유명한 원작의 영향을 받아 단순하게 변형된 패러디 텍스트들이 다량으로 생산되고 있다. 이 외에도 〈모나리자〉는 여러 가지 목적에 의해 패러디되었고, 뚱뚱한 모나리자로 유명해진 페르난도 보테로(Fernando Botero Angulo)의 작품도 하나의 예로 볼 수 있다(유재연, 2011).

페르난도 보테로는 소재로 삼은 인물이나 동물을 모두 실제보다 살찐 모습으로 그렸으며, 〈얼굴〉([그림 4-7])처럼 작고 통통한 입과 옆으로 퍼진 눈으로 뚱뚱함을 더욱 강조하였다. 마치 튜브에 바람을 넣은 것처럼 부풀려진 인물에서 특유의 유머감각과 남미의 정서를 표현하였다. 페르난도 보테로는 〈모나리자〉([그림 4-6])에서 세상에 대한 풍자를 하고 있다.

에두아르 마네(Édouard Manet)의 〈풀밭 위의 점심식사〉([그림 4-8])는 티치아노(Tiziano)의 〈전원의 합주곡〉([그림 4-9])과 관련이 있다(유재연, 2011). 에두아르 마네는 이상적인 여인이었던 비너스를 관객을 정면으로 바라보고 있는 도발적인 여인의 모습으로 재해석하였다. 마네의 〈풀밭 위의 점심식사〉([그림 4-8])는 티치아노의 〈전원의 합주곡〉([그림 4-9])에서 그 모티브를 가져왔다. 이 그림을 통해 마네는 품위 있는 척하며 살아가는 당시의 부르주아들

[그림 4-6] 〈모나리자〉(1977)
페르난도 보테로

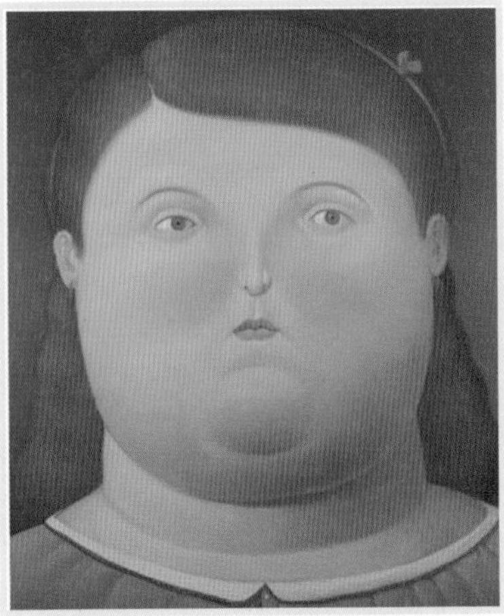

[그림 4-7] 〈얼굴〉(2006)
페르난도 보테로

[그림 4-8] 〈풀밭 위의 점심식사〉(1863)
에두아르 마네

[그림 4-9] 〈전원의 합주곡〉(1510)
티치아노

[그림 4-10] 입생로랑의 광고(1999)

을 풍자하고 있다. 또한 이 그림은 후대의 다른 작가들에게 패러디의 대상이 되어 다시 패러디되었다.

[그림 4-10]은 입생로랑의 광고 포스터로 마네의 〈풀밭 위의 점심식사〉([그림 4-8])를 패러디하였다. 〈풀밭 위의 점심

식사〉와는 반대로 여자 모델인 케이트 모스(Kate Moss)가 옷을 입고 있고 남자 모델이 누드로 있다.

마네의 〈올랭피아〉([그림 4-11])는 앵그르(Ingres)의 〈위대한 오달리스크〉([그림 4-12])를 패러디하였다.

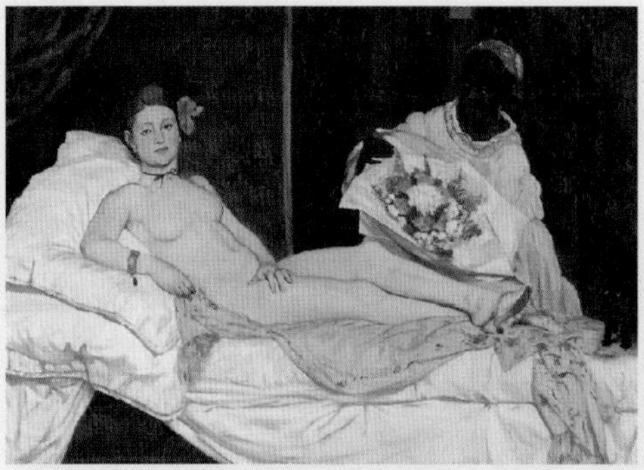

[그림 4-11] 〈올랭피아〉(1863)
에두아르 마네

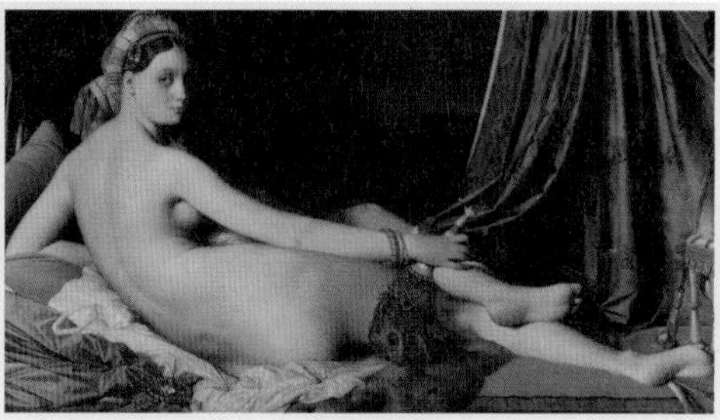

[그림 4-12] 〈위대한 오달리스크〉(1814)
앵그르

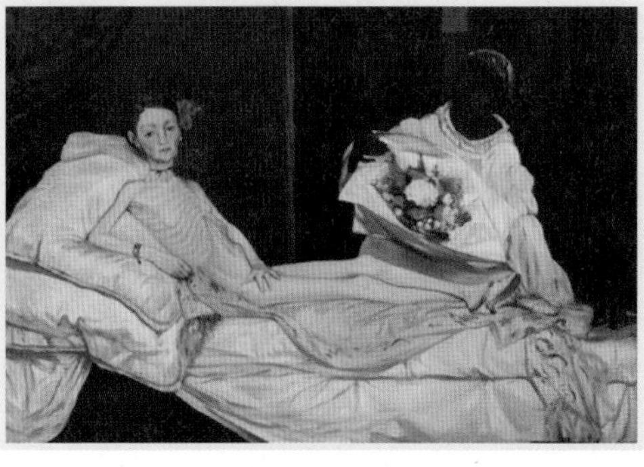

[그림 4-13] 〈거식증에 걸린 올랭피아〉(2009)
ANAD

섭식장애치료기관(National Association of Anorexia Nervosa and Associated Disorders: ANAD)은 음식 섭취에 대한 정확한 정보를 제공하고, 거식증이나 과식증을 예방하기 위한 미국의 기관이다. 이 기관은 유명한 명화 작품을 패러디한 기발한 광고를 진행했는데, 통통한 몸매를 가진 올랭피아가 [그림 4-13]처럼 빼빼 마른 거식증 환자로 바뀌었다. 이 작품은 실제 미술관에서 전시가 되었으며, 거식증에 대한 관심 환기와 예방의 필요성을 강력하게 제시하는 성과를 얻었다.

디에고 벨라스케스(Diego Velazquez)의 〈거울 속의 비너스〉([그림 4-14])는 입생로랑의 광고([그림 4-15])로 패러디되었다.

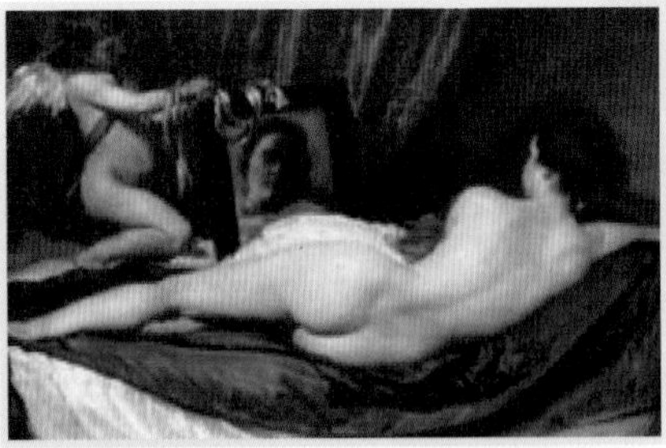

[그림 4-14] 〈거울 속의 비너스〉(1647~1951) 디에고 벨라스케스

[그림 4-15] 입생로랑의 광고(1999)

퐁텐블로(Fontainebleau)파의 무명 화가가 그린 〈가브리엘 데스트레와 그 자매〉([그림 4-16])에서 앙리 4세의 약혼녀인 가브리엘 데스트레가 반지를 들고 있는 모습과 동생이 언니의 유두를 쥐고 있는 모습은 임신 중이라는 것을 암시하고 있다. 이 그림은 입생로랑의 광고([그림 4-17])로 패러디되었다.

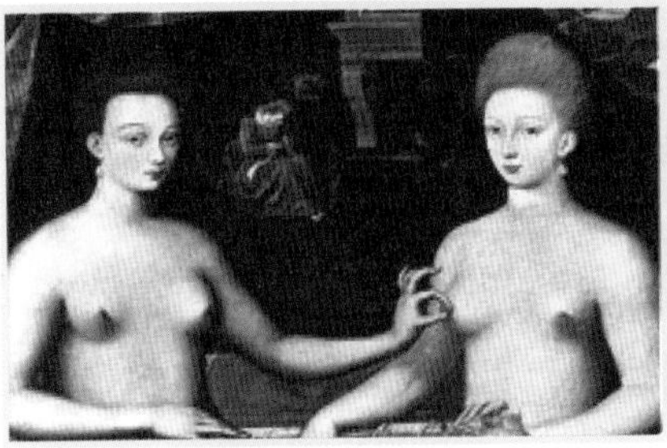

[그림 4-16]
〈가브리엘 데스트레와 그 자매〉(1599)
퐁텐블로파의 무명 화가

[그림 4-17] 입생로랑의 광고(1999)

다음은 원작의 분위기나 이미지 또는 내용을 패러디한 기법이다.

〈나 홀로 집에〉([그림 4-19])는 1990년에 개봉한 가족 코미디 영화로, 주인공이 포스터에서 에드바르트 뭉크(Edvard Munch)의 〈절규〉([그림 4-18])에 나오는 인물의 표정을 흉내 내고 있다. 뭉크의 작품에 등장하는 절망과 소외, 두려움으로 가득한 이 남자의 일그러진 표정을 보여 주거나 암시하고 있는 패러디 작품은 셀 수 없이 많다(윤순진, 2009).

[그림 4-18] 〈절규〉(1814)
에드바르트 뭉크

[그림 4-19] 〈나 홀로 집에〉(1990)
영화 포스터

[그림 4-20] 〈천지창조〉 중 〈아담의 창조〉(1510) 미켈란젤로

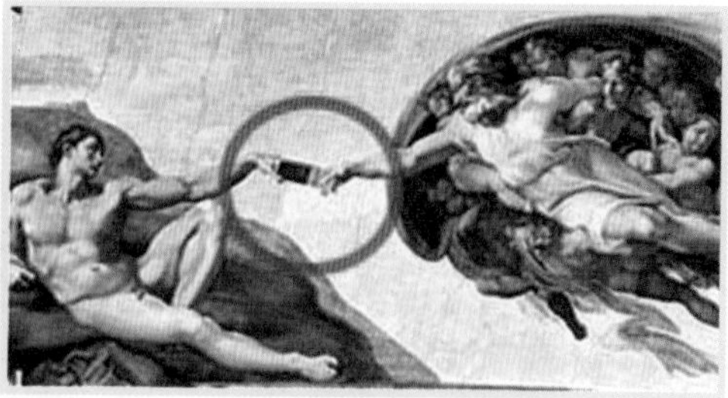

[그림 4-21] 휴대폰 광고 포스터

〈천지창조〉([그림 4-20])는 미켈란젤로(Michelangelo)가 르네상스 시대에 시스티나 성당에 그린 천장화의 일부다. 신이 최초의 인간을 만들고 그에게 영혼을 불어넣기 위해 그의 피조물인 인간과의 첫 만남을 그대로 느끼게 하는 장면이다. 손가락과 손가락이 아슬아슬하게 만나는 장면은 마치 시간이 멈출 듯한 신성함마저 느끼게 한다.

명화를 광고에 응용하는 패러디 광고물은 유럽과 일본에서는 이미 1960~1970년대부터 유행하던 것이다. IT (Information Technology)와 BT(Bio Technology, 생명공학) 산업을 광고할 때 가장 많이 활용되는 이미지가 미켈란젤로가 그린 〈천지창조〉인 것은 우연이 아니다. [그림 4-21]은 신(神)이 아담에게 휴대전화를 건네는 장면으로, 한 기업이 예술작품과 기업, 제품의 이미지를 혼합하는 '예술 마케팅'의 최근 트렌드에 맞춘 것이다.

[그림 4-22] 〈E.T.〉(1982) 영화 포스터

스티븐 스필버그(Steven Spielberg)가 〈E.T.〉를 제작한 것이 지금부터 꼭 33년 전인 1982년도인데, 당시 이 영화를 안 본 사람이 거의 없을 정도였다. 영화 포스터([그림 4-22])를 보면 E.T.와 아이가 손

[그림 4-23] 〈브루스 올마이티〉(2003)
영화 포스터

[그림 4-24] 〈티네이셔스 D〉(2006)
영화 포스터

[그림 4-25] 〈바르게 살자〉(2007)
영화 포스터

가락을 맞대는 장면이 나온다. 이 역시 미켈란젤로의 〈천지창조〉에서 온 것이다. 창조주가 불평분자 브루스를 불러다가 직무대행을 맡긴다는 코미디 영화 〈브루스 올마이티〉의 포스터([그림 4-23])와 코미디 영화배우 잭블랙의 〈티네이셔스 D〉의 포스터([그림 4-24])에도 패러디되었다.

우리나라 영화에서도 〈천지창조〉는 장진과 정재영 콤비의 '대한민국 코미디의 천지창조'로 패러디되었다. 영화 〈바르게 살자〉([그림 4-25])의 포스터에서 신과 아담의 모습으로 코믹하게 변신한 장진 감독과 정재영은 서로 손가락을 뻗어 '코미디의 힘'을 주고받고 있다. 이 포스터는 이들 콤비의 개구쟁이 기질을 여실히 드러내며 웃음을 유발한다.

〈어벤져스를 한 컷으로〉([그림 4-27])는 조선시대 민속화가 김홍도의 〈서당〉([그림 4-26])을 패러디한 것이다. 훈장 선생님 자리에는 힘이 가장 센 헐크가, 양 옆에는 아이언맨, 호크아이, 토르, 캡틴 아메리카, 블랙위도우, 닉퓨리 등이 앉아 있다. 아이언맨의 연인 페퍼포츠까지 표현되어 있어 웃음을 자아낸다. 악당 로키는 헐크 앞에 앉아 울고 있으며 헐크 옆 회초리가 눈길을 끈

[그림 4-26] 〈서당〉(18세기 후반) 김홍도

[그림 4-27] 〈어벤져스를 한 컷으로〉(2012)

다. 〈어벤져스〉 속 등장인물들을 한 컷으로 표현한 이 그림에 누리꾼들은 "완전 공감 100프로다." "단번에 이해되는 그림" 등의 반응을 나타냈다(한국일보, 2012. 5. 10.).

(3) 그림책 패러디

패러디 그림책이란 '유아들에게 익숙한 전래동화를 비롯한 문학작품을 원작의 주제, 인물, 플롯 등을 이용하거나 변형하여 모방적 · 비판적 · 혼성모방적으로 패러디한 그림책'이다(현은자, 김세희, 2006).

패러디 그림책은 유아들의 비판적 사고와 다양한 시각을 길러 주고 창작 글쓰기의 기회를 제공하는 문학 형식이라는 평가를 받고 있다. 그러나 현재 우리나라에 나와 있는 패러디 그림책들 중에는 원작을 뛰어넘는 독창적인 패러디 그림책들이 부족한 실정이다.

원전과는 또 다른 문학적 즐거움을 주기 위한 좋은 패러디 그림책이 되기 위해서는 일반적인 좋은 그림책이 만족시켜야 할 기준이 있다. 즉, 이야기의 짜임새가 간결하면서 완성도를 갖추어야 하고, 작가가 보여 주고자 하는 점을 일관되고 명확하게 전달해야 하며, 그림이 이야기의 내용과 적절한 조화를 이루는 가운데 그 내용을 제대로 구사하고 있어야 하고, 유아들에게 흥미롭고 유익해야 한다. 또한 좋은 패러디 그림책은 원전과는 다른 세계관으로 삶에 대한 새로운 탐구 방식을 제시해야 한다. 즉, 대립 관계에서의 승리가 아닌 열린 마음으로 상대를 수용함으로써 화합의 가치를 추구한다든지, 다른 사람의 입장을 담는다든지, 또는 수동적인 여성관이나 결혼관에 문제 제기를 한다든지, 원전과는 다른 문학적 가치를 지녀야 한다.

그림책을 패러디한 작품을 예를 들면 다음과 같다.

『신데룰라』([그림 4-29])는 『신데렐라』([그림 4-28])를 패러디한 것으로, 신데렐라는 잿더미 속에 앉아 신세 한탄을 했지만 한 동네에 사는 신데룰라는 하고 싶은 것과 배우고 싶은 것이 많아서 신세 한탄을 하기에는 시간이 모자라다는 이야기다.

[그림 4-28] 『신데렐라』(2005)
샤를 페로 원작, 김현좌 글,
이경원 그림, 베틀북

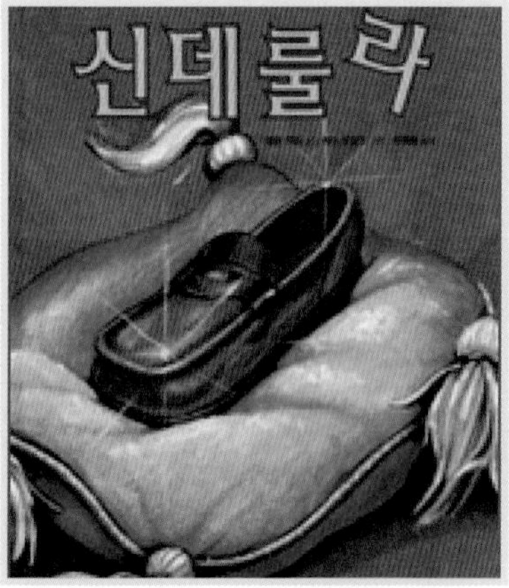

[그림 4-29] 『신데룰라』(2007)
엘렌 잭슨 글, 케빈 오말리 그림,
이옥용 옮김, 보물창고

[그림 4-30] 『콩쥐 팥쥐』(1997)
정대영 그림, 정차준 글, 웅진주니어

[그림 4-31] 『콩숙이와 팥숙이』(2011)
이영경 글 · 그림, 비룡소

우리나라 대표 옛이야기 『콩쥐 팥쥐』([그림 4-30])는 계모의 학대를 받던 콩쥐가 원님과 결혼하고 잘 사는 이야기로 끝나는 것으로 알려져 있다. 1950년대를 배경으로 풀어낸 그림책 『콩숙이와 팥숙이』([그림 4-31])는 『콩쥐 팥쥐』의 원형을 따라가면서 힘들고 가난했던 시절, 굴곡진 삶을 살아 낸 콩숙이의 이야기를 한 편의 드라마처럼 역동적으로 담아냈다. 『콩쥐 팥쥐』 이야기에 큰 관심을 가지고 있던 이영경 작가는 엄마 잃은 아이가 유난히 많았던 전쟁 직후, 온갖 어려움 속에서도 꿋꿋하게 커 가는 아이의 모습을 그리기 위해 옛이야기의 주인공을 불러들이는 새로운 시도를 했다.

여기에서는 패러디 그림책 텍스트를 패러디하여 원 작품과 비교 · 분석하기 보다는 그림책의 그림(배경 그림)을 패러디해 봄으로써 장면은 바꾸어 본다든지 주제에 맞게 그림을 수정 · 변형시켜 교사들에게 패러디를 활용한 창의 · 인성교육을 실천하고자 한다.

2) 명화와 그림책 패러디를 활용한 교육적 의의

패러디는 선행텍스트와의 상호텍스트성을 기반으로 이루어지는 이해 및 표현 활동이자 사고활동이라는 것이 특징이다. 예비유아교사들은 풍조에 대한 비평적 시각을 표현하는 패러디 수업을 통해 주제에 대한 생각과 패러디하는 과정에서 경험과 반성적 사고과정을 거치게 된다. 또한 이러한 수업에서 패러디를 위한 아이디어의 구체화 과정은 시행착오 과정에서의 문제해결력을 기를 수 있다.

특히 명화와 그림책 패러디를 활용한 수업은 주제에 대한 자신의 생각을 정리하여 표현하는 과정을 통해 예비유아교사들에게 비평적 사고와 정서, 환경에 대한 반응을 표현할 수 있는 기회를 제공할 수 있다. 또한 그들로 하여금 사회에 대한 관심을 높이고, 비판적 시각으로 사회를 인식할 수 있게 한다. 따라서 이러한 패러디하는 과정을 통해 예비유아교사들은 비평의식을 높이고 고등사고능력을 신장시킬 수 있다.

명화와 그림책 패러디를 활용한 수업은 기능적 표현에서 벗어나 기존 이미지를 그대로 빌려 간단한 조작만으로도 쉽고 효과적으로 표현할 수 있기 때문에 예비유아교사들의 표현에 대한 부담감을 줄이고 표현활동에 자신감을 가지게 한다. 또한 이러한 수업은 기능적인 재료나 도구의 사용을 필요로 하지 않고 활용 가능한 재료들의 선택 접근성이 쉬울 뿐만 아니라 짧은 시간 내에 작품을 완성할 수 있어 작품에 대한 성취도가 높다.

패러디하는 과정은 기능 위주의 표현수업을 강조하는 미술교육과 달리 예비유아교사들의 기발한 아이디어를 필요로 하기 때문에 모방을 통한 재창조 등 창의성과도 관련성이 높다.

3. 명화와 그림책 패러디를 활용한 창의 · 인성교육의 실제

1) 명화와 그림책 패러디 작품 분석

이 장에서는 다양하게 패러디된 명화와 그림책을 중심으로 패러디 작품을 다양한 각도에서 분석해 보고자 한다.

(1) 〈우르비노의 비너스〉와 〈올랭피아〉 작품 분석

살롱전에 출품하여 커다란 논란을 일으킨 마네의 〈올랭피아〉는 1538년 제작된 티치아노의 〈우르비노의 비너스〉를 패러디한 작품이다.

[그림 4-32] 〈우르비노의 비너스〉(1538)
티치아노

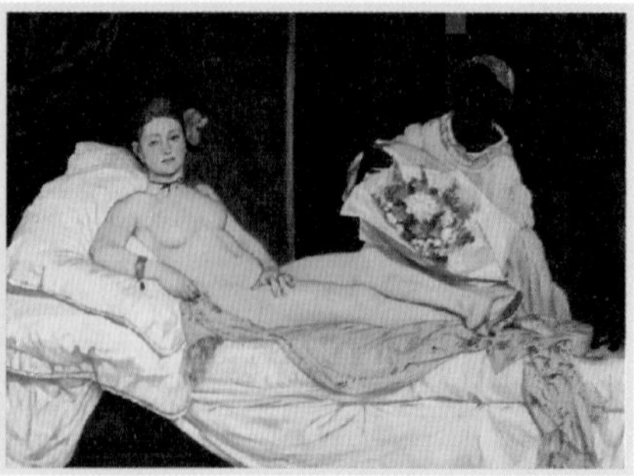

[그림 4-33] 〈올랭피아〉(1863)
에두아르 마네

두 작품을 비교하여
유사점을 찾아보세요!

(2) 〈아르놀피니 부부의 초상〉과 〈반 에이크의 아르놀피니 부부를 따라서〉 작품 분석

페르난도 보테로는 사람을 우스꽝스러울 정도로 과장되게 부풀어 오르게 표현함으로써 라틴아메리카의 전통과 정신을 우리에게 전달하고 있다. 보테로는 인물을 표현할 때 윤곽선을 단순하게 처리하고 원색의 색조를 사용한

[그림 4-34]
〈아르놀피니 부부의 초상〉(1434)
얀 반 에이크

[그림 4-35]
〈반 에이크의 아르놀피니 부부를 따라서〉 (2006)
페르난도 보테로

두 작품을 비교하여
유사점을 찾아보세요!

다. 전체적인 그림의 표면은 매끈한 채색기법을 사용하며, 소재의 크기의 과감한 확대와 축소 등을 통해 명확한 양감을 창출해 낸다. 보테로의 〈반 에이크의 아르놀피니 부부를 따라서〉는 15세기 네덜란드 화가 얀 반 에이크(Jan van Eyck)가 그린 〈아르놀피니 부부의 초상〉의 형태를 팽창시키는 방법으로 인체를 표현하여 패러디하였다.

2) 명화와 그림책 패러디를 활용한 수업 지도계획

일상생활에서 접하는 다양한 이미지 중 특히 명화와 그림책을 중심으로 패러디를 활용한 예비유아교사들의 창의 · 인성 증진 활동 계획은 다음과 같다.

첫째, 패러디한 작가의 작품 감상을 통해 패러디에 대한 개념과 방법을 이해한다.

둘째, 패러디 작품에 대한 이해를 돕기 위해 예비유아교사들이 표현할 주제와 관련한 사회 풍자적이거나 비평적인 관점을 반영하고 있는 패러디 작품 위주로 감상하도록 한다.

셋째, 패러디가 지닌 목적과 의도에 따른 주제가 있음을 명확히 인지하고, 감상 후 주제에 대한 자신의 생각을 다시 정리해 보고 아이디어 발상과정을 거친다.

넷째, 패러디할 명화와 그림을 선정하여 작품계획서에 아이디어 스케치 및 표현활동을 중심으로 주제의 의도와 목적을 생각하며 제작활동을 한다.

다섯째, 서로의 작품을 감상하고 자기 평가를 한다.

이를 위한 수업지도 단계는 〈표 4-1〉과 같다.

표 4-1 수업지도 단계

1단계	2단계	3단계	4단계	5단계
패러디에 대한 개념 및 표현방법 이해	패러디할 명화, 그림에 대한 이해	주제 탐구 및 아이디어 구상	스케치 및 표현활동	감상 및 평가

출처: 이선희(2009).

명화와 그림책 패러디 활동 시 지도상의 유의점을 살펴보면 다음과 같다.

첫째, 학습자가 모방이나 표절과의 차이를 알고 패러디의 의미를 정확하게 이해하도록 지도한다.

둘째, 패러디 작품분석을 통해 패러디의 기법을 구체적으로 설명하여 표현할 수 있도록 지도한다.

셋째, 주제에 대한 자신의 생각을 자유롭게 표현할 수 있도록 격려한다.

넷째, 실제 작품 활동 전에 패러디 표현의도를 명확히 하기 위해 작품구상 계획서를 작성하게 한다.

다섯째, 패러디할 때 이미지의 결합에서 오는 또 다른 이미지를 자신의 창의적인 시각으로 표현하여 설명할 수 있도록 한다.

여섯째, 자신이 패러디한 작품의 의도와 목적을 분명히 밝히고 다른 사람의 패러디 작품도 비판적 시각으로 감상한다.

일곱째, 패러디 작품의 완성도보다 창의적인 측면에 초점을 두어 평가한다.

3) 명화와 그림책 패러디 작품 제작

활동 1
다음 명화를 보고 패러디하여 '미래의 배우자'로 재구성해 보세요.

〈인간의 아들〉(1964)
르네 마그리트

〈명화 패러디 계획안〉

날 짜:	학 번:	이 름:
명 화		
작 가		
명화에 대해 아는 대로 쓰세요.		
명화 패러디의 주제는 무엇인가요?		
명화 패러디의 계획을 작성하세요.		
사용할 재료		
완성 후 예상되는 반응을 써 보세요.		

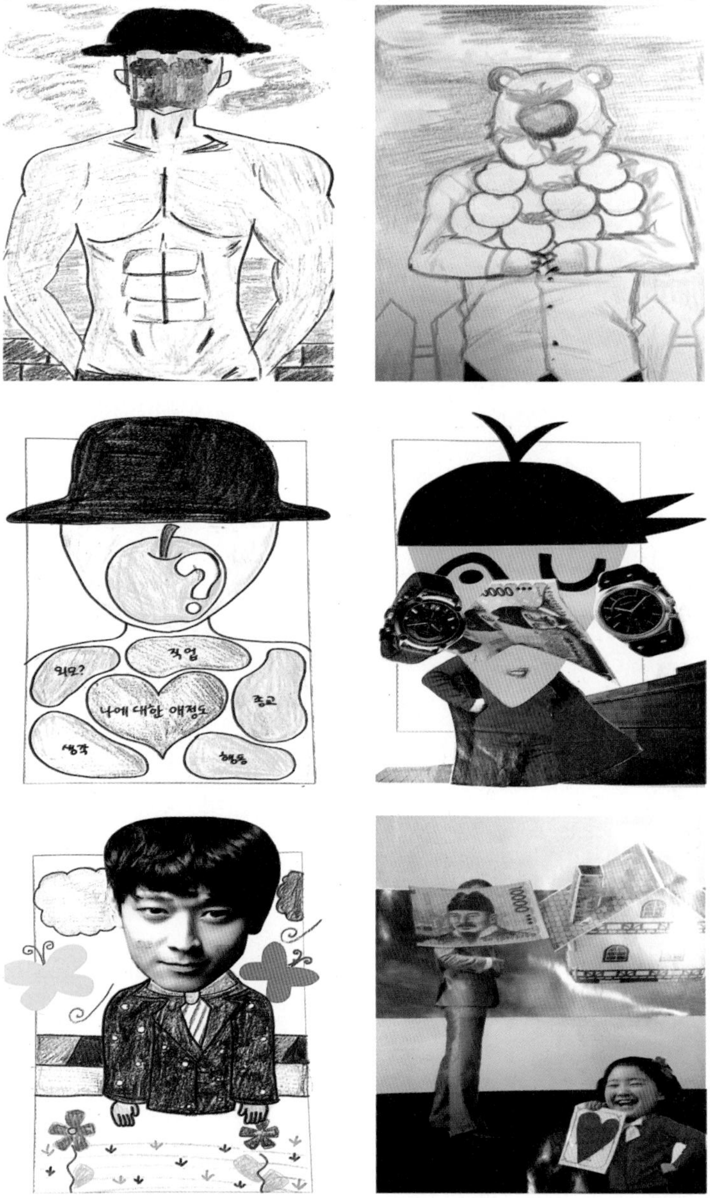

[학생 작품]

활동 ②

다음 명화를 보고 패러디하여 '해가 빛나는 낮에'로 재구성해 보세요.

〈별이 빛나는 밤에〉(1889)
빈센트 반 고흐

〈명화 패러디 계획안〉

날 짜:	학 번:	이 름:
명 화		
작 가		
명화에 대해 아는 대로 쓰세요.		
명화 패러디의 주제는 무엇인가요?		
명화 패러디의 계획을 작성하세요.		
사용할 재료		
완성 후 예상되는 반응을 써 보세요.		

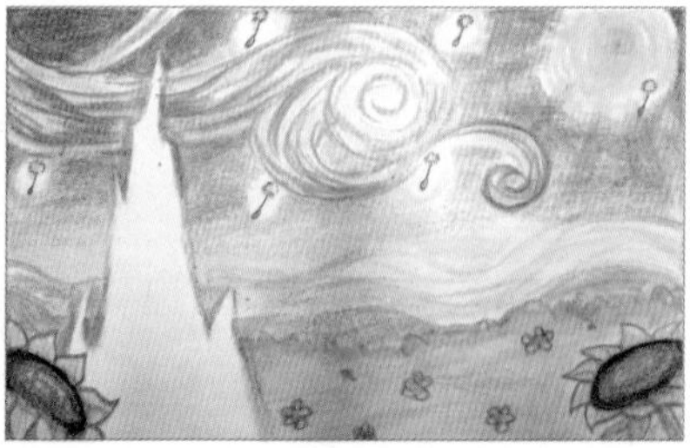

[학생 작품]

활동 ③

다음 명화를 보고 패러디하여 '현대의 이삭 줍는 여인'으로 재구성해 보세요.

〈이삭 줍는 여인〉(1857)
장 프랑수와 밀레

〈명화 패러디 계획안〉

날 짜:	학 번:	이 름:
명 화		
작 가		
명화에 대해 아는 대로 쓰세요.		
명화 패러디의 주제는 무엇인가요?		
명화 패러디의 계획을 작성하세요.		
사용할 재료		
완성 후 예상되는 반응을 써 보세요.		

활동 ④

다음 명화를 보고 패러디 하여 '○○을 부리는 현대 여성' 으로 재구성해 보세요.

〈 뱀을 부리는 여인〉(1907)
앙리 루소

〈명화 패러디 계획안〉

날 짜:	학 번:	이 름:
명 화		
작 가		
명화에 대해 아는 대로 쓰세요.		
명화 패러디의 주제는 무엇인가요?		
명화 패러디의 계획을 작성하세요.		
사용할 재료		
완성 후 예상되는 반응을 써 보세요.		

활동 5
다음 명화를 보고 패러디 하여 '현대 악기' 로 재구성해 보세요.

〈무동〉(조선 후기)
김홍도

〈명화 패러디 계획안〉

날 짜:	학 번:	이 름:
명 화		
작 가		
명화에 대해 아는 대로 쓰세요.		
명화 패러디의 주제는 무엇인가요?		
명화 패러디의 계획을 작성하세요.		
사용할 재료		
완성 후 예상되는 반응을 써 보세요.		

활동 ⑥

마네의 〈올랭피아〉를 패러디한 리버스의 작품처럼 마네의 그림을 패러디해 보세요.

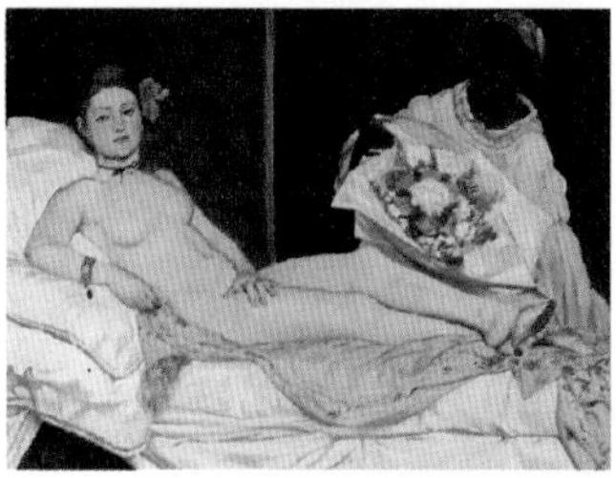

〈올랭피아〉(1863)
마네

〈나는 흑인 올랭피아가 좋다〉(1970)
래리 리버스

〈명화 패러디 계획안〉

날 짜:	학 번:	이 름:
명 화		
작 가		
명화에 대해 아는 대로 쓰세요.		
명화 패러디의 주제는 무엇인가요?		
명화 패러디의 계획을 작성하세요.		
사용할 재료		
완성 후 예상되는 반응을 써 보세요.		

〈활동 3〉의 예시

〈활동 4〉의 예시

〈활동 5〉의 예시

〈활동 6〉의 예시

[학생 공동 작품]

활동 7

반 에이크의 그림을
패러디한 페르난도 보테로처럼
〈아르놀피니 부부의 초상〉을
21세기 패션으로
다시 패러디해 보세요.

왼쪽) 〈아르놀피니 부부의 초상〉(1434), 얀 반 에이크
오른쪽) 〈반 에이크의 아르놀피니 부부를 따라서〉(2006), 페르난도 보테로

〈명화 패러디 계획안〉

날 짜:	학 번:	이 름:
명 화		
작 가		
명화에 대해 아는 대로 쓰세요.		
명화 패러디의 주제는 무엇인가요?		
명화 패러디의 계획을 작성하세요.		
사용할 재료		
완성 후 예상되는 반응을 써 보세요.		

활동 ⑧

다음 그림을 보고 패러디하여 '여러 가지 감정표현'으로 재구성해 보세요.

『소피가 화나면 정말 화나면』(2013)
몰리 뱅 글 · 그림, 책읽는곰

〈그림책 패러디 계획안〉

날 짜:	학 번:	이 름:
그림책		
작 가		
그림책에 대해 아는 대로 쓰세요.		
그림책 패러디의 주제는 무엇인가요?		
그림책 패러디의 계획을 작성하세요.		
사용할 재료		
완성 후 예상되는 반응을 써 보세요.		

활동 ⑨
다음 그림을 보고 패러디 하여 '사랑' 으로 재구성 해 보세요.

『고릴라』(1998)
앤서니 브라운 글 · 그림, 비룡소

〈그림책 패러디 계획안〉

날 짜:	학 번:	이 름:
그림책		
작 가		
그림책에 대해 아는 대로 쓰세요.		
그림책 패러디의 주제는 무엇인가요?		
그림책 패러디의 계획을 작성하세요.		
사용할 재료		
완성 후 예상되는 반응을 써 보세요.		

활동 ⑩
다음 그림을 보고 패러디 하여 '장래희망'으로 재구성해 보세요.

『피라미드는 누가 만들었을까』(2003)
메리디스 후퍼 글, 로빈 헤이웨이-베리 그림,
아이세움

〈그림책 패러디 계획안〉

날 짜:	학 번:	이 름:
그림책		
작 가		
그림책에 대해 아는 대로 쓰세요.		
그림책 패러디의 주제는 무엇인가요?		
그림책 패러디의 계획을 작성하세요.		
사용할 재료		
완성 후 예상되는 반응을 써 보세요.		

활동 11

다음 그림을 보고 패러디 하여 '그림 속 동물원'으로 재구성해 보세요.

『앤서니 브라운의 행복한 미술관』(2004)
앤서니 브라운 글 · 그림, 웅진주니어

〈그림책 패러디 계획안〉

날 짜:	학 번:	이 름:
그림책		
작 가		
그림책에 대해 아는 대로 쓰세요.		
그림책 패러디의 주제는 무엇인가요?		
그림책 패러디의 계획을 작성하세요.		
사용할 재료		
완성 후 예상되는 반응을 써 보세요.		

활동 ⑫

다음 그림을 보고 패러디 하여 '자유'로 재구성해 보세요.

『방귀쟁이 며느리』(2008)
신세정 글 · 그림, 사계절

〈그림책 패러디 계획안〉

날 짜:	학 번:	이 름:
그림책		
작 가		
그림책에 대해 아는 대로 쓰세요.		
그림책 패러디의 주제는 무엇인가요?		
그림책 패러디의 계획을 작성하세요.		
사용할 재료		
완성 후 예상되는 반응을 써 보세요.		

〈활동 9〉의 예시

〈활동 10〉의 예시

〈활동 11〉의 예시

〈활동 12〉의 예시

[학생 공동 작품]

참고문헌

김소희(1999). 제프 월(Jeff Wall) 작품연구: 패러디적 특성을 중심으로. 홍익대학교 산업미술대학원 석사학위논문.

김영순, 김은희, 유재명, 김미갑, 김호영, 김상숙(2005). 패러디와 문화. 서울: 한양대학교 출판부.

김혜원(2009). 패러디(parody)를 활용한 광고디자인 수업 지도 방안 연구: 전문계 고등학교 1학년 미술수업을 중심으로. 홍익대학교 교육대학원 석사학위논문.

두산동아백과사전연구소(1990). 두산세계대백과사전. 서울: 동아출판.

박현정(2008). 중등미술교육에서의 패러디를 활용한 미술 감상 교수-학습 지도 방안. 한국교원대학교 교육대학원 석사학위논문.

유재연(2011). 창의적 사고능력 개발을 위한 패러디 활용 시각문화 미술교육에 관한 연구: 중학교 3학년을 중심으로. 한양대학교 교육대학원 석사학위논문.

윤순진(2009). 명화 패러디(parody)를 활용한 미술 감상 교육 지도 방안 연구: 중학교 3학년을 중심으로. 성신여자대학교 대학원 석사학위논문.

이기용, 이지윤(2007). 패러디의 법리적(法理的) 근거와 허용범위, 비교사법. 한국비교사법학회, 14(1).

이나영(2000). 패러디 광고의 창조성에 관한 연구. 연세대학교 대학원 석사학위논문.

이선희(2009). 명화의 패러디를 활용한 수업지도 연구: 고등학교 1학년을 대상으로. 국민대학교 교육대학원 석사학위논문.

장수연(2014). 패러디 방법론을 활용한 창의적 사고 분석: 중학교 교과서 중심으로. 공주대학교 교육대학원 석사학위논문.

정끝별(1997). 패러디 시학. 서울: 문학세계사.

정슬기(2009). NIE와 명화의 패러디를 이용한 수업 지도 프로그램 연구: 고등학교 1학년을 중심으로. 경상대학교 교육대학원 석사학위논문.

젠 그린 글(1996). 세계의 미술가 기행 2: 미켈란젤로(햇살과 나무꾼 역). 서울: 웅진주니어.

현은자, 김세희(2005). 그림책의 이해1, 2. 서울: 사계절.

Hutcheon, L. (1992). 패러디 이론(김상구, 윤여복 공역). 서울: 문예출판사.

한국일보(2012. 5. 10.). 어벤져스를 한 컷으로, 김홍도 그림 패러디 '헐크가 최고 쎄'.

〈참고 그림책〉

메리디스 후퍼 글, 로빈 헤이웨이-베리 그림(2003). 피라미드는 누가 만들었을까?(남경태 역). 서울: 아이세움.

몰리 뱅 글, 그림(2013). 소피가 화나면 정말 화나면(박수현 역). 서울: 책읽는 곰.

샤를 페로 원작, 이경원 그림(2005). 신데렐라(김현좌 글). 서울: 베틀북.

선현경 글, 그림(2003). 세상에 단 하나뿐인 나만의 명화집. 서울: 토토북.

신세정 글, 그림(2008). 방귀쟁이 며느리. 경기: 사계절.

실비 지라르데 글, 네스토르 살라 그림(2000). 모네: 빛을 그린 화가(신동준 역). 서울: 길벗어린이.

앤서니 브라운 글, 그림(1998). 고릴라(장은수 역). 서울: 비룡소.

앤서니 브라운 글, 그림(2004). 앤서니 브라운의 행복한 미술관(서애경 역). 서울: 웅진주니어.

엘렌 잭슨 글, 케빈 오말리 그림(2007). 신데룰라(이옥용 역). 서울: 보물창고.

이영경 글, 그림(2011). 콩숙이와 팥숙이. 서울: 비룡소.

정차준 글, 정대영 그림(1997). 콩쥐 팥쥐. 경기: 보림출판사.

정하섭(1999). 조선시대 천재 화가 김홍도. 서울: 길벗어린이.

〈그림 출처〉

http://blog.daum.net/garisani/1213

http://blog.daum.net/jks51314/6072505

http://blog.naver.com/aktwlq7/100157774908

http://blog.naver.com/donalin/90162901010

http://blog.naver.com/gold9055/10176529112

http://blog.naver.com/kohkoh66/9857236

http://blog.naver.com/nicklim/50119738284

http://blog.naver.com/sunsoo9/60051361495

http://cherishh.com/795

http://lalawin.tistory.com/81

http://media.daum.net/press/newsview?newsid=20070918160808879

http://www.chrisbeetles.com

http://www.cyworld.com/djmanul/3045813

http://www.cyworld.com/juliagogo/2910155

제 5 장

영상 기반 음악 만들기 활동을 통한 창의 · 인성교육의 이론과 실제: 애니메이션과 광고음악 중심으로

1. 영상매체를 활용한 음악 만들기 활동을 통한 창의 · 인성교육의 필요성
2. 영상매체를 활용한 음악 만들기 활동을 통한 창의 · 인성교육
3. 영상매체를 활용한 음악 만들기 활동을 통한 창의 · 인성교육의 실제: 애니메이션과 광고음악 활용

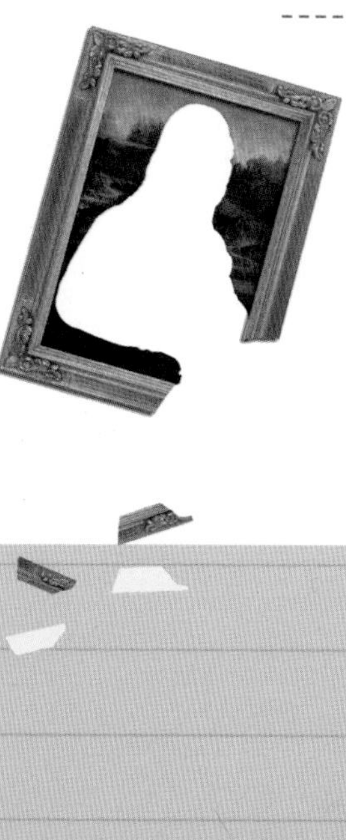

1. 영상매체를 활용한 음악 만들기 활동을 통한 창의 · 인성교육의 필요성

급변하는 21세기는 다양한 영역에서의 다양한 사고를 필요로 하며, 창의 · 인성교육은 이러한 사회 변화에 발맞추어 가며 미래사회를 책임지고 발전시켜 나가는 인재를 육성하는 중요한 요소가 된다.

창의 · 인성이 미래 인재의 핵심 역량 및 자질로서 새롭게 정의되면서 인성이 뒷받침된 창의적인 인재가 국가 경쟁력을 좌우하게 된다는 시대의 요구에 따라 미래사회 글로벌 인재를 양성하기 위한 교육정책의 방향은 창의성과 인성을 길러 줄 수 있는 창의 · 인성교육을 강조하는 패러다임으로 전환하게 되었다(이현옥, 박희숙, 2014).

만 3~5세 연령별 누리과정 총론에서도 창의 · 인성교육에 초점을 맞추어 누리과정을 구성하고 있다(육아정책연구소, 2012). 즉, '질서, 배려, 협력 등 기본생활습관과 바른 인성을 기르는 데 중점을 두어 구성한다.'와 '자율성과 창의성을 기르는 데 중점을 두고, 전인 발달을 이루도록 구성한다.'로 이를 제시하고 있다.

만 3~5세 연령별 누리과정의 목표 중 "아름다움에 관심을 가지고 예술경험을 즐기며 창의적으로 표현하는 능력을 기른다."는 예술경험 영역에 대한 목표로 볼 수 있다. 이 목표에서 제시하듯이 음악활동은 유아의 창의성 발달을 돕는 최상의 매개체라고 볼 수 있으며, 음악활동 형태 중 음악 만들기 활동은 가장 창의적인 활동이라고 할 수 있다.

음악교육은 그 어떤 교육 분야보다 창의성과 예술성을 추구하는 학문이며, 특히 유아의 내면세계에 잠재된 창의적 사고능력을 신장하는 중요한 분야다(김유리, 2011).

음악은 인간의 생활과 불가분의 관계를 이룬다. 영아기부터 노년기까지, 하루를 시작하는 아침부터 밤에 잠을 잘 때까지, 집에서, 학교에서, 직장에서 혹은 거리에서, 질과 양의 차이는 있어도 어떤 형태로든지 음악이 생활의 일부분으로 자연스럽게 받아들여지고 있다(김영연, 2007).

어떤 형태로든 모든 인간은 음악에 노출되어 있으며, 특히 미디어가 발달한 현대사회에서 소리로서의 청각적 음악뿐 아니라 영상으로서의 시각적인 음악이 유아들에게도 노출되고 있다. 이러하기에 유아기 미디어 노출에 대해 찬반 견해가 대립하고 있음에도 유아기 미디어교육을 현실적으로 받아들일 수밖에 없다. 이러한 상황 속에서 유아들이 미디어 영상음악을 긍정적으로 접할 수 있도록 하는 것 또한 교사들의 역할이다. 교사는 유아의 흥미와 동기를 유발하여, 유아가 적극적으로 활동에 참여할 수 있게 해서 유아의 효율적인 학습을 도와야 한다. 즉, 유아음악교육 현장에서 영상매체(애니메이션 음악이나 광고음악) 활용을 통한 창의적인 활동은 청각적 경험과 시각적 경험을 하나로 통합하고, 유아들이 흥미롭게 창의적인 활동에 참여할 수 있는 동기를 부여한다.

학습과제의 유형은 사실 자체를 단순한 정보로 기억하는 사실학습, 사실에 의미를 부여하는 개념학습, 두 가지 이상의 개념의 관계를 알게 되는 원리학습, 순서 또는 과정을 알아가는 절차학습, 인과관계를 탐색하고 인지하는 관계학습, 문제의 해결을 위한 문제의 원인을 알고 분석하고 해결하는 문제해결력, 새로운 아이디어로 창조하는 작업인 창의성의 순서로 확장된다. 학습유형의 마지막 단계인 창의성은 앞의 학습유형이 학습되었음을 전제로 이루어지며, 이 단계에서는 고차원적인 사고가 필요하다. 즉, 음악에 필요한 음악적 요소들을 명명하고, 음악적 요소들을 정의하며, 그 원리를 익히고, 음악을 만들어 가는 절차를 학습한 후 이러한 학습들이 통합적으로 이루어져서 새로운 아이디어로 창출해 내는 창의적 활동으로 확장되어야 한다. 따라서 음악 만들기는 창의적 능력이 필요한 활동으로 유아의 음악적 창의성 증진을 위해 반드시 필요한 활동이다.

이에 이 장에서는 영상매체를 활용한 음악 만들기 활동을 통한 창의 · 인성교육의 실제를 제시하고자 한다. 이를 위해 유아음악의 정의를 알아보고 음악과 창의성과의 관계에 대해 살펴본 후 국가수준 교육과정인 '만 3~5세 연령별 누리과정'에서 제시하는 주간교육계획안을 기초로 음률 영역과 음악 영역을 수정 · 보완하여 활동 계획안을 제시하고자 한다.

2. 영상매체를 활용한 음악 만들기 활동을 통한 창의 · 인성교육

1) 유아음악교육

(1) 유아음악교육의 정의

음악의 사전적 의미는 '인간의 사상과 감정을 주로 음으로 나타내는 소리 예술'로, 음악은 형식미와 감정표현을 위해 성악과 기악을 결합한 예술이다. 서양음악의 경우 리듬, 선율, 활성이 주요 요소다. 그 밖에 음을 구성하는 요소로는 음조, 음색, 기악편성법 등이 포함된다(브리태니커 온라인 홈페이지).

음악이란 음(音)에 의한 예술로 음과 침묵을 조직해 놓은 것으로 음악적 의미와 대화하게 하고, 동시에 심미적 반응을 유도하게 하며, 언어이며 의사소통의 수단이다(김영연, 2007).

음악교육의 본질은 음의 미적 특질에 대한 이해를 돕고 이에 대한 반응능력(ability of musical reaction)을 발달시킴으로써 인간의 감정을 훈련시키는 교육활동이다(김영연, 2007).

음악교육의 목적은 철학적 입장에 따라 달라진다. 음악교육 철학이 체계화되면 그 철학으로부터 음악교육의 기본적인 방향인 목적이 나오기 때문이다. 고대 그리스의 플라톤 이후로 오랜 세월 동안 철학자 또는 미학자들은 음악의 본질적 측면의 가치보다는 음악 외적인 결과로 파생되는 부산물에 관심을 두었다. 1970년에 리머(Reimer)는 느낌을 통찰이라는 말로 표현하였고, 음악적 목적은 '느낌과 통찰의 공유'라는 직접적인 감정을 표현하는 것이 아니라

지적인 이해를 바탕으로 음악적 의미를 공감할 수 있는 통찰이라고 하였다(임은애, 2008). 인간 존재의 기본조건이라고 할 수 있는 음악을 통해서 인간을 올바르게 교육하는 일은 음악교육의 본질이자 목표(안재신, 1996)이며, 예술이란 다양한 상징적 체계를 이용하여 창조적 세계를 표현하는 활동으로 정의할 수 있다(최지원, 2014).

즉, 음악은 인간에게 잠재되어 있는 심미감을 개발하여 즐기는 수단일 뿐 아니라 생각과 감정을 표현하며 다른 사람의 느낌을 포착하고 이해하는 매개체로서 유아들에게 즐거움과 웃음, 움직임, 자유, 창의적 표현을 가져다준다. 또한 음악은 유아들의 인지, 사회, 정서, 신체, 언어 등 모든 영역에서의 발달을 촉진할 뿐 아니라 모든 발달 영역을 유기적으로 연결시킨다.

유아음악교육은 특정한 대상이 아니라 모든 유아를 대상으로 하여야 하며, 음악활동이 단순히 음악적 지식이나 기능을 익히는 수단이 아니라 유아들의 내재된 아름다움을 이끌어 내고, 느끼고, 창의적으로 자신의 생각이나 느낌을 표현할 수 있도록 하여야 할 것이다.

(2) 유아음악의 음악적 요소 및 교수매체

① 음악적 요소

음악은 리듬, 가락, 화성의 3요소로 구성되어 있다. 리듬(Rhythm)은 수평적으로 진행하는 소리의 시간적 움직임의 구성이며, 가락(Melody)은 수평과 수직이 곡선을 이루며 움직이는 시간의 향연이다. 화성(Harmony)은 소리의 조화로운 수직구조의 구성으로, 어울리는 화음과 어울리지 않는 화음이 있으며 소리의 폭을 풍요롭게 한다.

만 3~5세 연령별 누리과정의 예술경험에서 "음악적 요소는 내용범주(아름다움 찾아보기), 내용(음악적 요소 탐색하기), 세부내용(다양한 소리, 악기) 등으로 음악적 셈여림, 빠르기, 리듬 등을 탐색한다."(육아정책연구소, 2012)라고 제시하고 있다. 즉, 유아기에 다루어져야 할 음악적 요소를 소리, 셈여림, 빠르기, 리듬으로 제시하고 있다.

음악의 기본 요소로는 리듬, 가락, 화음, 음색(timbre) 등이 있고, 이러한 기본 요소를 갖춘 악곡이 연주되었을 때 속도(tempo), 다이내믹스(dynamics), 구조(texture), 형식(form), 음색의 조화(orchestration) 등의 세부적인 음 개념으로 발전한다(김영연, 2007).

음악의 요소를 정리해 보면, 시간에 따라 일정한 속도로 지속되는 운율적 움직임으로 박자의 단위인 박, 연속되는 박을 주기적인 반복에 의해 구조적으로 묶어 놓은 박자, 높이가 다른 음들이 시간적으로 배열된 가락, 음의 길이와 셈, 여림이 시간적으로 결합된 리듬, 빠르고 느림으로 음악을 연주할 때의 속도를 나타내는 빠르기, 소리의 크고 작음으로 세고 여림의 정도에 관련된 음악적 표현인 셈여림, 소리의 높고 낮음 또는 중간을 의미하는 음높이, 소리의 특질을 나타내는 음색, 두 개 이상의 음이 동시에 울려 조화를 이루는 화음 등이다.

표 5-1 음악적 요소

요소	내 용
박	동일한 속도로 지속되는 운율적 움직임으로 박자의 단위
박자	연속되는 박을 주기적인 반복에 의해 묶어 놓음
가락	높이가 다른 음들이 시간적으로 배열되어 있는 것
리듬	음의 길이와 셈, 여림이 시간적으로 결합된 것
빠르기	빠르고 느림으로 음악을 연주할 때의 속도
셈여림	소리의 크고 작음으로 세고 여림의 정도에 관련된 음악적 표현
음높이	소리의 높고 낮음 또는 중간을 의미
음색	소리의 특질
화음	두 개 이상의 음이 동시에 울려 조화를 이룸

표 5-2 박의 개념

음표		♩ = 1박	쉼표	
𝅝	온음표	4	온쉼표	𝄻
𝅗𝅥	2분음표	2	2분쉼표	𝄼
♩	4분음표	1	4분쉼표	𝄽
♪	8분음표	1/2	8분쉼표	𝄾
𝅘𝅥𝅯	16분음표	1/4	16분쉼표	𝄿

표 5-3 박자의 개념

박자	내용
4/4	4분음표를 1박으로 하여 한 마디에 4박을 기준으로 주기적으로 반복
3/4	4분음표를 1박으로 하여 한 마디에 3박을 기준으로 주기적으로 반복
2/4	4분음표를 1박으로 하여 한 마디에 2박을 기준으로 주기적으로 반복
6/8	8분음표를 1박으로 하여 한 마디에 6박을 기준으로 주기적으로 반복
3/8	8분음표를 1박으로 하여 한 마디에 3박을 기준으로 주기적으로 반복
2/2	2분음표를 1박으로 하여 한 마디에 2박을 기준으로 주기적으로 반복

표 5-4 빠르기의 개념

박자	내용	속도(메트로놈)
Largo(라르고)	느리고 폭넓게(아주 느리게)	1박 = 46
Andante(안단테)	느리게	1박 = 66
Moderato(모데라토)	보통 빠르게	1박 = 88
Allegro(알레그로)	조금 빠르게	1박 = 132
Vivace(비바체)	빠르고 경쾌하게	1박 = 160
Presto(프레스토)	아주 빠르게	1박 = 184

표 5-5 셈여림의 개념

박자	내용
pp (피아노시모)	아주 여리게
p (피아노)	여리게
mp (메조 피아노)	조금 여리게
mf (메조 포르테)	조금 세게
f (포르테)	세게
ff (포르티시모)	아주 세게

② 음악교수매체로서의 영상

정보화, 다양화, 세계화라는 현 시대적 관점에서 볼 때 음악교육은 이전과 달리 새롭고 창의적인 방법들이 요구되고 있다. 이러한 방법들의 핵심은 다양한 지식과 정보를 수집하고 내면화하여 자신만의 방법으로 표현하고 일반화할 수 있는 방향으로 교육이 진행되어야 한다는 것이다(이에스더, 2006).

가정에서 텔레비전을 시청하는 방법도 송출방식이 다양해짐에 따라 다양한 통로로 원하는 시간에 원하는 프로그램을 볼 수 있게 되면서 유아들이 다양한 영상을 접하게 되는 생활현상과 함께 기관에서의 매체 활용도 자연스러운 변화이지만, 활용빈도가 높아지는 만큼 좋은 내용을 선정하는 것에 대한 교사의 노력도 수반되어야 한다(김혜경, 2010). 오늘날 컴퓨터, 인터넷 등 정보 처리 및 전달 매체가 급속한 발전을 이루고 있는 시점에서 시공간을 초월하여 구체적인 경험을 제공하는 영상매체와 같은 시각자료는 추상적인 학습내용을 보다 더 구체화할 수 있다는 점에서 수업에 보조 자료로서의 활용이 증가하고 있다(이에스더, 2009).

쇼펜하우어(Schopenhauer)가 말했듯이 공간의 완전한 배제하에 시간을 통해 인식되는 음악은 존재하지 않는다. 즉, 음악경험은 귀의 공간경험과 눈의 공간경험이 만나는 공간이므로 시각적 공간과 청각적 공간은 두 개의 다른 차원이 아니라 하나의 차원으로 볼 수 있다(김유리, 2011).

유아는 오감각인 시각, 청각, 촉각, 미각, 후각을 통해 정보를 받아들인다. 오감이 통합적으로 이루어질 때 가장 정보를 잘 받아들일 수 있으며, 그렇지 못할 경우 최대한 다양한 감각이 통합될 때 정보를 쉽게 이해하고 잘 받아들일 수 있다. 즉, 음악은 시간예술로서 소리가 기초가 되므로 청각적인 요소가 가장 중요하다고 할 수 있지만, 음악적 요소에 대해 익숙하지 않은 유아들에게는 청각적 요소와 시각적 요소가 동시에 사용되는 경험이 이루어져야 한다. 따라서 유아들이 쉽고 효과적으로 이해하여 자기 것으로 완전히 소화하기 위해서는 동기를 유발하는 것이 가장 우선되어야 하며, 교육목표 달성 수단으로 동기를 유발하기 위해서는 흥미, 욕구, 가치, 태도, 포부, 유인가가 있어야 한다. 이러한 관점에서 유아들의 흥미를 고취시키고, 쉽게 받아들일 수 있으며, 이해하기 쉽고, 가깝게 느껴질 수 있는 애니메이션 음악과 광고음악 등의 영상매체가 창의적인 활동을 하는 데 음악교수매체로서 적절하다.

2) 유아음악과 창의성

창의력이란 똑같은 현상을 다른 사람들과 같이 보면서도 뭔가 다른 것을 관찰하는 능력을 말한다. 창의적인 사람이 되기 위해서 중요한 것은 '얼마나 많은 지식을 가지고 있느냐'가 아니라 '그 지식으로 무엇을 하느냐'이며, 창의력은 누구에게나 필요하다(김길중 외, 2012). 이러한 창의력은 일상생활 속에서 문제에 직면하고 새로운 방법으로 그것을 해결해 나가는 개인적인 수준에서, 새로운 발명을 하고 문화를 창출하는 사회적인 수준에서 모두 중요한 능력이다(정경원, 2006).

창의력이라는 단어에는 차별성, 독창성, 창조의 재능 등의 의미가 내포되어 있고, 이 단어는 색다른 행동을 표현할 때 흔히 쓰는 단어이기도 하며, 건설적인 이타적인 행동으로 표현할 수도 있다(김길중 외, 2012).

'음악 창의성'을 설명하기 위한 주개념으로 확산적 사고(divergent thinking)와 수렴적 사고(convergent thinking)의 균형과 더불어 음악적 상상력(musical imagination)을 들 수 있다(백지혜, 김선영, 2010).

유아교사는 유아들로 하여금 인간 감정에 통찰을 가능하게 하는 조건들을 고루 갖춘 다양한(시대별, 장르별, 문화별 등) 음악을 장기적으로 끊임없이 제공하여야 한다(김영연, 2007). 즉, 유아교사는 음악활동을 함에 있어서 단순히 음악적 지식을 전달하는 것에 그치는 것이 아니라 음악활동에 가치를 부여하고 음악을 어떻게 유용하게 활용하며 즐길 수 있도록 할 것인가를 생각하여야 하고, 어떻게 음악활동을 통해 유아들의 감성적 통찰력을 향상시켜 나가야 할 것인가를 고민하며 장기적인 계획을 가지고 지속적인 음악활동이 이루어지게 해야 한다.

유아들은 음악을 감상하고, 음악적 요소를 탐색하며, 음악적 요소 및 음악적 느낌을 다양한 방법으로 표현하는 과정을 통해 사고를 확장하고, 음악적 상상력을 통해 창의적인 결과물을 도출해 낸다. 이러한 과정이 유아의 창의성을 향상시킬 수 있다.

인간은 누구나 음악적 재능을 가지고 태어나므로, 유아들은 음악을 만들 수 있는 능력이 있다. 유아들은 내면에 잠재되어 있는 아름다움을 음악이라는 도구를 통해 표현하고, 음악을 만들어 내는 과정에서 유아 창의력을 개발하고 성취감과 자신감을 경험하게 된다.

새로운 생각을 만들어 내는 힘인 창의성을 향상시키기 위해서는 유아들에게 다양한 음악적 재료, 즉 음악적 요소를 탐색하고, 다양한 장르의 음악을 감상하며, 음악으로 아름다움으로 표현하는 음악적 경험의 과정에 대한 계획과 교사의 안내에 따라 노래 부르기, 새 노래 배우기, 악기 연주하기, 표현하기(손유희, 음악 만들기 등), 감상하기, 창의적이고 실험적인 즉흥 연주를 즐길 수 있도록 계획해야 한다. 또한 실제를 경험하는 과정과 경험들을 평가하고 이를 계획에 반영하여 재계획하는 과정들이 순환되어야 한다. 그리고 유아들이 음악적 과정들을 경험하는 것에 능동적으로 참여할 수 있도록 유아가 흥미로워하는 주제와 환경을 구성하고, 음악활동에 가치를 부여하며, 음악을 즐길 수 있는 태도를 형성하도록 돕는다. 이후 음악활동에 대한 포부를 제시

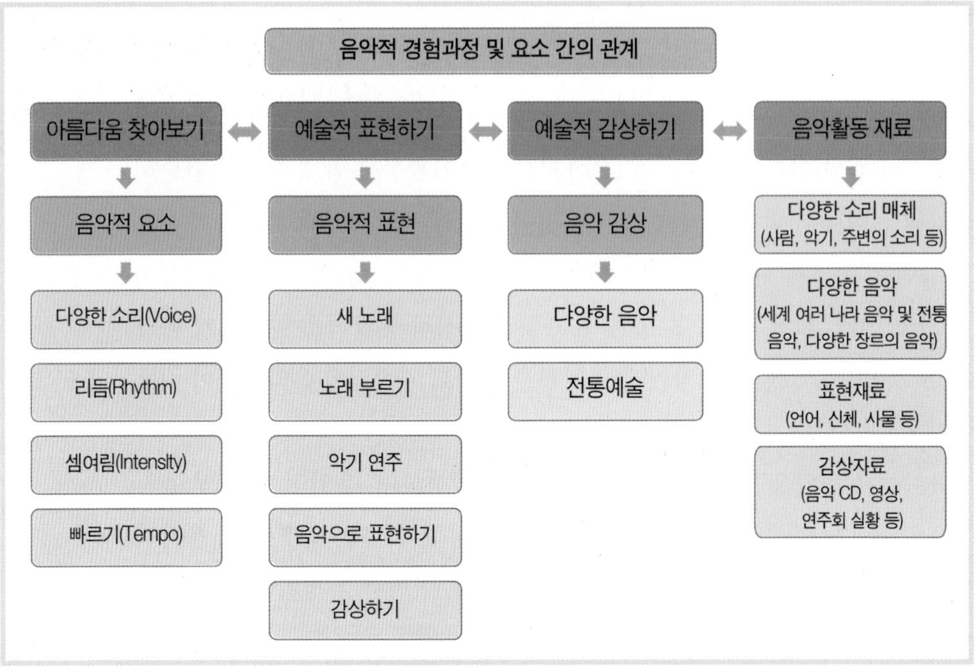

[그림 5-1] 음악적 경험과정과 음악적 요소 간의 관계

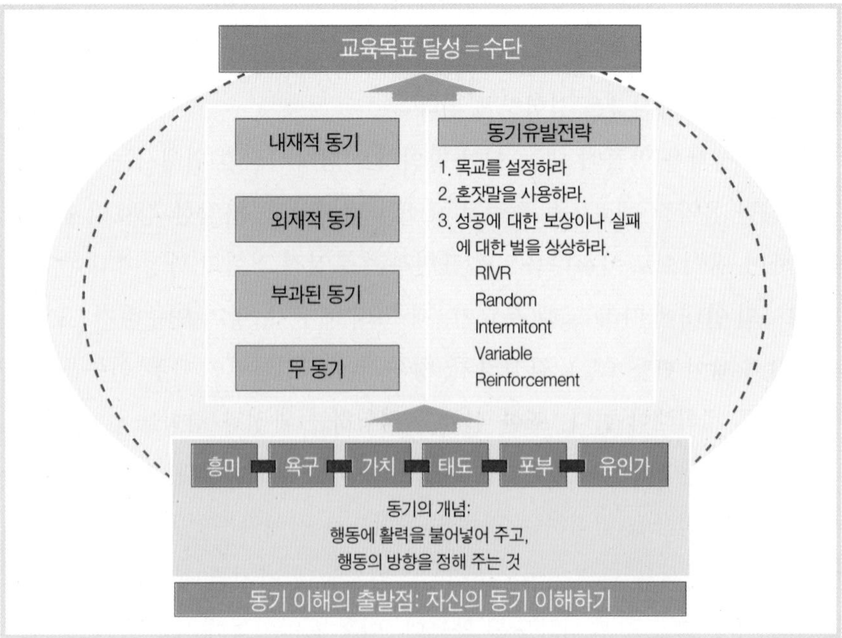

[그림 5-2] 동기유발전략

출처: 김경미(2010).

하며, 그러한 음악활동들이 지속될 수 있는 유인가를 제공함으로써 음악활동에 능동적으로 참여할 수 있도록 내재된 동기를 이끌어 내고, 외재적 동기와 적절한 과제를 부여해야 한다.

3. 영상매체를 활용한 음악 만들기 활동을 통한 창의 · 인성교육의 실제: 애니메이션과 광고음악 활용

음악교육은 지식의 위계에 따라 음악의 개념, 즉 음색, 박, 박자, 리듬, 빠르기, 셈여림 등을 익히는 개념학습, 개념과 개념의 관련성을 알게 되는 원리학습, 개념과 원리를 적용하여 구조적으로 구성할 수 있는 절차학습, 자신의 느낌이나 생각을 어떠한 방법으로, 어떻게 표현할 것인가 하는 문제해결과 창의적인 학습과정을 통해 단계적으로 이루어져야 한다.

지식의 위계에 따른 음악활동은 음악적 요소에 한정된 것이 아니라 언어활동, 수학활동, 사회관계 등 다양한 영역과 통합적으로 이루어지도록 구성하여야 하며, 그러한 음악활동은 신체 발달, 언어 발달, 정서 발달, 사회성 발달, 인지 발달에도 영향을 미친다.

코메니우스(J. A. Comenius)는 단계적 모델, 즉 가까운 것에서 먼 것으로, 쉬운 것에서 어려운 것으로, 간단한 것에서 복잡한 것으로, 사실적인 것에서 추상적인 것으로 경험과 학습이 이루어져야 한다고 제시하였다.

고든(Edwin E. Gorden)은 음악교육이 모국어를 배우는 방법인 듣고, 말하고, 읽고, 쓰는 형태로 이루어져야 한다고 하였다. 즉, 음악을 감상하고, 악보를 읽고, 악보를 쓰고, 연주하고, 즉흥적으로 연주하는 활동을 통해 이루어져야 한다는 것이다.

코메니우스의 단계적 학습모델과 고든의 음악교육방법을 적용하여 음악 만들기 실제에서 유아들이 좋아하고 흥미로워하고, 쉽게 접할 수 있으며, 보편적으로 알고 있는 애니메이션과 광고 영상매체를 활용하여 영상을 보고,

영상의 음악을 듣고 전달되는 감성을 느끼고, 그 감성을 언어적으로 표현하는 가사 만들기 활동, 가사의 운율을 신체로 표현해 보고, 신체로 표현한 운율을 오선 위에 다시 그려 보고, 오선 위에 그려진 선율을 음표로 기보해 봄으로써 가락을 만들고, 만들어진 가락을 노래 부르고 연주하는 활동으로 전개한다. 즉, 보고, 듣고, 연주하는 통합적 음악활동을 통해 새로운 것을 창조해 내는 경험을 해 봄으로써 창의력을 향상시키고 인성을 키워 나갈 수 있도록 실제를 제시하고자 한다.

'나와 가족' 1주 주간교육계획안

만 3~5세 연령별 누리과정 제시활동 · 보완활동

반 이름		만 5세 반			시기	년 월 1주
생활주제		나의 가족			주제	나의 몸과 마음
목표		• 나의 몸은 시간이 지남에 따라 변화된다는 것을 안다. (지식) • 나의 감정을 조절하여 긍정적으로 표현한다. • 상황에 따라 여러 감정이 생긴다는 것을 안다.				
날짜/요일		월 일( )	월 일( )	월 일( )	월 일( )	월 일( )
소주제 활동		내 몸의 구조와 기능 알기	나의 출생과 성장과정 알기	나의 감정 알고 조절하기		
자유선택활동	쌓기놀이 영역	적목 놀이(뼈대 만들기, 길이 재기)				
	역할놀이 영역	성장과정 표현하기		명화 속 주인공 흉내 내기 애니메이션 〈들장미 소녀 캔디〉의 등장인물 역할놀이를 해요.		
	언어 영역	나는 기쁠 때와 화가 날 때가 있어요.		〈마음〉 동시 감상, 읊기 애니메이션 〈들장미 소녀 캔디〉를 듣고 주인공의 감정에 대해 친구와 이야기 나누어요.		
	수 · 조작 영역	발로 길이 재기	내가 태어났을 때 몸무게는?	내 얼굴의 구멍을 찾아라		퍼즐 맞추기
	과학 영역	'나는 자라요' 책 만들기		표정으로 나타내요.		
	미술 영역	신기한 몸속 모형 만들기		퍼즐 만들기		

	음률 영역		• 애니메이션 〈들장미 소녀 캔디〉 주제곡을 감상해요. • 애니메이션 〈들장미 소녀 캔디〉 주제곡 리듬을 다양한 리듬악기로 연주해요.			
대·소집단활동	이야기 나누기	신기한 몸속	나는 기쁠 때와 슬플 때가 있어요.	표정으로 나타내요.	친구의 감정을 느껴요.	숨겨진 명화 속 감정을 찾아요.
	동화·동시·동극	동화 『우리 몸의 구멍』	동화 『기쁨과 슬픔』	동시 '감정' 동시 짓기	동시 〈마음〉 동화 『요술 크레파스』	동화 『엄마가 화났다』 동화 『화가 나는 건 당연해』
	음악	〈이거리 저거리 각거리〉		미소 악기 연주 애니메이션 〈들장미 소녀 캔디〉 주제곡 리듬을 연주해요.		'소중한 나의 꿈' 음악 만들기 애니메이션 〈들장미 소녀 캔디〉 주제곡의 리듬으로 노래를 만들어요.
	신체	나처럼 움직여 봐.		나는 기쁠 때와 슬플 때가 있어요.		
	게임	신기한 몸속 이름 맞추기		색깔 감정카드		훌라후프 징검다리
	요리			재미있는 얼굴		
	미술	나는 자라요.			재미있는 얼굴	친구 자화상 그려 보기
	현장체험					
바깥놀이활동		내 몸으로 공을 쳐요.		훌라후프 징검다리 굴렁쇠 굴리기		

음악 만들기 계획안 I

<table>
<tr><td>생활 주제</td><td>나와 가족</td><td>주제</td><td>나의 몸과 마음</td><td>소주제</td><td>나의 감정 알고 조절하기</td><td>활동 일시</td><td>20 . . .</td></tr>
<tr><td>활동명</td><td>'애니메이션 〈들장미 소녀 캔디〉 주제곡의 리듬으로 노래를 만들어요.'</td><td>활동 형태</td><td>소집단</td><td>유형 (영역)</td><td>음악
(음악 만들기)</td><td>연 령</td><td>만 5세</td></tr>
<tr><td>활동 목표</td><td colspan="7">• '애니메이션 〈들장미 소녀 캔디〉 주제곡의 리듬으로 음악을 만들어요.' 활동을 통해 리듬을 즉흥적으로 만들 수 있다. (지적 기능)</td></tr>
<tr><td>누리과정 관련요소</td><td colspan="7">• 예술경험: 예술적 표현하기-음악으로 표현하기-리듬과 노래 등을 즉흥적으로 만들어 본다.</td></tr>
<tr><td>창의 · 인성 관련</td><td colspan="7">• 창의성: 인지적 요소-문제해결력-문제해결-문제를 인식하고 현재 상태에서 목표, 상태에 도달하기 위해 진행해 가는 복잡한 사고활동
• 인 성: 협력-집단협력-친구 의견을 끝까지 잘 듣고 존중하기</td></tr>
<tr><td>활동자료</td><td colspan="7">• 〈들장미 소녀 캔디〉 애니메이션 동영상, 〈들장미 소녀 캔디〉 CD, 리듬표, 음악 만들기 판</td></tr>
<tr><td>활동방법</td><td colspan="5">활 동 내 용</td><td colspan="2">수 업 연 구</td></tr>
<tr><td rowspan="2">사전 활동</td><td colspan="5">• '애니메이션 〈들장미 소녀 캔디〉 주제곡을 감상해요.' 활동을 통해 음악을 듣고 즐긴다.
• 예술경험: 예술 감상하기-다양한 예술 감상하기-다양한 음악, 춤, 미술작품, 극 놀이 등을 듣거나 보고 즐긴다.</td><td colspan="2">• 유의점
- 리듬에 주의를 기울여 들을 수 있도록 한다.</td></tr>
<tr><td colspan="5">• '애니메이션 〈들장미 소녀 캔디〉 주제곡 리듬을 연주해요.' 활동을 통해 다양한 리듬악기를 연주할 수 있다.
• 예술경험: 예술적 표현하기-음악으로 표현하기-리듬악기를 연주해 본다.</td><td colspan="2">• 유의점
- 리듬표를 제시해 정확하게 연주할 수 있도록 한다.
- 다양한 리듬악기를 제시해 유아가 선택할 수 있도록 한다.</td></tr>
<tr><td>도 입</td><td colspan="5">1. 애니메이션 〈들장미 소녀 캔디〉 주제곡의 리듬을 리듬악기로 연주해 본다.
• 지난 시간에 〈들장미 소녀 캔디〉 주제곡 리듬을 리듬악기로 연주해 보았는데 어떤 리듬이 있었는지 생각나니?
- 네. 4박자 리듬이었어요. '따따따따 딴 따따' 가 있었어요.</td><td colspan="2">• 유의점
-사전에 리듬을 충분히 익힐 수 있도록 한다.
- 리듬표는 유아가 음표의 길이를 알 수 있도록 리듬판과 음표의 크기를 일정하게 만든다.</td></tr>
</table>

	- '딴 딴 딴 딴' 도 있었어요. • 그래. 잘 기억하고 있구나. 그럼 〈들장미 소녀 캔디〉 주제곡의 리듬을 리듬표를 보고 연주해 보자. - 리듬표를 보고 리듬악기로 연주한다.	• 〈들장미 소녀 캔디〉 리듬표
전개	2. 리듬표를 활용해 모둠별로 음악을 만들어 본다. • 〈들장미 소녀 캔디〉 주제곡에 사용되는 리듬표에 친구들의 의견을 끝까지 듣고 존중하며 협력해서 음악을 만들어 보자. (창의성, 인성) • 리듬표를 너희가 만들고 싶은 음악이 될 수 있도록 잘 생각하며 악보판에 놓아 보면 되는 거야. 3. 만든 음악을 연주해 본다. • 음악이 완성되었으면 친구들과 함께 연주해 보자. • 친구들과 연주해 본 후 만든 음악을 선생님한테 가져와 줘. 4. 모둠별로 나와 만든 음악을 연주해 본다. • 너희가 협력하여 만든 음악을 친구들 앞에서 연주해 보자. • 어느 모둠부터 나와 연주해 볼까? - 저희 봉선화 모둠이요. - 저희 나팔꽃 모둠이요. • 그럼 선생님한테 가져온 순서로 연주해 보면 어떨까? - 네. 그렇게 해요. - 모둠별로 나와 연주한다.  	• 유의점 - 유아들이 리듬을 다양하게 활용할 수 있도록 충분한 리듬표를 준비한다. - 만든 리듬을 유아가 잘 연주할 수 있도록 사전에 모둠별로 연주할 수 있는 기회를 제공한다.
	5. 음악을 만든 후 느낌을 이야기 나눈다. • 리듬으로 음악을 만들어 연주해 보니 어떤 생각이 드니?	

마무리	– 내가 작곡가가 된 기분이에요. – 다음에 또 다른 음악도 만들어 보고 싶어요. • 음악을 만들어 보니 작곡가가 된 기분도 들고 또 만들어 보고 싶은 생각도 나는구나. 음악을 만드는 사람은 다 작곡가야. 우리는 작곡을 했으니 작곡가가 되었네. 선생님이 음률 영역에 리듬표를 놓아둘 테니 다른 음악도 만들어 보자. • 친구들과 협력해서 음악을 만들어 보니 어떤 생각이 드니? – 재밌어요. – 친구들이 서로 자기 마음대로 하려고 해서 힘들었어요. • 그래. 그래도 친구들과 잘 협력해서 음악을 만들어 친구들과 연주할 수 있었네. 어떻게 그렇게 할 수 있었지? – 그냥 내가 양보했어요. – 차례를 정하고 친구 말을 끝까지 들어 줬어요. • 그랬구나. 친구들에게 양보도 하고 차례를 정하고 친구의 말을 끝까지 들어 주어서 음악을 만들 수 있었구나. 다음에도 그렇게 하면 친구들과 협력해서 무엇이든지 할 수 있겠구나. 6. 다음 시간을 예고하며 마무리한다. • 친구들이 만든 음악을 음률 영역에 놓아두고 연주해 보자. 이제 정리하고 손 씻고 점심식사 준비하자. • 점심식사 후 놀이터에서 굴렁쇠 놀이를 해 보자.	
활동 평가	• '애니메이션 〈들장미 소녀 캔디〉 주제곡의 리듬으로 음악을 만들어요.' 활동을 통해 리듬을 즉흥적으로 만들 수 있는지 관찰 및 악보판(활동지)을 통해 평가한다.	
확장 활동	• '동극-애니메이션 〈들장미 소녀 캔디〉 극 놀이를 해요.'	

〈들장미 소녀 캔디〉 리듬표

♪	♪	♪	♩.			♪	♪	𝅝							
♩		♩		♩		♩		𝅝							
♪	♪	♩		♩.			♪	𝅗𝅥				♩		♩	
♩		♩		♩		♩		𝅝							
♪	♪	♪	♪	♪	♪	♪	♪	♩		♩		♩		♩	
♪	♪	♪	♪	♪	♪	♪	♪	♩		♩		♩		♩	
𝄾	♪	♪	♪	𝅗𝅥				𝄾	♪	♪	♪	𝅗𝅥			
♪	♪	♪	♪	𝅗𝅥				𝅗𝅥				𝅗𝅥			
𝄾	♪	♪	♪	𝅗𝅥				𝄾	♪	♪	♪	𝅗𝅥			
♩		♪	♪	𝅗𝅥				𝅗𝅥				𝅗𝅥			
𝄾	♪	♪	♪	♩		♪	♪	♩		♪	♪	𝅗𝅥			
♩		♪	♪	♩		♪	♪	𝄾							
𝄾	♪	♪	♪	♩		♪	♪	♩		♪	♪	♩			
♪	♪	♪	♪	♩		♪	♪	𝅝							
♪	♪	♩		𝅗𝅥				♪	♪	♩		𝅗𝅥			
♪	♪	♩		♩		♩		𝅝							
♪	♪	♩		𝅗𝅥				♪	♪	♩		𝅗𝅥			
♪	♪	♩		♩		♩		𝅝							

[음 표 카 드]

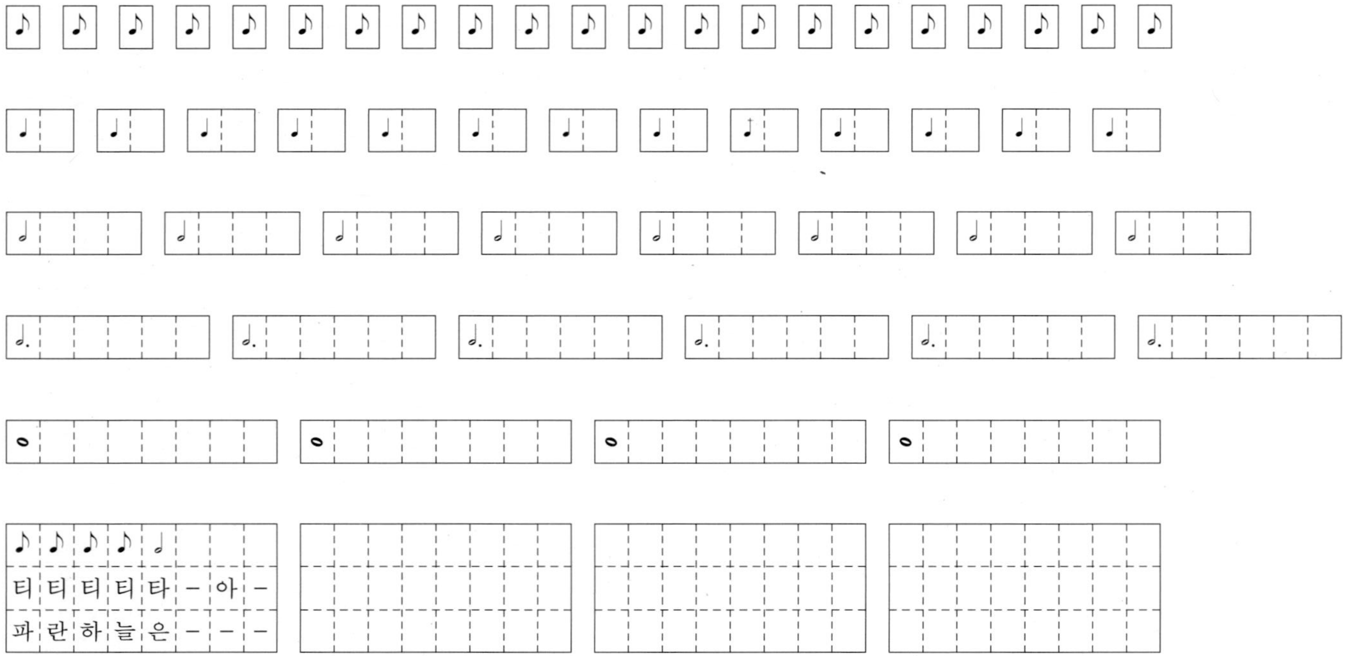

※ 유의점: 유아들의 발달을 고려하여 유아가 음표의 길이를 정확히 인지하지 못하여도 음악 만들기를 할 수 있도록 악보판을 만들어 놓는다.

음악 만들기 활동지

생활주제	나의 가족	주제	나의 몸과 마음	소주제	나의 감정 알고 조절하기	활동일시	20 . . .

■ **활동명: 애니메이션 〈들장미 소녀 캔디〉 주제곡의 리듬으로 음악을 만들어요.**

반	이름	

• 애니메이션 〈들장미 소녀 캔디〉의 주제곡을 듣고 느낌을 가사로 표현하고 주제곡의 리듬을 활용하여 다양한 방법으로 음표카드나 리듬카드를 배열하여 음악을 만들어 보세요.

$\frac{4}{4}$

활동 ① 애니메이션 〈들장미 소녀 캔디〉 주제곡의 리듬으로 음악을 만들어요.

■ 애니메이션 〈들장미 소녀 캔디〉의 주제곡을 듣고 느낌을 가사로 표현하고 주제곡의 리듬을 활용하여 다양한 방법으로 음표카드나 리듬카드를 배열하여 음악을 만들어 보세요.

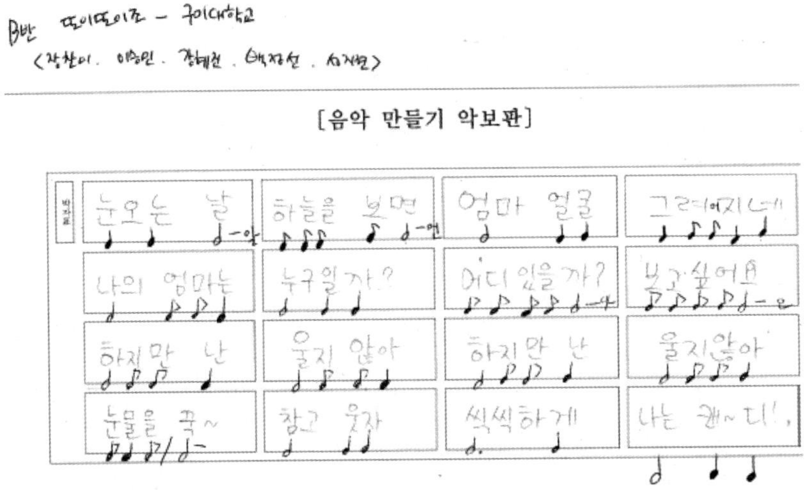

'유치원과 친구' 1주 주간교육계획안

만 3~5세 연령별 누리과정 제시활동 보완활동

반 이름		만 5세 반		시기	2014년 3월 1주	
생활주제		유치원과 친구		주제	유치원의 환경	
목표		• 반 이름과 활동영역 이름이 가진 의미를 알고 사용한다. (지식) • 우리 반에 필요한 약속을 함께 정해 본다. (기능) • 유치원에서 함께 지내는 어른들에 대해 알고 감사한 마음을 가진다. (태도)				
날짜/요일		월 일( )	월 일( )	월 일( )	월 일( )	월 일( )
소주제 활동		우리 반 이름과 교실 알아보기	우리 반에 필요한 약속 알아보기	유치원 돌아보기	유치원에서 함께 지내는 사람들 알아보기	함께 사용하는 물건과 공간 알아보기
자유선택활동	쌓기놀이 영역			우리 교실 꾸미기		
	역할놀이 영역		역할영역 소통 이용해서 놀이하기			
	수 · 조작 영역	활동영역 집(매트릭스 퍼즐) 맞추기				
	과학 영역	우리 반에서 키우는 동 · 식물 관찰하기		유치원에서 발견한 색깔 사진 놀이		
	미술 영역			유치원 전경 사진 이어 그림 그리기		
	음률 영역		광고음악의 리듬을 탐색해요.			
대 · 소집단활동	이야기 나누기	반 이름의 의미를 알아보아요.	우리 반에 필요한 약속을 정해요.	유치원 돌아보아요.	유치원에서 함께 지내는 사람들이에요.	양보와 배려가 필요한 상황이 있어요.
	동화 · 동시 · 동극	동화 『유치원 가는 날』	동화 『약속』	동화 『로지의 산책』	동화 『행복을 전해주는 편지』	동화 『행복한 의자나무』
	음악	새 노래 〈선생님이 좋아서〉	새 노래 〈약속〉 음악 만들기 우리 반 약속음악을 만들어요.	노래 부르기 〈유치원가는길〉	노래 부르기 〈감사해요〉	
	신체		종이와 풀			함께하는 지네 놀이

	게임	놀잇감을 찾아 와요.			도와주시는 분들 사진퍼즐 맞추기	
	요리				과일꼬치 퐁듀를 만들어요.	
	미술	우리 반의 로고를 만들어 보아요.	우리 반 약속 노래 가사판을 만들어요.	유치원에 전시되어 있는 그림과 조각을 감상해요 .		
	현장체험					
바깥놀이 활동		우리 집에 왜 왔니?				

음악 만들기 계획안 II

생활 주제	유치원과 친구	주 제	유치원의 환경	소주제	우리 반에 필요한 약속 알아보기	활동 일시	20 . . .
활 동 명	우리 반 약속 노랫말을 만들어요.	활동 유형	소집단	영역	음악 (음악 만들기)	연 령	만 5세

활동목표	• '우리 반 약속 노랫말을 만들어요.' 음악활동을 통해 노래를 즉흥적으로 만들 수 있다. (기능) • '우리 반 약속 노랫말을 만들어요.' 음악활동을 통해 친구와 도움을 주고, 받고, 서로 협력할 수 있다. (태도)
5세 누리과정 관련요소	• 예술경험: 예술적 표현하기-음악으로 표현하기-리듬과 노래 등을 즉흥적으로 만들어 본다. • 사회관계: 다른 사람과 더불어 생활하기-공동체에서 화목하게 지내기-다른 사람과 도움을 주고, 받고, 서로 협력한다.
창의 · 인성 관련	• 창의성: 성향적 요소-개방성-다양성-다양한 아이디어나 입장을 수용하는 열린 마음 • 인성: 협력-집단협력-친구 의견을 끝까지 잘 듣고 존중하기
활동자료	• 가사판, CD플레이어, 피아노, 다양한 리듬악기, 활동지, 표상지

활동방법	활 동 내 용	수 업 연 구
사전 활동	• 이야기 나누기-우리 반에 필요한 약속을 정해요. • '우리 반에 필요한 약속을 정해요.' 이야기 나누기 활동으로 우리 반에 필요한 약속을 정하는 과정을 통해 규칙성을 배울 수 있다. • 자연탐구: 수학적 탐구하기-규칙성 이해하기-스스로 규칙성을 만들어 본다.	
	'음률-광고음악의 리듬을 탐색해요.' • '광고음악의 리듬을 탐색해요' 음률활동을 통해 음표와 리듬을 탐색한다. • 예술경험: 아름다움 찾아보기-음악적 요소 탐색하기-다양한 소리, 악기 등으로 강약, 속도, 리듬 등을 탐색한다. 1. 광고음악의 음표를 탐색한다. 2. 광고음악의 리듬을 탐색한다.	• 유의점 - 다양한 악기를 이용하여 리듬을 탐색할 수 있도록 한다. - 리듬카드와 음표카드를 제시한다. 4/4 | ♩ 타 ♩ 타 ♩ 타 ♩ 타 4/4 | ♫ 타타 ♫ 타타 ♫ 타타 ♫ 타타

도입	1. 탐색한 광고음악의 음표와 리듬을 회상한다. • 음률영역에서 들은 광고음악에는 어떤 음표들이 나왔니? – 4분음표, 온음표가 나왔어요. • 음률영역에서 들은 광고음악에는 어떤 리듬들이 나왔는지 생각하여 이야기해 보자. – '타타 타 타타 타' 가 나왔어요. – '타타 타타 타타 타타' 가 나왔어요. 2. '우리 반에 필요한 약속을 정해요.' 이야기 나누기를 회상한다. • 우리 반에 필요한 약속은 어떤 것이 있다고 이야기했는지 기억나니? – 질서를 지켜야 해요. – 놀잇감을 잘 정리해야 해요.	• 유의점 – 유아들이 기억할 수 있도록 광고음악을 들려준다.
전개	3. '우리 반 약속 노랫말을 만들어요.' 활동을 소개한다. • 우리 반에 필요한 약속을 가사로 만들어 광고음악의 멜로디에 붙여 보는 활동을 할 거야. • 노랫말 만들기가 끝난 모둠에서는 다른 모둠에 방해가 되지 않도록 조용한 전이활동(책읽기, 교구활동)을 하며 기다려 주자. • 모든 모둠의 활동이 끝나면 함께 연주해 보고 우리 반의 일과음악을 선택하도록 하자. 4. '우리 반 약속 노랫말을 만들어요.' 활동을 한다. • 모둠별로 우리 반에 필요한 약속들을 생각하며 약속 노래를 만들어 보자. • 친구들의 의견을 잘 듣고 수용하는 마음을 갖고 친구의 이야기를 끝까지 잘 듣고 존중하여 음악을 만들어 보자. (창의성, 인성) 5. 모둠별로 노랫말을 낭독한다. • 모둠별로 나와 우리 반에 필요한 노랫말을 낭독해 보자. – 모둠별로 노랫말을 낭독한다. 6. 광고음악에 노랫말을 붙여 불러 본다. • 광고음악 멜로디에 친구들이 만든 노랫말을 붙여 불러 보자.	• 유의점 – 음악 만들기 활동을 할 때 집중할 수 있도록 느리고 조용한 음악을 작은 소리로 들려준다. (생상의 〈백조〉) – 모둠과 모둠 간에 방해가 되지 않도록 일정한 거리를 두어 자리를 배치한다. – 유아들이 노랫말을 붙여 부르기 어려워할 경우 한 소절, 네 소절, 전체 순으로 교사가 선창 후 따라 부르기를 한다.

활동 전개	 	
마무리	7. '우리 반 약속 노랫말을 만들어요.' 활동을 통해 알게 된 것이나 느낌을 이야기 나눈 후 그림이나 글로 표상한다. • 우리 반 약속 노랫말을 만들면서 어떤 느낌이 들었니? - 친구들이 자기 마음대로 하려고 했어요. - 약속을 지켜야 한다는 생각이 들었어요. • 약속을 지켜야 한다는 생각이 들었구나. 친구들이 마음대로 하려고 하는데 어떻게 약속 노랫말을 완성할 수 있었니? - 양보했어요. (인성) - 친구의 말을 끝까지 들어 줬어요. (인성) - 친구들이 친구들의 말을 끝까지 듣고 존중하고, 양보해서 노랫말을 완성할 수 있었구나. • 우리 반 약속 노랫말을 만들면서 느낀 것이나 알게 된 것을 그림이나 글로 표현해 보자.	
활동 평가	• '우리 반 약속 노랫말을 만들어요.' 음악활동을 통해 리듬과 노래 등을 즉흥적으로 만들 수 있었는지 활동지(음악판)를 통해 평가한다. (창의성) • '우리 반 약속 노랫말을 만들어요.' 음악활동을 통해 친구와 도움을 주고받으며 서로 협력할 수 있었는지 관찰을 통해 평가한다. (인성)	
확장 활동	• '미술-우리 반 약속 노래 가사판을 만들어요.'	

음악 만들기 활동지

생활 주제	유치원과 친구	주제	유치원의 환경	소주제	우리 반에 필요한 약속 알아보기	활동 일시	20 . . .

■ **활동명: 우리 반 약속 노랫말을 만들어요.**

반	이름	

• 광고음악과 리듬에 맞추어 '우리 반 약속 노랫말을 만들어요.' 활동을 해요.

우리 반 약속 노래

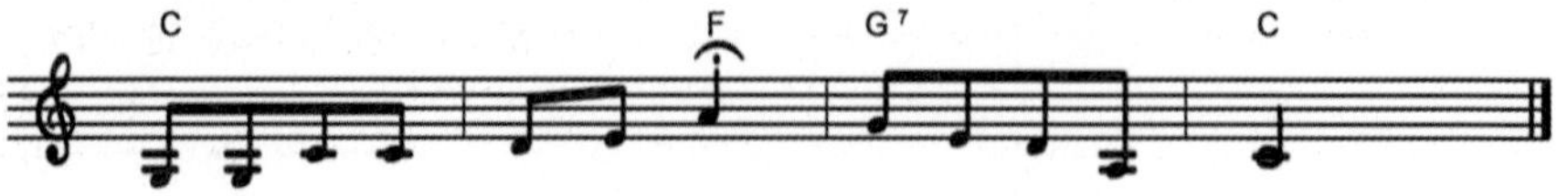

활동 ② 광고음악과 리듬에 맞추어 '우리 반 약속 노랫말을 만들어요.' 활동을 해요.

■ 우리 반에서 지켜야 할 약속들에 대해 이야기 나눈 후 광고음악에 우리 반 약속을 노랫말로 만들어 보세요.

'우리 동네' 1주 주간교육계획안

만 3~5세 연령별 누리과정 제시활동　　보완활동

<table>
<tr><td colspan="2">반 이름</td><td colspan="2">만 5세 반</td><td>시기</td><td colspan="2">년 5월 1주</td></tr>
<tr><td colspan="2">생활주제</td><td colspan="2">우리 동네</td><td>주제</td><td colspan="2">우리 동네 모습</td></tr>
<tr><td colspan="2">목표</td><td colspan="5">• 우리 동네와 유치원 주변에 관심을 가진다. (태도)
• 우리 동네와 유치원 주변을 둘러본다. (기능)
• 우리 동네의 이름과 위치를 안다. (지식)</td></tr>
<tr><td colspan="2">날짜/요일</td><td>월 일( )</td><td>월 일( )</td><td>월 일( )</td><td>월 일( )</td><td>월 일( )</td></tr>
<tr><td colspan="2">소주제 활동</td><td colspan="2">우리 동네에 관심 가지기</td><td colspan="2">우리 동네 둘러보기</td><td>우리 동네 알아보기</td></tr>
<tr><td rowspan="7">자유선택활동</td><td>쌓기놀이영역</td><td></td><td></td><td></td><td></td><td></td></tr>
<tr><td>역할놀이영역</td><td colspan="2">동네 안내원 놀이</td><td></td><td></td><td>강아지 장난감을 배달해 주세요.</td></tr>
<tr><td>언어영역</td><td></td><td></td><td colspan="2">우리 동네에 숨어 있는 글자</td><td></td></tr>
<tr><td>수 · 조작영역</td><td>하늘에서 본 우리 동네</td><td></td><td></td><td></td><td>내가 사는 동네 그래프</td></tr>
<tr><td>과학영역</td><td></td><td></td><td colspan="2">우리 동네 다리 모양을 알아보아요.</td><td></td></tr>
<tr><td>미술영역</td><td></td><td></td><td colspan="2">우리 동네를 함께 꾸며요.</td><td></td></tr>
<tr><td>음률영역</td><td></td><td></td><td></td><td></td><td></td></tr>
<tr><td rowspan="2">대 · 소집단활동</td><td>이야기 나누기</td><td>우리 동네에 있는 건물과 조형물을 알아보아요.</td><td></td><td>우리 동네 자랑거리를 이야기 나누어요.</td><td></td><td>안전한 곳과 위험한 곳</td></tr>
<tr><td>동화 · 동시 · 동극</td><td></td><td></td><td colspan="2">동극
〈동물 친구들의 동네 산책〉</td><td></td></tr>
</table>

	음악			내가 살고 있는 동네는? 우리 동네 광고 음악을 만들어요.		
	신체	유치원 주변 돌아보기				
	게임					
	요리				장바구니를 채워라.	
	미술				우리 동네 포스터를 그려요.	
	현장 체험					
바깥놀이 활동				우리 동네 숲은 어떤 모습일까?		모래로 만드는 우리 동네

음악 만들기 계획안 III

<table>
<tr><td>생활 주제</td><td>우리 동네</td><td>주 제</td><td>우리 동네 모습</td><td>소주제</td><td>우리 동네 둘러보기</td><td>활동 일시</td><td>20 . . .</td></tr>
<tr><td>활 동 명</td><td>우리 동네 광고음악을 만들어요.</td><td>활동 유형</td><td>소집단</td><td>영역</td><td>음악 (음악 만들기)</td><td>연 령</td><td>만 5세</td></tr>
<tr><td>활동목표</td><td colspan="7">• '우리 동네 광고음악을 만들어요.' 음악활동을 통해 노래를 즉흥적으로 만들 수 있다. (기능)
• '우리 동네 광고음악을 만들어요.' 음악활동을 통해 다른 사람을 배려할 수 있다. (태도)</td></tr>
<tr><td>5세 누리과정 관련요소</td><td colspan="7">• 예술경험: 예술적 표현하기-음악으로 표현하기-리듬과 노래 등을 즉흥적으로 만들어 본다.
• 사회관계: 다른 사람과 더불어 생활하기-사회적 가치를 알고 지키기-다른 사람을 배려하여 행동한다.</td></tr>
<tr><td>창의 · 인성 관련</td><td colspan="7">• 창의성: 사고의 확장-확산적 사고-다양한 관점에서 새로운 가능성이나 아이디어를 다양하게 생성해 내는 사고능력
• 인성: 배려-친구에 대한 공감과 배려-서로에게 고마움 표시하기</td></tr>
<tr><td>활동자료</td><td colspan="7">• 우리 동네 자랑카드, 리듬카드, 가사판, 피아노, 음표카드, 피아노, CD플레이어, 음악CD</td></tr>
<tr><td>활동방법</td><td colspan="5">활동내용</td><td colspan="2">수업연구</td></tr>
<tr><td>사전 활동</td><td colspan="5">'이야기 나누기-우리 동네 자랑거리를 이야기 나누어요.'
'우리 동네 자랑거리를 이야기 나누어요.' 이야기 나누기 활동을 통해 우리 동네에 대해 알 수 있다.
• 사회관계: 다른 사람과 더불어 생활하기-사회에 관심 갖기-우리 동네에 대해 알아본다.</td><td colspan="2">• 유의점
- 우리 동네의 특성에 대해 이야기 나눈 후 자랑거리를 찾아본다.</td></tr>
<tr><td>도 입</td><td colspan="5">1. 우리 동네의 자랑거리는 무엇인지 회상한다.
• 우리 동네에 자랑거리는 어떤 것들이 있니?
- 우리 동네에는 나무가 많아서 예뻐요.
- 우리 동네는 사람들이 친절해요.
• 우리 동네에 자랑거리가 많이 있네. 우리 동네의 자랑거리를 다른 동네에 있는 사람들에게 알릴 수 있는 방법에는 무엇이 있을까?
- 텔레비전에 광고해요.
- 사람들에게 자랑해요.</td><td colspan="2">• 유의점
- 유아들에게 광고라는 개념을 알 수 있도록 지도한다.
- 다양한 광고방법들에 대해 이야기한다.</td></tr>
<tr><td>전 개</td><td colspan="5">2. '우리 동네 광고음악을 만들어요.' 활동을 소개한다.
• 우리 동네 자랑거리를 알릴 수 있는 방법이 텔레비전에</td><td colspan="2"></td></tr>
</table>

	광고하는 방법도 있고 이야기하는 방법도 있네. 그럼 텔레비전에 광고하는 방법은 어떤 것이 있을까? - 우리 동네 자랑 프로그램에 나가요. - 플랜카드를 만들어 걸어요. - 우리 동네 광고음악을 만들어서 들려줘요. 3. '우리 동네 광고음악을 만들어요.' 활동을 한다. • 우리 동네를 자랑할 수 있는 방법 중에 오늘은 광고음악을 만들어 보려고 해. • 모둠별로 어떤 내용으로 우리 동네를 자랑할지 아이디어를 내고 노랫말을 만들고 리듬카드로 리듬을 붙여서 우리 동네 광고음악을 만들어 보자. (창의성) • 음악 만들기 활동을 할 때 친구들의 생각에 공감하는지 서로 배려하며 활동해 보자. (인성) 4. 모둠별로 만든 우리 동네 광고음악을 연주한다. • 모둠별로 만든 우리 동네 광고음악의 노랫말을 낭독하고 리듬을 리듬악기로 연주해 보자. - 모둠별로 노랫말을 낭독하고 리듬악기로 연주한다.	• 유의점 - 음악 만들기 활동을 할 때 집중할 수 있도록 느리고 조용한 음악을 작은 소리로 들려준다. (생상의 〈백조〉) - 모둠과 모둠 간에 방해가 되지 않도록 일정한 거리를 두어 자리를 배치한다.
마무리	5. '우리 동네 광고음악을 만들어요.' 활동을 통해 알게 된 것이나 느낌을 이야기 나눈 후 그림이나 글로 표상한다. • 우리 동네 광고음악을 만들면서 어떤 느낌이 들었니? - 우리 동네는 정말 좋은 곳이에요. - 우리 동네에는 자랑거리가 많이 있어요. • 우리 동네에 자랑거리가 많을 수 있도록 한 사람들은 누가 있을까? - 경찰관 아저씨가 안전하게 해 주세요. - 의사 선생님이 우리를 아프지 않게 해 주세요. - 청소부 아저씨가 깨끗하게 해 주세요. • 그래. 우리 동네에 자랑거리가 많도록 해 주시는 분들이 많이 있구나. 경찰관 아저씨, 청소부 아저씨, 아주머니, 의사 선생님 그리고 우리 동네 어르신들께 감사한 마음을 가져야겠네. 다음에 만나면 '감사합니다.'라고 인사하자. - 네~~~ (인성)	- 유아들이 노랫말을 붙여 부르기 어려워할 경우 한 소절, 네 소절, 전체 순으로 교사가 선창 후 따라 부르기를 한다.

	• 친구들과 서로 배려하며 음악 만들기를 잘 해서 선생님이 칭찬해요. 친구들에게도 고마운 마음을 갖고 '잘 도와주고 배려해 줘서 고마워.' 라고 인사하자. - 잘 도와주고 배려해 줘서 고마워~ (인성)	
활동 평가	• '우리 동네 광고음악을 만들어요.' 음악활동을 통해 리듬과 노래 등을 즉흥적으로 만들 수 있었는지 활동지(음악판)를 통해 평가한다. (창의성) • '우리 동네 광고음악을 만들어요.' 음악활동을 통해 서로 생각에 공감하고 배려할 수 있었는지 관찰 및 언어적 상호작용을 통해 평가한다. (인성)	
확장 활동	• '미술-우리 동네 포스터를 그려요.'	

음악 만들기 활동지

생활주제	우리 동네	주제	우리 동네 모습	소주제	우리 동네 둘러보기	활동일시	20 . . .

■ **활동명: 우리 동네 광고 음악을 만들어요.**

반	이름	

• 모둠별로 생각을 모아 우리 동네 자랑거리를 노랫말로 만들어 본 후 리듬카드를 붙여 '우리 동네 광고 음악을 만들어요.' 활동을 해요.

$\frac{4}{4}$

음악 만들기 계획안 IV

<table>
<tr><td>생활
주제</td><td>우리 동네</td><td>주 제</td><td>우리 동네
모습</td><td>소주제</td><td>우리 동네
둘러보기</td><td>활동
일시</td><td>20 . . .</td></tr>
<tr><td>활동명</td><td>동극 〈동물 친구들〉 주제곡을 만들어요.</td><td>활동
유형</td><td>소집단</td><td>영역</td><td>음악
(음악 만들기)</td><td>연 령</td><td>만 5세</td></tr>
<tr><td>활동
목표</td><td colspan="7">• ‘동극 〈동물 친구들〉 주제곡을 만들어요.’ 음악활동을 통해 노래를 즉흥적으로 만들 수 있다. (지적 기능)
• ‘동극 〈동물 친구들〉 주제곡을 만들어요.’ 음악활동을 통해 친구와의 갈등을 긍정적인 방법으로 해결할 수 있다. (태도)</td></tr>
<tr><td>누리과정
관련요소</td><td colspan="7">• 예술경험: 예술적 표현하기–음악으로 표현하기–리듬과 노래 등을 즉흥적으로 만들어 본다.
• 사회관계: 다른 사람과 더불어 생활하기–친구와 사이좋게 지내기–친구와의 갈등을 긍정적인 방법으로 해결한다.</td></tr>
<tr><td>창의 ·
인성 관련</td><td colspan="7">• 창의성: 사고의 확장–확산적 사고–다양한 관점에서 새로운 가능성이나 아이디어를 다양하게 생성해 내는 사고능력
• 인성: 배려–친구에 대한 공감과 배려–친구와 갈등(다툼)이 생겼을 때 함께 해결하거나 도움받기</td></tr>
<tr><td>활동자료</td><td colspan="7">• 우리 동네 자랑카드, 리듬카드, 가사판, 피아노, 음표카드, 피아노, CD플레이어, 음악CD</td></tr>
<tr><td>활동방법</td><td colspan="5">활 동 내 용</td><td colspan="2">수 업 연 구</td></tr>
<tr><td>사전 활동</td><td colspan="5">‘동시 · 동화 · 동극–〈동물 친구들〉 동화를 들어요.’
‘〈동물 친구들〉 동화를 들어요.’ 활동을 통해 등장인물들을 이해한다.
• 의사소통: 듣기–이야기 듣고 이해하기 – 다른 사람의 이야기를 듣고 이해한다.</td><td colspan="2">• 유의점
– 동화 전체의 느낌을 이해할 수 있도록 지도한다.

로렌 차일드 지음, 국민서관</td></tr>
<tr><td>도입</td><td colspan="5">1. 〈동물 친구들〉의 내용과 느낌을 회상한다.
• 〈동물 친구들〉은 어떤 내용이었니?
• 〈동물 친구들〉을 듣고 느낀 점은 무엇이었니?</td><td colspan="2"></td></tr>
</table>

	2. 〈동물 친구들〉 주제곡 만들기 활동을 소개한다. • 애니메이션을 볼 때 음악을 들은 적 있니? - 렛잇비~~ 렛잇비~~ - 코코몽이요. • 그래. 주제곡은 애니메이션에서 중심이 되는 내용을 음악으로 표현해서 만든 노래를 이야기하는 거야. • 오늘은 지난 시간에 들은 〈동물 친구들〉 동극을 하기 전에 주제곡을 만들어 보려고 해.	• 유의점 - 유아들에게 주제곡이라는 개념을 알 수 있도록 지도한다. - 다양한 주제곡들에 대해 이야기한다.
전개	3. '〈동물 친구들〉 주제곡을 만들어요.' 활동을 한다. • 선생님이 나눠 주는 오선에 음표를 넣어 '〈동물 친구들〉 주제 음악'을 만들어 보자. (창의성) • 음악 만들기 활동을 할 때 친구와의 갈등이 생기면 서로 긍정적으로 잘 해결해서 친구들과 사이좋게 만들어 보자. (인성) 4. 모둠별로 만든 〈동물 친구들〉 주제 음악을 연주한다. • 모둠별로 만든 〈동물 친구들〉 주제 음악을 선생님이 피아노로 연주해 줄게. 들어 보자. - 들려주는 〈동물 친구들〉 주제 음악을 듣는다.  	- 음악 만들기 활동을 할 때 집중할 수 있도록 느리고 조용한 음악을 작은 소리로 들려준다. (생상의 〈백조〉) - 모둠과 모둠 간에 방해가 되지 않도록 일정한 거리를 두어 자리를 배치한다. - 멜로디를 피아노로 연주해 준다.
마무리	5. '〈동물 친구들〉 주제곡을 만들어요.' 활동을 통해 알게 된 것이나 느낌을 이야기 나눈 후 그림이나 글로 표상한다. • '〈동물 친구들〉 주제곡'을 만들면서 어떤 느낌이 들었니? - 재미있었어요. - 나도 음악을 만들 수 있어 좋았어요. • 친구들과 함께 만들면서 느낀 점은 무엇이었니? (인성) - 서로 생각을 말하면서 해서 친구들의 마음을 알 수 있었어요.	

	• 갈등이 생길 때 어떻게 해결했니? – 친구들이 이야기하는 걸 끝까지 들어 줬어요. – 서로 도와주고 양보했어요. (인성)	
활동 평가	• '〈동물 친구들〉 주제곡을 만들어요.' 음악활동을 통해 리듬과 노래 등을 즉흥적으로 만들 수 있었는지 활동지(음악판)를 통해 평가한다. (창의성) • '〈동물 친구들〉 주제곡을 만들어요.' 음악활동을 통해 친구와의 갈등을 긍정적인 방법으로 해결할 수 있었는지 관찰 및 언어적 상호작용으로 평가한다. (인성)	

음악 만들기 활동지

생활주제	우리 동네	주제	우리 동네 모습	소주제	우리 동네 둘러보기	활동일시	20 . . .

■ **활동명: 동극 〈동물 친구들〉 주제곡을 만들어요.**

반	이름	

• 자신의 생각과 느낌대로 오선에 선율로 그려본 후 음표를 붙여 '동극 〈동물 친구들〉 주제곡을 만들어요.' 활동을 해요.

$\frac{4}{4}$

활동 ③ 동극 〈동물 친구들〉 주제곡을 만들어요.

■ 자신의 생각과 느낌대로 오선에 선율로 그려 본 후 음표를 붙여 '동극 〈동물 친구들〉 주제곡을 만들어요.' 활동을 해요.

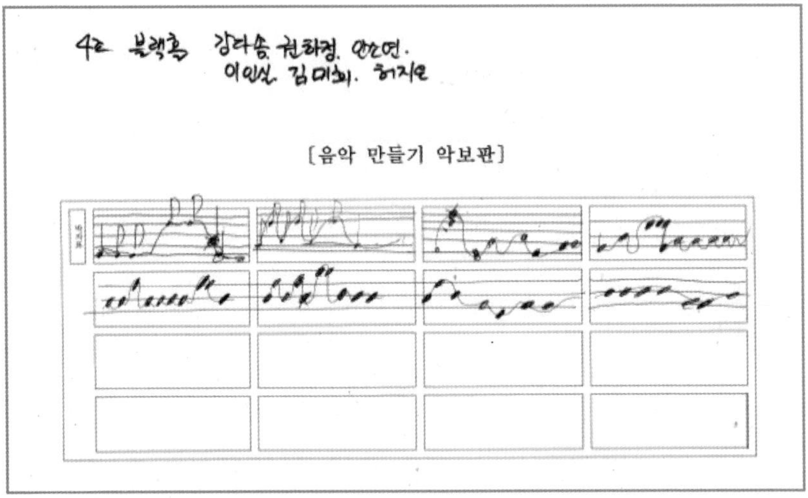

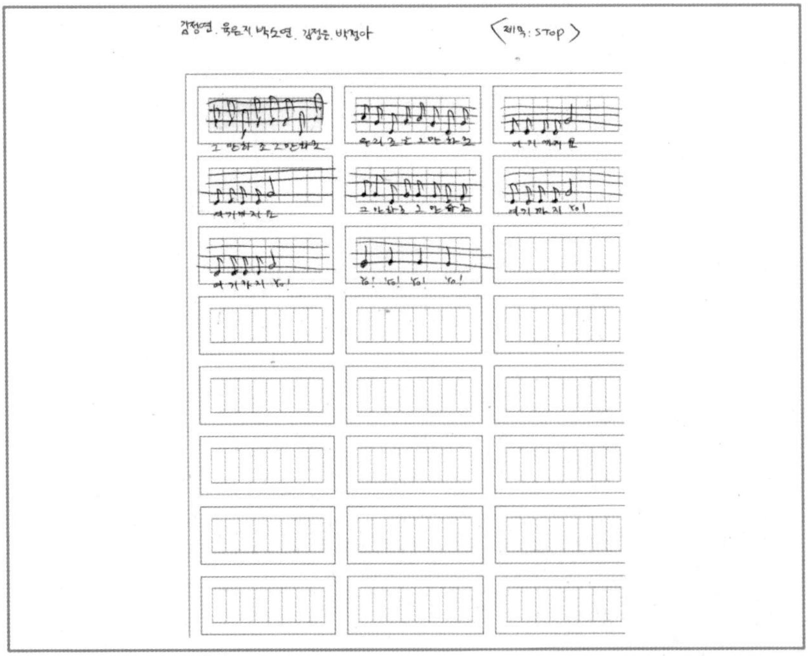

둥 둥 둥 둥
호수 위 에 서
둥
아 예 쁜
백 조
우아하게 둥둥
백 조 커플 들이
춤 을 추 네

참고문헌

김길중, 박경수, 왕보현, 전일균, 정일웅, 동기부여 학습법 TF 팀(2012). 동기부여 학습법. 경기: 양서원.

김영연(2007). 유아음악교육론. 서울: 학지사.

김유리(2011), 영상 매체를 활용한 '음악 재구성하기' 지도방안 연구. 경희대학교 교육대학 석사학위논문.

김혜경(2010). 교구교재연구 및 지도법. 경기: 공동체.

백지혜, 김선영(2010). 구성주의에 기초한 음악활동이 유아의 음악창의성과 음악적 태도에 미치는 영향. 유아교육논집, 14(6).

심성경, 이희자, 이선영, 김경의, 이효숙, 박주희(2013). 유아음악교육. 경기: 양서원.

육아정책연구소(2012). 3-5세 연령별 누리과정총론.

이에스더(2006). 음악과 ICT 활용 이해중심 교수 학습모형 및 전략에 관한 연구. 음악교육공학, 5, 75-76.

이에스더(2009). 비주얼 사운드 이미지 결합을 통한 작품연구. 음악교육공학, 9, 155-170.

이현옥, 박희숙(2014). 유아교과교재연구 및 지도법. 경기: 공동체.

임은애(2008). 유아음악교육의 통합적 접근을 위한 이론적 고찰. 수산해양교육연구, 20(2), 20.

정경원(2006). 창의성교육의 이론과 실제. 서울: 창지사.

최지원(2014). 만 5세 유아를 위한 창의적 예술 · 과학 융합프로그램의 개발 및 적용효과. 경희대학교 대학원 석사학위논문.

브리태니커 온라인 http://premium.britannica.co.kr

제 6 장

문제해결력 증진 활동을 통한 창의 · 인성교육의 이론과 실제: 공학 TRIZ이론 중심으로

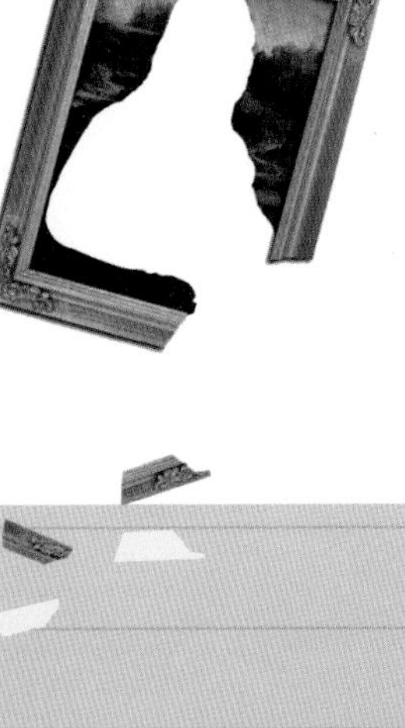

'창의사회'라고 불리는 현대사회에서는 창의적인 역량을 지닌 인재를 필요로 하며, 각 전공 영역에서의 지식을 기반으로 하여 창의적으로 문제해결을 할 수 있는 전문가를 요구한다. 창의성을 인지발달론적 접근에서 살펴보면 인간의 합리적인 정신과정으로서 문제해결력의 한 종류로 볼 수 있다. 즉, 일반적으로 학생들이 지닌 창의성이 문제해결과정에 영향을 미치고, 그들의 창의적 능력 수준에 따라 창의적 문제해결력에 차이를 가져온다는 관점이다.

특히 교사직을 수행할 예비교사들이 앞으로 교직생활에서 겪을 문제들은 예비교사 기간 중 직·간접적으로 경험하는 것보다 훨씬 더 다양하고 복잡하다(남기윤, 2005; 이주연, 한대동, 2005; 이윤식, 김광범, 2007). 그럼에도 교사들은 자신의 경력 수준이나 이전 경험과는 상관없이 부모나 원장 또는 동료교사들로부터 모든 일을 알아서 잘 해결해 나갈 것으로 기대되고 있다. 교사들이 겪는 어려움 중 하나가 일상생활 속에서 발생하는 문제 상황에 대한 대처능력의 결여나 부재에 있다(오영미, 2001; 김도형, 2003; 이정미, 김병찬, 2010)는 보고는 교사들에게 교과지식이나 교수방법의 한정된 능력뿐만 아니라 문제 상황에 유능하게 대처할 수 있는 능력인 '문제해결력'이 요구됨을 보여준다.

유아교사의 문제해결력은 중요한 사회적 능력으로서 인간의 심리적 행복, 정신 건강, 적응에 중요한 영향을 미칠 수 있는 대처전략이며(배상휘, 2012), 특히 유아교사들은 고등학교와 대학교 때와는 다른 새로운 환경에서 경험하게 되는 수많은 문제들을 긍정적·효과적·합리적으로 해결하기 위해서도 문제해결력이 필요하다. 따라서 대학교육에서 담당해야 할 역할 중 한 가지는 사회에서 요구하고 필요로 하는 역량(competency)을 학생들에게 길러 주어야 하는 것인데, 그중 학습역량의 핵심적인 구성요인의 하나로 주목해야 하는 것이 바로 '창의성'이다(이경화, 김은경, 유경훈, 2013). 창의적으로 문제를 바라보고 해결할 수 있는 창의적 문제해결력을 기르는 것은 이후 교직생활을 수행하는 데 많은 도움이 된다.

이에 이 장에서는 창의적 문제해결력을 기를 수 있는 기법 중 공학에서의 TRIZ이론을 바탕으로 문제를 바라보는 시각을 키우고, TRIZ에서 제시하는 해결방안을 중심으로 창의적으로 문제를 해결해 보는 경험을 통해 궁극적으로 창의적 시각으로 문제를 해결할 수 있는 능력을 키우고자 한다.

1. 창의성과 문제해결력

1) 창의성

(1) 정의

창의성은 학자들의 관점과 가치에 따라 다양하게 정의되어 왔지만, 공통적으로 지적하고 있는 창의성의 개념은 다양하고 독특하며 기존의 지식이나 개념을 조합하여 문제를 해결하는 데 유용하고 가치 있는 새로운 산물을 생성하는 능력이라고 정의할 수 있다.

① 토랜스(Torrance, 1979)

- 창의성이란 새롭고 독특한 아이디어, 다른 관점, 문제를 새로운 시각으로 보는 것
- 어려움과 문제를 감지하고 정보에서 틈을 찾아내고 빠진 요소나 잘못된 무언가를 찾아내, 이러한 결함에 대해 추측하고 가설을 세워 그 추측과 가설을 평가하고 검증하며, 이것을 재수정 · 재검증하여 마지막으로 결과를 전달하는 과정

② 길포드(Guilford, 1970)

- 창의성이란 새롭고 신기한 것을 낳는 힘
- 창의성이란 지적 특성으로 이해하고 새로운 사고를 생산해 내는 것. 정

도의 차이는 있을지라도 모든 사람이 공유하는 것
- 사고의 양식: 수렴적 사고와 확산적 사고 중 창의적 산물은 특정 문제에 대한 발산적 사고와 동일한 것

(2) 창의성의 구성요소

인지적 측면에서 여러 학자들은 창의적인 사고를 할 수 있게 하는 창의적 능력으로 문제에 대한 민감성, 사고의 유창성, 사고의 융통성, 독창성, 그리고 주어진 문제를 세분화하고 명료화하는 문제의 재정의, 문제의 정교화 등과 같은 요소들을 설명하고 있다(Renzulli & Hartman, 1971; Rimm, 1976; Torrance, 1979; Urban, 2002).

표 6-1 창의성의 구성요소

요소	설명
문제에 대한 민감성	주변의 환경에 대해 예민한 관심을 보이고 이를 통해 새로운 탐색 영역을 넓히는 능력. 기존 체계에서 문제를 찾아내는 능력
사고의 유창성	특정한 문제 상황에서 주어진 자극에 대해 가능한 한 많은 양의 아이디어를 산출하는 능력. 단어 유창성, 연상적 유창성, 표현적 유창성, 개념적 유창성을 포함
사고의 융통성	기존의 사고방식을 버리고 새로운 각도에서 다양한 생각을 산출해 내는 능력. 고정적인 사고방식이나 시각 자체를 변환시켜 다양한 해결책을 찾아내는 능력
독창성	문제 사태에 대하여 통상적인 기존의 사고에서 탈피하여 참신하고 독특한 아이디어를 산출해 내는 능력. 반응의 발생 빈도수가 통계적으로 드문 반응을 산출해 내는 능력
문제의 재정의	새로운 목적을 위해서 친숙한 대상을 사용할 때 그들에 대한 기존의 해석을 버리고 새로운 방법으로 해석하는 능력
문제의 정교화	다듬어지지 않은 기존의 아이디어를 보다 치밀한 것으로 발전시키는 능력

출처: 전경원, 김경숙(2012).

2) 창의적 문제해결력

(1) 정의

창의성과 문제해결의 관계는 문제해결을 무엇으로 보느냐에 따라 달라질 수 있다. 문제해결은 이미 잘 알려져 있거나 기억되어 있는 절차를 사용하여 해결하는 일반적인 문제해결과 독창적인 사고를 활용하여 문제를 해결하는 창의적인 문제해결로 구분하여 생각해 볼 수 있으며, 창의성은 문제해결의 특수한 형태로서 창의적 문제의 해결로 개념화할 수 있다(성진숙, 2002). 창의적 문제해결에서 창의적이라는 의미는 단순히 이전에 잘 검증된 방법이나 통상적인 생각을 재생하여 해결하는 데 만족하지 않는 또 다른 것을 의미한다. 또한 창의적 문제해결은 해결의 통로가 하나가 아니라 여러 개이며, 이 여러 해결 대안들 가운데서 최선의 대안을 찾아가는 과정이다(김영채, 1999). 메이어(Mayer, 1999)는 창의적 사고과정을 문제해결과정으로 보고 문제해결력의 구성요소들을 살펴본 결과, 지식, 과정지식, 문제 등이 중요하게 작용하며, 각 분야에서 확산적 · 비판적 사고가 작용할 수 있다고 하였다. 특히 우리의 생활에서 일어나는 다양한 문제를 해결하기 위해 확산적 사고와 수렴적 사고가 잘 이루어진 상태에서 문제해결단계의 창의력 수업이 이루어져야 한다(김민영, 2006).

창의성, 문제해결, 문제해결과 창의적인 사고과정을 연결 짓는 연구들을 종합하여 보면 창의적 문제해결이란 '문제해결과정에서 다양한 요인이 역동적으로 상호작용하여 문제해결에 유용하면서도 독창적인 산출물 또는 해결책을 만들어 내는 것'으로 정의할 수 있다.

(2) 창의적 문제해결력의 구성요소

얼반(Urban, 1995)은 창의적 문제해결을 구성하는 요소를 일반적 영역의 지식과 기능 기반, 특정 영역의 지식과 기능 기반, 동기적 요소, 비판적 사고, 확산적 사고 등 다섯 가지로 말하였다. 이 요소는 서로 상호작용하며, 이 과정을 통하여 학습자는 창의적으로 문제를 해결해 나갈 수 있다. 구성요소를 구분하여 살펴보면 다음과 같다.

- 일반적 영역의 지식과 기능 기반　　심리학에서는 일상적인 일을 하거나 학습을 할 때 영향을 주는 지식과 기능들을 정보처리능력으로 본다. 일반적 영역의 지식과 기능은 전 교과에 걸쳐서 학습자가 창의적 문제해결을 할 때 활용되는 지식과 기능이라고 할 수 있다.

- 특정 영역의 지식과 기능 기반　　특정 영역의 지식이나 기능 기반은 문제해결에 직접적으로 관련 있는 영역의 지식과 기능 기반으로서 창의적 문제해결에 중요한 요소로 인식되고 있다(Anderson, 1980; Lubart, 1994). 특정 영역의 지식과 기능은 문제해결에 필요한 각 교과 영역별 지식 기반을 개념과 원리로, 그리고 기능 기반을 이들 개념과 원리 간의 관계를 탐구하는 양식으로 볼 수 있다.

- 동기적 요소　　창의성이 높은 개인 혹은 창의적 문제해결자들의 동기적 속성은 창의적 문제해결자의 내재적 동기화(Amabile, 1983; Csikszentmihalyi, 1996; Gardner, 1983)와 자아효능감(Bandura, 1997)으로 압축된다. 학습자가 지식 기반이 충분하다 해도 문제해결에 대해 내재적 동기가 충분하지 않다면 문제해결 활동의 창의적인 정도는 낮아지게 된다. 이는 자신의 사고기능 및 자기조절 전략 사용과 그 효능성에 대해 높은 기대를 갖지 않기 때문이다.

- 확산적 사고　　창의적으로 문제를 해결하기 위해서는 다른 시각으로 문제를 발견하여 이를 새롭게 정의하고, 새로운 해결책 또는 대안을 찾아보는 상황에서 자신이 가진 사고를 활용해야 한다. 특히 확산적 사고는 다양하고 새로운 대안을 찾아내려는 노력으로서 사용되는데 호기심, 여

러 아이디어, 모순, 갈등, 긴장, 애매모호함에 대한 개방성, 모험하기, 상상과 유머, 결정적 요소를 찾아내고 건설적인 해결책 찾아내기 등이 포함된다.

- 비판적 사고 창의적으로 문제를 해결하기 위해서는 적절한 과제나 문제를 찾아내기, 정보를 이해하고 해석하기, 정보의 정확성과 관련성을 판단하기, 가정과 편견을 판단하기, 오류와 편견을 찾아내기, 귀납적 결론을 끌어내고 평가하기, 연역적으로 추론하고 결론의 타당성을 평가하기, 아이디어나 논쟁점들을 비교 · 대조 · 세분화하여 평가하기 등의 비판적 사고를 잘 할 수 있어야 한다(Fisher, 1987).

〈**활동 1**〉
창의적 문제해결
"마시멜로를 가장 높이 올려라!"
조건-파스타 면, 종이테이프만 이용하라.

어떻게 하면 마시멜로를 가장 높은 위치에 올릴 수 있을까?
- 파스타 면, 종이테이프, 마시멜로의 특징은?
- 마음껏 생각해 보고 가장 좋은 의견을 수렴하라!

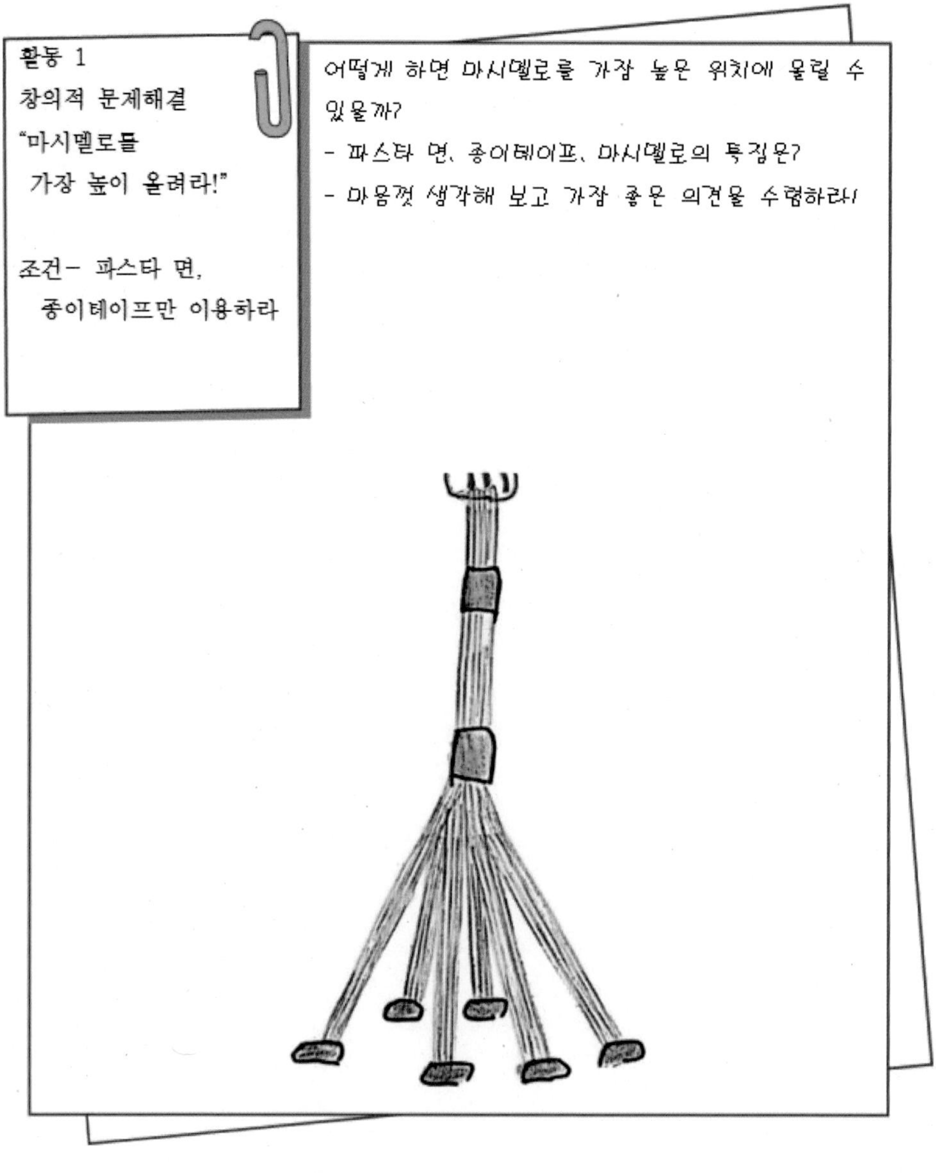
활동 1
창의적 문제해결
"마시멜로를
가장 높이 올려라!"
조건- 파스타 면,
종이테이프만 이용하라
어떻게 하면 마시멜로를 가장 높은 위치에 올릴 수 있을까?
- 파스타 면, 종이테이프, 마시멜로의 특징은?
- 마음껏 생각해 보고 가장 좋은 의견을 수렴하라!

[학생 작품]

활동 1
창의적 문제해결
"마시멜로를
가장 높이 올려라!"

조건– 파스타 면,
종이테이프만 이용하라

어떻게 하면 마시멜로를 가장 높은 위치에 올릴 수 있을까?

- 파스타 면, 종이테이프, 마시멜로의 특징은?
- 마음껏 생각해 보고 가장 좋은 의견을 수렴하라!

● 천장에 테이프를 말아서 붙이고 마시멜로를 붙인 다음에 파스타 면을 이어서 땅까지 연결시킨 다음 마지막에 마시멜로를 고정시켜 붙인다.

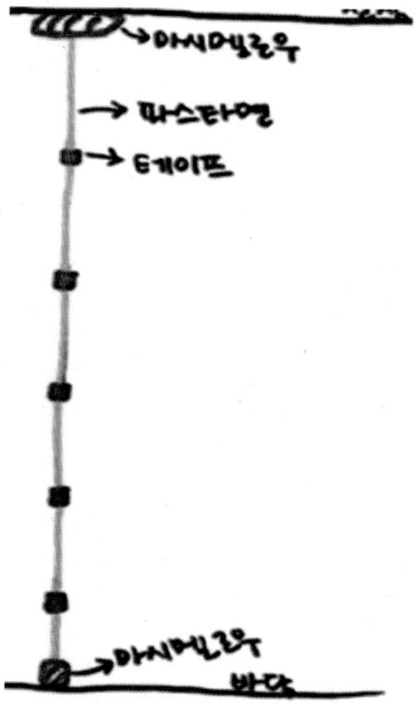

[학생 작품]

활동 1
창의적 문제해결
"마시멜로를
가장 높이 올려라!"

조건- 파스타 면,
종이테이프만 이용하라

어떻게 하면 마시멜로를 가장 높은 위치에 올릴 수 있을까?
- 파스타 면, 종이테이프, 마시멜로의 특징은?
- 마음껏 생각해 보고 가장 좋은 의견을 수렴하라!

● 천장에 테이프를 말아서 붙이고 마시멜로를 붙인 다음에 파스타 면을 이어서 땅까지 연결시킨 다음 마지막에 마시멜로를 고정시켜 붙인다.

[학생 작품]

우리가 미래 인재죠.

2. 창의적 문제해결력 기법으로서의 TRIZ

1) TRIZ란 무엇인가

TRIZ는 러시아의 겐리히 알트슐러(Genrich Altshuller)에 의해서 완성된 이론으로 창의적 문제해결에 어떤 공통된 원리가 있지 않을까 하는 고민으로 시작한 연구다. TRIZ 자체는 창시자인 알트슐러와 그 제자들에 의하여 20만 건 이상의 특허를 조사하여 그중 4만 건의 의미 있는 특허를 통하여 기술 발전의 패턴이나 공동 원리를 정리하고 집대성한 것으로서, 이상적 해결책을 찾아가는 과정을 익히면 누구나 문제를 창의적으로 해결할 수 있다는 이론이다(김효준, 2004).

어떤 문제 상황에서 그 문제의 해결에 TRIZ기법을 활용하려면, 그 문제를 일반적인 문제로 재정의(redefinition)하여야 한다. 문제를 재정의하는 과정은 어려운 문제를 쉬운 형태의 일반적인 문제로 변환하는 과정이 된다. 문제를 분석한 다음, 이상적인 최종 결과를 상상해 보도록 권한다. 문제해결에 도달하기 위한 방법론으로 동화에서나 가능한 이상적 결과를 상상해 봄으로써 문제해결의 실마리를 발견할 수 있을 뿐만 아니라 심리적인 고정관념(심리적 관성)에서 탈피하는 것이 가능해진다.

2) TRIZ의 원리

TRIZ에서는 문제가 발생하는 것은 모순이 존재하기 때문이라고 본다. 모순이란 사전적 의미에서 보면 두 가지의 판단, 사태 따위가 양립하지 못하고 서로 배척하는 상태로, 두 판단이 중간에 존재하는 것 없이 대립하여 양립하지 못하는 관계를 의미한다. TRIZ에서는 '이러지도, 저러지도 못하는 상황'을 모순(矛盾)이라 한다(김익철, 2013). 한 가지 목적을 이루기 위한 해결방법을 시행하였을 때 반드시 반대편이 잃는 목적이 생기는 경우를 의미한다. 그래서 문제 상황에서는 선택이나 타협이 필요로 하게 되는 것이다. 모순이란 '대립되는 두 개의 성질로 인하여 어느 쪽도 선택할 수 없는 경우'를 말하는데, 아무리 고민하여도 해결할 수 없는 문제는 바로 이 모순이 존재하기 때문이다. 대부분의 경우 지금까지의 경험과 지식을 총동원하여도 이러한 모순이 존재하는 한 문제는 해결할 수 없는 고질적 문제로 인식된다.

TRIZ이론에서는 이 모순이란 것을 문제를 해결하는 핵심 포인트로 설정하고, 문제를 새로운 각도에서 바라보는 방법을 통해 모순을 해결하는 것이라고 판단한다. 어려운 문제를 철저히 분석하여 도출된 모순은 어렵고 복잡하게 얽혀 있던 문제가 결국 2개의 대립되는 요소로 단순화된 것이기 때문에, 이 모순만 해결한다면 문제는 해결된다는 것이다. 창의적 문제해결을 하기 위해 필요한 사고과정을 도울 수 있는 기법으로서의 TRIZ원리를 통해 문제를 새롭게 보는 연습을 해 보도록 하자.

(1) TRIZ의 40가지 원리

다음은 TRIZ의 40가지 원리를 유아의 수준에 맞도록 조절하여 국가수준교육과정인 누리교육과정을 중심으로 유아용 TRIZ 모형을 개발한 연구인 유아용 TRIZ 프로그램 개발을 위한 기초연구(서현아, 허수윤, 안세훈, 2014)에서 제시한 유아용 TRIZ의 40가지 원리다. 이 장에서는 유아용 TRIZ 이론을 제시하여 예비유아교사들의 창의적 문제해결력을 증진하고, 유아교육현장에서 이를 용이하게 접목할 수 있도록 돕고자 한다.

표 6-2 TRIZ의 40가지 원리

	유아용 TRIZ 이론명	설 명
1	나눠 보고 쪼개 보고 다시 붙여 보고	하나로 이루어진 것을 여러 개로 나누는 것으로 문제를 해결해 나갈 수 있는 방법. 단순히 여러 개로 나누는 방법과 더불어 분해, 조립을 목적으로 나누는 방법, 분할의 정도를 심화시키는 방법도 해당된다.
2	콕콕 필요한 것만	구성하고 있는 요소 중 필요한 것만 뽑아내어 사용하거나, 필요 없는 것을 뽑아내어 제거하는 원리
3	모두가 똑같을 필요는 없어요.	전체 중 일부분만 변형시키거나 일부분만 개조하여 전체적인 기능에는 손상을 주지 않으면서, 유용한 기능을 추가하거나 전체의 기능을 보강하는 원리
4	반듯한 것을 바꿔서 삐뚤삐뚤하게	무의식적으로 대칭을 추구하려는 인식을 깨뜨리는 것으로 필요하다면 대칭이 아닌 비대칭으로 바꾸어서 문제를 해결해 가는 원리
5	뭉치면 산다.	하나만 사용하는 것보다 여러 개를 한꺼번에 사용함으로써 새로운 효과를 얻어내는 방법의 원리. 동일하거나 유사한 기능을 통합하는 것
6	여기도 쓰고 저기도 쓰고	한 가지 물체로 여러 가지 다른 기능을 수행할 수 있거나 여러 용도로 사용하게 하는 원리
7	큰 것 안에 작은 게 쏙쏙!	한 물체 속에 다른 물체를 집어넣는 원리. 빈 공간을 찾아 그 속에 다른 것을 집어넣어 부피를 줄이거나 다른 기능을 추가하는 방법
8	시소처럼	공중부양 혹은 균형추의 원리. 중력의 반대 방향으로 물건을 들어 올리는 것을 의미
9	주사 맞을 때 엉덩이는 왜 때려요?	사전 반대조치로서 피할 수 없는 유해한 작용을 최소화하기 위해서 혹은 유해한 작용을 예정된 방향으로 유도하기 위해서 사전 반대조치를 취하는 것
10	미리 해 놓으면 편리해요.	어차피 하게 될 유용한 작용을 미리 실행하거나, 나중에 편하게 시행되도록 조치를 취하는 것
11	미리미리 조심해요.	부족한 기능을 보완하거나 미리 예방하는 개념. 일어나지 않을 수도 있는 상황에 대비하는 것이 특징
12	장애물 없애기	어떤 것이든 잘 굴러가게 하기 위해 둥글게 하거나 높이를 맞추는 것
13	거꾸로 하기	상대방의 처지를 바꾸어 생각해 보면서 문제를 해결해 보는 것
14	둥글게 둥글게	직선을 곡선으로 바꾸는 것. 각진 것을 둥글게, 직선 운동을 회전운동으로 바꾸기. 나선형 등을 이용하는 원리도 포함
15	움직일 수 없는 것을 움직이게	움직일 수 없는 것을 움직이게 하는 것을 통해 자유도를 증가시키는 것

16	아예 많거나, 아예 적거나	정확하게 효과를 얻을 수 없는 작업이라면 아예 초과해서 수행하거나 부족하게 수행하여 목적을 이루는 방법
17	차원 변경	2차원적인 평면에서 입체적인 3차원으로 차원을 변화시켜 보는 것
18	덜덜덜	진동의 효과로 새로운 기능을 얻거나 기존의 기능을 강화시키는 것
19	강약약, 강약약	연속적으로 일어나는 작용을 좀 더 강하게 혹은 좀 더 멀리 보내야 할 필요가 있을 때 주기적으로 강한 작용을 집어넣는다.
20	쉬지 말고 계속해요.	유용한 작용이라면 지속할 수 있도록 유지하는 것
21	급히 통과	유해한 작용을 조금이라도 줄이기 위해 빨리 통과해 버리는 것
22	나쁜 것을 좋게 바꿔요.	해로운 인자를 유용한 인자로 활용하거나 해로운 작용을 다른 해로운 요소를 이용해 없애 버리는 것
23	충전해서 계속 써요.	피드백의 의미로 앞에서 소진되는 것을 뒤에서 충전시켜 주는 것. 소진되고 나면 채워 주는 작용을 반복하도록 하는 것
24	가운데서 도와줘요.	특정한 작용을 보강하거나 보완하는 역할을 하기도 하고 특정 작용이 더욱 빨리 일어날 수 있도록 촉진시켜 주는 중간 매개물을 의미
25	스스로 척척	셀프서비스
26	진짜를 대신할 수 있어요!	원본을 대체할 수 있는 복사가 가능할 때 쓰이는 원리
27	임시방편	값비싼 것을 안전을 위해, 위생을 위해, 편익을 위해 값싸고 짧은 수명을 가진 일회용 제품과 같은 것으로 대체할 수 있는 방법을 찾는 것
28	눈 코 귀 입 손	기계로 이루어지는 작용을 사람의 오감이나 자기장 등을 이용하는 것으로 전환하는 것
29	공기, 물의 힘	고체로 이루어진 물건을 공압이나 유압을 이용한 것으로 대체하거나 팽창되는 성질을 이용하는 원리
30	코팅으로 보호해요.	유연한 막이나 얇은 필름, 도금 등으로 유용하게 사용할 수 있는 방법
31	구멍을 뻥뻥!	구멍을 아주 작아지게 하거나 아주 커지게 하는 등 구멍을 뚫어 문제를 해결할 수 있는 방법
32	색깔 변형	어떻게 색깔을 칠하는가에 관한 원리
33	가재는 게 편	동질성의 의미로서 대상물을 가공하거나 변형시켜야 할 때, 대상물과 동일한 재료로 만들어진 촉매 도구, 보조재를 이용하는 방법
34	함부로 버리면 안 돼요.	폐기 및 재생의 원리로 폐기해야 하는 것이라면 흔적도 없이 사라지게 만들어 회수하는 수고를 덜어 주고, 회수를 해야 한다면 처음부터 회수가 잘 될 수 있도록 만드는 것
35	변해라 변해라	속성(밀도, 농도, 물리적 상태, 온도, 부피 등)을 변화시키는 것

36	주변 환경이 변해요.	액체가 기체로 변화되거나 기체가 액체로 변화될 때 생기는 부피의 변화나 발열 및 흡열 반응을 이용하는 방법
37	뜨거워지면 커져요.	열에 의해 팽창하는 성질을 이용하는 방법
38	산소는 내 친구	산소를 주입해서 산화공기로 만들거나, 산화공기를 산소로, 산소를 오존으로 바꾸어 사용하는 원리
39	그대로 멈춰라!	다른 물질과 융합되거나 변화되지 않도록 유지하는 환경을 만들어 주는 것
40	복합재료	세상의 물질을 섞어 새로운 물질을 만들어 내는 것

출처: 서현아 외(2013), 서현아, 허수윤, 안세훈(2014) 재구성.

3) TRIZ 모순 매트릭스를 활용한 창의적 문제해결

모순 매트릭스는 좌측 세로변과 상단 가로변, 그리고 세로변과 가로변이 교차하는 지점의 많은 번호들로 이루어져 있다. 세로변은 개선하고자 하는 특징, 가로변은 그로 인해 악화되는 특징, 교차하는 지점의 번호는 TRIZ 발명원리 번호로 3가지 부분으로 구성된다. 모순 매트릭스를 활용하기 위한 방법은 다음과 같다.

① 먼저 모순을 도출한다.
② 서로 상충되는 사항을 도출한다.
③ 개선하고자 하는 특징과 그로 인해 악화되는 특징을 모순 매트릭스 상에서 찾는다.
④ 표에서 개선하고자 하는 특징과 악화되는 특징의 번호가 교차하는 지점에 적혀 있는 숫자 보기
⑤ 그 숫자가 바로 TRIZ 발명원리의 번호다.
⑥ 도출된 발명원리의 번호를 이용하여 문제해결을 위한 아이디어를 얻어낸다.

유용한 항목 \ 유해한 항목	1	2	3	4	5	6	7	8	9	10	11	12	13	14	15	16	17	18	19	20
1. 움직이는 물체의 무게	■		15, 8, 29,34		29, 17, 38, 34		29, 2, 40, 28		2, 8, 15, 38	8, 10, 18, 37	10, 36, 37, 40	10, 14, 35, 40	1, 35, 19, 39	28, 27, 18, 40	5, 34, 31, 35		6, 29, 4, 38	19, 1, 32	35, 12, 34, 31	
2. 움직이지 않는 물체의 무게		■		10, 1, 29, 35		35, 30, 13, 2		5, 35, 14, 2		8, 10, 19, 35	13, 29, 10, 18	13, 10, 29, 14	26, 39, 1, 40	28, 2, 10, 27		2, 27, 19, 6	28, 19, 32, 22	19, 32, 35		18, 19, 28, 1
3. 움직이는 물체의 길이	8, 15, 29, 34		■		15, 17, 4		7, 17, 4, 35		13, 4, 8	17, 10, 4	1, 8, 35	1, 8, 10, 29	1, 8, 15, 34	8, 35, 29, 34	19		10, 15, 19	32	8, 35, 24	
4. 움직이지 않는 물체의 길이		35, 28, 40, 29		■		17, 7, 10, 40		35, 8, 2,14		28, 10	1, 14, 35	13, 14, 15, 7	39, 37, 35	15, 14, 28, 26		1, 10, 35	3, 35, 38, 18	3, 25		
5. 움직이는 물체의 면적	2, 17, 29, 4		14, 15, 18, 4		■		7, 14, 17, 4		29, 30, 4, 34	19, 30, 35, 2	10, 15, 36, 28	5, 34, 29, 4	11, 2, 13, 39	3, 15, 40, 14	6, 3		2, 15, 16	15, 32, 19, 13	19, 32	
6. 움직이지 않는 물체의 면적		30, 2, 14, 18		26, 7, 9, 39		■				1, 18, 35, 36	10, 15, 36, 37		2, 38	40		2, 10, 19, 30	35, 39, 38			
7. 움직이는 물체의 부피	2, 26, 29, 40		1, 7, 4, 35		1, 7, 4, 17		■		29, 4, 38, 34	15, 35, 36, 37	6, 35, 36, 37	1, 15, 29, 4	28, 10, 1, 39	9, 14, 15, 7	6, 35, 4		34, 39, 10, 18	2, 13, 10	35	
8. 움직이지 않는 물체의 부피		35, 10, 19, 14	19, 14	35, 8, 2, 14				■		2, 18, 37	24, 35	7, 2, 35	34, 28, 35, 40	9, 14, 17, 15		35, 34, 38	35, 6, 4			
9. 속도	2, 28, 13, 38		13, 14, 8		29, 30, 34		7, 29, 34		■	13, 28, 15, 19	6, 18, 38, 40	35, 15, 18, 34	28, 33, 1, 18	8, 3, 26, 14	3, 19, 35, 5		28, 30, 36, 2	10, 13, 19	8, 15, 35, 38	
10. 힘	8, 1, 37, 18	18, 13, 1, 28	17, 19, 9, 36	28, 10	19, 10, 15	1, 18, 36, 37	15, 9, 12, 37	2, 36, 18, 37	13, 28, 15, 12	■	18, 21, 11	10, 35, 40, 34	35, 10, 21	35, 10, 14, 27	19, 2		35, 10, 21		19, 17, 10	1, 16, 36, 37
11. 응력 또는 압력	10, 36, 37, 40	13, 29, 10, 18	35, 10, 36	35, 1, 14, 16	10, 15, 36, 28	10, 15, 36, 37	6, 35, 10	35, 24	6, 35, 36	36, 35, 21	■	35, 4, 15, 10	35, 33, 2, 40	9, 18, 3, 40	19, 3, 27		35, 39, 19, 2		14, 24, 10, 37	
12. 모양	8, 10, 29, 40	15, 10, 26, 3	29, 34, 5, 4	13, 14, 10, 7	5, 34, 4, 10		14, 4, 15, 22	7, 2, 35	35, 15, 34, 18	35, 10, 37, 40	34, 15, 10, 14	■	33, 1, 18, 4	30, 14, 10, 40	14, 26, 9, 25		22, 14, 19, 32	13, 15, 32	2, 6, 34, 14	
13. 물체의 안정성	21, 35, 2, 39	26, 39, 1, 40	13, 15, 1, 28	37	2, 11, 13	39	28, 10, 19, 39	34, 28, 35, 40	33, 15, 28, 18	10, 35, 21, 16	2, 35, 40	22, 1, 18, 4	■	17, 9, 15	13, 27, 10, 35	39, 3, 35, 23	35, 1, 32	32, 3, 27, 16	13, 19	27, 4, 29, 18
14. 강도	1, 8, 40, 15	40, 26, 27, 1	1, 15, 8, 35	15, 14, 28, 26	3, 34, 40, 29	9, 40, 28	10, 15, 14, 7	9, 14, 17, 15	8, 13, 26, 14	10, 18, 3, 14	10, 3, 18, 40	10, 30, 35, 40	13, 17, 35	■	27, 3, 26		30, 10, 40	35, 19	19, 35, 10	35
15. 움직이는 물체의 작용 지속시간	19, 5, 34, 31		2, 19, 9		3, 17, 19		10, 2, 19, 30		3, 35, 5	19, 2, 16	19, 3, 27	14, 26, 28, 25	13, 3, 35	27, 3, 10	■		19, 35, 39	2, 19, 4, 35	28, 6, 35, 18	
16. 움직이지 않는 물체의 작용 지속시간		6, 27, 19, 16		1, 40, 35				35, 34, 38					39, 3, 35, 23			■	19, 18, 36, 40			
17. 온도	36,22, 6, 38	22, 35, 32	15, 19, 9	15, 19, 9	3, 35, 39, 18	35, 38	34, 39, 40, 18	35, 6, 4	2, 28, 36, 30	35, 10, 3, 21	35, 39, 19, 2	14, 22, 19, 32	1, 35, 32	10, 30, 22, 40	19, 13, 39	19, 18, 36, 40	■	32, 30, 21, 16	19, 15, 3, 17	
18. 밝기	19, 1, 32	2, 35, 32	19, 32, 16		19, 32, 26		2, 13, 10		10, 13, 19	26, 19, 6		32, 30	32, 3, 27	35, 19	2, 19, 6		32, 35, 19	■	32, 1, 19	32, 35, 1, 15
19. 움직이는 물체에 의해 사용된 에너지	12,18,28,31		12, 28		15, 19, 25		35, 13, 18		8, 35, 35	16, 26, 21, 2	23, 14, 25	12, 2, 29	19, 13, 17, 24	5, 19, 9, 35	28, 35, 6, 18		19, 24, 3, 14	2, 15, 19	■	
20. 움직이지 않는 물체에 사용된 에너지		19, 9, 6, 27								36, 37			27, 4, 29, 18	35				19, 2, 35, 32		■
21. 동력	8, 36, 38, 31	19, 26, 17, 27	1, 10, 35, 37		19, 38	17, 32, 13, 38	35, 6, 38	30, 6, 25	15, 35, 2	26, 2, 36, 35	22, 10, 35	29, 14, 2, 40	35, 32, 15, 31	26, 10, 28	19, 35, 10, 38	16	2, 14, 17, 25	16, 6, 19	16, 6, 19, 37	
22. 에너지 손실	15, 6, 19, 28	19, 6, 18, 9	7, 2, 6, 13	6, 38, 7	15, 26, 17, 30	17, 7, 30, 18	7, 18, 23	7	16, 35, 38	36, 38			14, 2, 39, 6	26			19, 38, 7	1, 13, 32, 15		
23. 물질의 손실	35, 6, 23, 40	35, 6, 22, 32	14, 29, 10, 39	10, 28,24	35, 2, 10, 31	10, 18, 39, 31	1, 29, 30, 36	3, 39, 18, 31	10, 13, 28, 38	14, 15, 18, 40	3, 36, 37, 10	29, 35, 3, 5	2, 14, 30, 40	35, 28, 31, 40	28, 27, 3, 18	27, 16, 18, 38	21, 36, 39, 31	1, 6, 13	35, 18, 24, 5	28, 27, 12, 31
24. 정보의 손실	10, 24, 35	10, 35, 5	1, 26	26	30, 26	30, 16		2, 22	26, 32						10	10		19		
25. 시간 손실	10, 20, 37, 35	10, 20, 26, 5	15, 2, 29	30, 24, 14, 5	26, 4, 5, 16	10, 35, 17, 4	2, 5, 34, 10	35, 16, 32, 18		10, 37, 36,5	37, 36,4	4, 10, 34, 17	35, 3, 22, 5	29, 3, 28, 18	20, 10, 28, 18	28, 20, 10, 16	35, 29, 21, 18	1, 19, 26, 17	35, 38, 19, 18	1
26. 물질의 양	35, 6, 18, 31	27, 26, 18, 35	29, 14, 35, 18		15, 14, 29	2, 18, 40, 4	15, 20, 29		35, 29, 34, 28	35, 14, 3	10, 36, 14, 3	35, 14	15, 2, 17, 40	14, 35, 34, 10	3, 35, 10, 40	3, 35, 31	3, 17, 39		34, 29, 16, 18	3, 35, 31
27. 신뢰성, 내구도	3, 8, 10, 40	3, 10, 8, 28	15, 9, 14, 4	15, 29, 28, 11	17, 10, 14, 16	32, 35, 40, 4	3, 10, 14, 24	2, 35, 24	21, 35, 11, 28	8, 28, 10, 3	10, 24, 35, 19	35, 1, 16, 11		11, 28	2, 35, 3, 25	34, 27, 6, 40	3, 35, 10	11, 32, 13	21, 11, 27, 19	36, 23
28. 측정의 정확도	32, 35, 26, 28	28, 35, 25, 26	28, 26, 5, 16	32, 28, 3, 16	26, 28, 32, 3	26, 28, 32, 3	32, 13, 6		28, 13, 32, 24	32, 2	6, 28, 32	6, 28, 32	32, 35, 13	28, 6, 32	28, 6, 32	10, 26, 24	6, 19, 28, 24	6, 1, 32	3, 6, 32	
29. 제조의 정밀도	28, 32, 13, 18	28, 35, 27, 9	10, 28, 29, 37	2, 32, 10	28, 33, 29, 32	2, 29, 18, 36	32, 23, 2	25, 10, 35	10, 28, 32	28, 19, 34, 36	3, 35	32, 30, 40	30, 18	3, 27	3, 27, 40		19, 26	3, 32	32, 2	
30. 물체에 작용하는 유해 요소	22, 21, 27, 39	2, 22, 13, 24	17, 1, 39, 4	1, 18	22, 1, 33, 28	27, 2, 39, 35	22, 23, 37, 35	34, 39, 19, 27	21, 22, 35, 28	13, 35, 39, 18	22, 2, 37	22, 1, 3, 35	35, 24, 30, 18	18, 35, 37, 1	22, 15, 33, 28	17, 1, 40, 33	22, 33, 35, 2	1, 19, 32, 13	1, 24, 6, 27	10, 2, 22, 37
31. 유해한 부작용	19, 22, 15, 39	35, 22, 1, 39	17, 15, 16, 22		17, 2, 18, 39	22, 1, 40	17, 2, 40	30, 18, 35, 4	35, 28, 3, 23	35, 28, 1, 40	2, 33, 27, 18	35, 1	35, 40, 27, 39	15, 35, 22, 2	15, 22, 33, 31	21, 39, 16, 22	22, 35, 2, 24	19, 24, 39, 32	2, 35, 6	19, 22, 18
32. 제조의 편이성	28, 29, 15, 16	1, 27, 36, 13	1, 29, 13, 17	15, 17, 27	13, 1, 26, 12	16, 40	13, 29, 1, 40	35	35, 13, 8, 1	35, 12	35, 19, 1, 37	1, 28, 13, 27	11, 13, 1	1, 3, 10, 32	27, 1, 4	35, 16	27, 26, 18	28, 24, 27, 1	28, 26, 27, 1	1, 4
33. 사용의 편이성	25, 2, 13, 15	6, 13, 1, 25	1, 17, 13, 12		1, 17, 13, 16	18, 16, 15, 39	1, 16, 35, 15	4, 18, 39, 31	18, 13, 34	28, 13 35	2, 32, 12	15, 34, 29, 28	32, 35, 30	32, 40, 3, 28	29, 3, 8, 25	1, 16, 25	26, 27, 13	13, 17, 1, 24	1, 13, 24	
34. 유지보수의 편이성	2, 27 35, 11	2, 27, 35, 11	1, 28, 10, 25	3, 18, 31	15, 13, 32	16, 25	25, 2, 35, 11	1	34, 9	1, 11, 10	13	1, 13, 2, 4	2, 35	11, 1, 2, 9	11, 29, 28, 27	1	4, 10	15, 1, 13	15, 1, 28, 16	
35. 적응성	1, 6, 15, 8	19, 15, 29, 16	35, 1, 29, 2	1, 35, 16	35, 30, 29, 7	15, 16	15, 35, 29		35, 10, 14	15, 17, 20	35, 16	15, 37, 1, 8	35, 30, 14	35, 3, 32, 6	13, 1, 35	2, 16	27, 2, 3, 35	6, 22, 26, 1	19, 35, 29, 13	
36. 장치의 복잡성	26, 30, 34, 36	2, 26, 35, 39	1, 19, 26, 24	26	14, 1, 13, 16	6, 36	34, 26, 6	1, 16	34, 10, 28	26, 16	19, 1, 35	29, 13, 28, 15	2, 22, 17, 19	2, 13, 28	10, 4, 28, 15		2, 17, 13	24, 17, 13	27, 2, 29, 28	
37. 조정의 복잡성	27, 26, 28, 13	6, 13, 28, 1	16, 17, 26, 24	26	2, 13, 18, 17	2, 39, 30, 16	29, 1, 4, 16	2, 18, 26, 31	3, 4, 16, 35	30, 28, 40, 19	35, 36, 37, 32	27, 13, 1, 39	11, 22, 39, 30	27, 3, 15, 28	19, 29, 39, 25	25, 34, 6, 35	3, 27, 35, 16	2, 24, 26	35, 38	19, 35, 16
38. 자동화 정도	28, 26, 18, 35	28, 26, 35, 10	14, 13, 17, 28	23	17, 14, 13		35, 13, 16		28, 10	2, 35	13, 35	15, 32, 1, 13	18, 1	25, 13	6, 9		26, 2, 19	8, 32, 19	2, 32, 13	
39. 생산성	35, 26, 24, 37	28, 27, 15, 3	18, 4, 28, 38	30, 7, 14, 26	10, 26, 34, 31	10, 35, 17, 7	2, 6, 34, 10	35, 37, 10, 2		28, 15, 10, 36	10, 37, 14	14, 10, 34, 40	35, 3, 22, 39	29, 28, 10, 18	35, 10, 2, 18	20, 10, 16, 38	35, 21, 28, 10	26, 17, 19, 1	35, 10, 38, 19	1

유용한 항목 \ 유해한 항목	21	22	23	24	25	26	27	28	29	30	31	32	33	34	35	36	37	38	39
1. 움직이는 물체의 무게	12, 36, 18, 31	6, 2, 34, 19	5, 35, 3, 31	10, 24, 35	10, 35, 20, 28	3, 26, 18, 31	1, 3, 11, 27	28, 27, 35, 26	28, 35, 26, 18	22, 21, 18, 27	22, 35, 31, 39	27, 28, 1, 36	35, 3, 2, 24	2, 27, 28, 11	29, 5, 15, 8	26, 30, 36, 34	28, 29, 26, 32	26, 35 18, 19	35, 3, 24, 37
2. 움직이지 않는 물체의 무게	15, 19, 18, 22	18, 19, 28, 15	5, 8, 13, 30	10, 15, 35	10, 20, 35, 26	19, 6, 18, 26	10, 28, 8, 3	18, 26, 28	10, 1, 35, 17	2, 19, 22, 37	35, 22, 1, 39	28, 1, 9	6, 13, 1, 32	2, 27, 28, 11	19, 15, 29	1, 10, 26, 39	25, 28, 17, 15	2, 26, 35	1, 28, 15, 35
3. 움직이는 물체의 길이	1, 35	7, 2, 35, 39	4, 29, 23, 10	1, 24	15, 2, 29	29, 35	10, 14, 29, 40	28, 32, 4	10, 28, 29, 37	1, 15, 17, 24	17, 15	1, 29, 17	15, 29, 35, 4	1, 28, 10	14, 15, 1, 16	1, 19, 26, 24	35, 1, 26, 24	17, 24, 26, 16	14, 4, 28, 29
4. 움직이지 않는 물체의 길이	12, 8	6, 28	10, 28, 24, 35	24, 26	30, 29, 14		15, 29, 28	32, 28, 3	2, 32, 10	1, 18		15, 17, 27	2, 25	3	1, 35	1, 26	26		30, 14, 7, 26
5. 움직이는 물체의 면적	19, 10, 32, 18	15, 17, 30, 26	10, 35, 2, 39	30, 26	26, 4	29, 30, 6, 13	29, 9	26, 28, 32, 3	2, 32	22, 33, 28, 1	17, 2, 18, 39	13, 1, 26, 24	15, 17, 13, 16	15, 13, 10, 1	15, 30	14, 1, 13	2, 36, 26, 18	14, 30, 28, 23	10, 26, 34, 2
6. 움직이지 않는 물체의 면적	17, 32	17, 7, 30	10, 14, 18, 39	30, 16	10, 35, 4, 18	2, 18, 40, 4	32, 35, 40, 4	26, 28, 32, 3	2, 29, 18, 36	27, 2, 39, 35	22, 1, 40	40, 16	16, 4	16	15, 16	1, 18, 36	2, 35, 30, 18	23	10, 15, 17, 7
7. 움직이는 물체의 부피	35, 6, 13, 18	7, 15, 13, 16	36, 39, 34, 10	2, 22	2, 6, 34, 10	29, 30, 7	14, 1, 40, 11	25, 26, 28	25, 28, 2, 16	22, 21, 27, 35	17, 2, 40, 1	29, 1, 40	15, 13, 30, 12	10	15, 29	26, 1	29, 26, 4	35, 34, 16, 24	10, 6, 2, 34
8. 움직이지 않는 물체의 부피	30, 6		10, 39, 35, 34		35, 16, 32 18	35, 3	2, 35, 16		35, 10, 25	34, 39, 19, 27	30, 18, 35, 4	35		1		1, 31	2, 17, 26		35, 37, 10, 2
9. 속도	19, 35, 38, 2	14, 20, 19, 35	10, 13, 28, 38	13, 26		10, 19, 29, 38	11, 35, 27, 28	28, 32, 1, 24	10, 28, 32, 25	1, 28, 35, 23	2, 24, 35, 21	35, 13, 8, 1	32, 28, 13, 12	34, 2, 28, 27	15, 10, 26	10, 28, 4, 34	3, 34, 27, 16	10, 18	
10. 힘	19, 35, 18, 37	14, 15	8, 35, 40, 5		10, 37, 36	14, 29, 18, 36	3, 35, 13, 21	35, 10, 23, 24	28, 29, 37, 36	1, 35, 40, 18	13, 3, 36, 24	15, 37, 18, 1	1, 28, 3, 25	15, 1, 11	15, 17, 18, 20	26, 35, 10, 18	36, 37, 10, 19	2, 35	3, 28, 35, 37
11. 응력 또는 압력	10, 35, 14	2, 36, 25	10, 36, 3, 37		37, 36, 4	10, 14, 36	10, 13, 19, 35	6, 28, 25	3, 35	22, 2, 37	2, 33, 27, 18	1, 35, 16	11	2	35	19, 1, 35	2, 36, 37	35, 24	10, 14, 35, 37
12. 모양	4, 6, 2	14	35, 29, 3, 5		14, 10, 34, 17	36, 22	10, 40, 16	28, 32, 1	32, 30, 40	22, 1, 2, 35	35, 1	1, 32, 17, 28	32, 15, 26	2, 13, 1	1, 15, 29	16, 29, 1, 28	15, 13, 39	15, 1, 32	17, 26, 34, 10
13. 물체의 안정성	32, 35, 27, 31	14, 2, 39, 6	2, 14, 30, 40		35, 27	15, 32, 35		13	18	35, 24, 30, 18	35, 40, 27, 39	35, 19	32, 35, 30	2, 35, 10, 16	35, 30, 34, 2	2, 35, 22, 26	35, 22, 39, 23	1, 8, 35	23, 35, 40, 3
14. 강도	10, 26, 35, 28	35	35, 28, 31, 40		29, 3, 28, 10	29, 10, 27	11, 3	3, 27, 16	3, 27	18, 35, 37, 1	15, 35, 22, 2	11, 3, 10, 32	32, 40, 25, 2	27, 11, 3	15, 3, 32	2, 13, 25, 28	27, 3, 15, 40	15	29, 35, 10, 14
15. 움직이는 물체의 작용 지속시간	19, 10, 35, 38		28, 27, 3, 18	10	20, 10, 28, 18	3, 35, 10, 40	11, 2, 13	3	3, 27, 16, 40	22, 15, 33, 28	21, 39, 16, 22	27, 1, 4	12, 27	29, 10, 27	1, 35, 13	10, 4, 29, 15	19, 29, 39, 35	6, 10	35, 17, 14, 19
16. 움직이지 않는 물체의 작용 지속시간	16		27, 16, 18, 38	10	28, 20, 10, 16	3, 35, 31	34, 27, 6, 40	10, 26, 24		17, 1, 40, 33	22	35, 10	1	1	2		25, 34, 6, 35	1	20, 10, 16, 38
17. 온도	2, 14, 17, 25	21, 17, 35, 38	21, 36, 29, 31		35, 28, 21, 18	3, 17, 30, 39	19, 35, 3, 10	32, 19, 24	24	22, 33, 35, 2	22, 35, 2, 24	26, 27	26, 27	4, 10, 16	2, 18, 27	2, 17, 16	3, 27, 35, 31	26, 2, 19, 16	15, 28, 35
18. 밝기	32	13, 16, 1, 6	13, 1	1, 6	19, 1, 26, 17	1, 19		11, 15, 32	3, 32	15, 19	35, 19, 32, 39	19, 35, 28, 26	28, 26, 19	15, 17, 13, 16	15, 1, 19	6, 32, 13	32, 15	2, 26, 10	2, 25, 16
19. 움직이는 물체에 의해 사용된 에너지	6, 19, 37, 18	12, 22, 15, 24	35, 24, 18, 5		35, 38, 19, 18	34, 23, 16, 18	19, 21, 11, 27	3, 1, 32		1, 35, 6, 27	2, 35, 6	28, 26, 30	19, 35	1, 15, 17, 28	15, 17, 13, 16	2, 29, 27, 28	35, 38	32, 2	12, 28, 35
20. 움직이지 않는 물체에 사용된 에너지			28, 27, 18, 31			3, 35, 31	10, 36, 23			10, 2, 22, 37	19, 22, 18	1, 4					19, 35, 16, 25		1, 6
21. 동력	■	10, 35, 38	28, 27, 18, 38	10, 19	35, 20, 10, 6	4, 34, 19	19, 24, 26, 31	32, 15, 2	32, 2	19, 22, 31, 2	2, 35, 18	26, 10, 34	26, 35, 10	35, 2, 10, 34	19, 17, 34	20, 19, 30, 34	19, 35, 16	28, 2, 17	28, 35, 34
22. 에너지 손실	3, 38	■	35, 27, 2, 37	19, 10	10, 18, 32, 7	7, 18, 25	11, 10, 35	32		21, 22, 35, 2	21, 35, 2, 22		35, 32, 1	2, 19		7, 23	35, 3, 15, 23	2	28, 10, 29, 35
23. 물질의 손실	28, 27, 18, 38	35, 27, 2, 31	■		15, 18, 35, 10	6, 3, 10, 24	10, 29, 39, 35	16, 34, 31, 28	35, 10, 24, 31	33, 22, 30, 40	10, 1, 34, 29	15, 34, 33	32, 28, 2, 24	2, 35, 34, 27	15, 10, 2	35, 10, 28, 24	35, 18, 10, 13	35, 10, 18	28, 35, 10, 23
24. 정보의 손실	10, 19	19, 10		■	24, 26, 28, 32	24, 28, 35	10, 28, 23			22, 10, 1	10, 21, 22	32	27, 22				35, 33	35	13, 23, 15
25. 시간 손실	35, 20, 10, 6	10, 5, 18, 32	35, 18, 10, 39	24, 26, 28, 32	■	35, 38, 18, 16	10, 30, 4	24, 34, 28, 32	24, 26, 28, 18	35, 18, 34	35, 22, 18, 39	35, 28, 34, 4	4, 28, 10, 34	32, 1, 10	35, 28	6, 29	18, 28, 32, 10	24, 28, 35, 30	
26. 물질의 양	35	7, 18, 25	6, 3, 10, 24	24, 28, 35	35, 38, 18, 16	■	18, 3, 28, 40	13, 2, 28	33, 30	35, 33, 29, 31	3, 35, 40, 39	29, 1, 35, 27	35, 29, 25, 10	2, 32, 10, 25	15, 3, 29	3, 13, 27, 10	3, 27, 29, 18	8, 35	13, 29, 3, 27
27. 신뢰성, 내구도	21, 11, 26, 31	10, 11, 35	10, 35, 29, 39	10, 28	10, 30, 4	21, 28, 40, 3	■	32, 3, 11, 23	11, 32, 1	27, 35, 2, 40	35, 2, 40, 26		27, 17, 40	1, 11	13, 35, 8, 24	13, 35, 1	27, 40, 28	11, 13, 27	1, 35, 29, 38
28. 측정의 정확도	3, 6, 32	26, 32, 27	10, 16, 31, 28		24, 34, 28, 32	2, 6, 32	5, 11, 1, 23	■		28, 24, 22, 26	3, 33, 39, 10	6, 35, 25, 18	1, 13, 17, 34	1, 32, 13, 11	13, 35, 2	27, 35, 10, 34	26, 24, 32, 28	28, 2, 10, 34	10, 34, 28, 32
29. 제조의 정밀도	32, 2	13, 32, 2	35, 31, 10, 24		32, 26, 28, 18	32, 30	11, 32, 1		■	26, 28, 10, 36	4, 17, 34, 26		1, 32, 35, 23	25, 10		26, 2, 18		26, 28, 18, 23	10, 18, 32, 39
30. 물체에 작용하는 유해 요소	19, 22, 31, 2	21, 22, 35, 2	33, 22, 19, 40	22, 10, 2	35, 18, 34	35, 33, 29, 31	27, 24, 2, 40	28, 33, 23, 26	26, 28, 10, 18	■		24, 35, 2	2, 25, 28, 39	35, 10, 2	35, 11, 22, 31	22, 19, 29, 40	22, 19, 29, 40	33, 3, 34	22, 35, 13, 24
31. 유해한 부작용	2, 35, 18	21, 35, 2, 22	10, 1, 34	10, 21, 29	1, 22	3, 24, 39, 1	24, 2, 40, 39	3, 33, 26	4, 17, 34, 26		■					19, 1, 31	2, 21, 27, 1	2	22, 35, 18, 39
32. 제조의 편이성	27, 1, 12, 24	19, 35	15, 34, 33	32, 24, 18, 16	35, 28, 34, 4	35, 23, 1, 24		1, 35, 12, 18		24, 2		■	2, 5, 13, 16	35, 1, 11, 9	2, 13, 15	27, 26, 1	6, 28, 11, 1	8, 28, 1	35, 1, 10, 28
33. 사용의 편이성	35, 34, 2, 10	2, 19, 13	28, 32, 2, 24	4, 10, 27, 22	4, 28, 10, 34	12, 35	17, 27, 8, 40	25, 13, 2, 34	1, 32, 35, 23	2, 25, 28, 39		2, 5, 12	■	12, 26, 1, 32	15, 34, 1, 16	32, 26, 12, 17		1, 34, 12, 3	15, 1, 28
34. 유지보수의 편이성	15, 10, 32, 2	15, 1, 32, 19	2, 35, 34, 27		32, 1, 10, 25	2, 28, 10, 25	11, 10, 1, 16	10, 2, 13	25, 10	35, 10, 2, 16		1, 35, 11, 10	1, 12, 26, 15	■	7, 1, 4, 16	35, 1, 13, 11		34, 35, 7, 13	1, 32, 10
35. 적응성	19, 1, 29	18, 15, 1	15, 10, 2, 13		35, 28	3, 35, 15	35, 13, 8, 24	35, 5, 1, 10		35, 11, 32, 31		1, 13, 31	15, 34, 1, 16	1, 16, 7, 4	■	15, 29, 37, 28	1	27, 34, 35	35, 28, 6, 37
36. 장치의 복잡성	20, 19, 30, 34	10, 35, 13, 2	35, 10, 28, 29		6, 29	13, 3, 27, 10	13, 35, 1	2, 26, 10, 34	26, 24, 32	22, 19, 29, 40	19, 1	27, 26, 1, 13	27, 9, 26, 24	1, 13	29, 15, 28, 37	■	15, 10, 37, 28	15, 1, 24	12, 17, 28
37. 조정의 복잡성	18, 1, 16, 10	35, 3, 15, 19	1, 18, 10, 24	35, 33, 27, 22	18, 28, 32, 9	3, 27, 29, 18	27, 40, 28, 8	26, 24, 32, 28		22, 19, 29, 28	2, 21	5, 28, 11, 29	2, 5	12, 26	1, 15	15, 10, 37, 28	■	34, 21	35, 18
38. 자동화 정도	28, 2, 27	23, 28	35, 10, 18, 5	35, 33	24, 28, 35, 30	35, 13	11, 27, 32	28, 26, 10, 34	28, 26, 18, 23	2, 33	2	1, 26, 13	1, 12, 34, 3	1, 35, 13	27, 4, 1, 35	15, 24, 10	34, 27, 25	■	5, 12, 35, 26
39. 생산성	35, 20, 10	28, 10, 29, 35	28, 10, 35, 23	13, 15, 23		35, 38	1, 35, 10, 38	1, 10, 34, 28	18, 10, 32, 1	22, 35, 13, 24	35, 22, 18, 39	35, 28, 2, 24	1, 28, 7, 10	1, 32, 10, 25	1, 35, 28, 37	12, 17, 28, 24	35, 18, 27, 2	5, 12, 35, 26	■

[그림 6-1] TRIZ 모순행렬표

출처: http://cafe.naver.com/trizmindmap/813

4) TRIZ 창의적 문제해결 3단계

한국형 실용 TRIZ의 원리를 활용한 창의적 문제해결은 3단계로 나눌 수 있다. 다음은 오경철과 안세훈(2012)이 제시하는 단계다. 1단계는 경계 영역의 도식화를 통해 문제를 시각화하는 것이고, 2단계는 모순을 찾는 것이며, 3단계는 모순을 분석하고 해결하는 것이다.

(1) 1단계: 경계 영역의 도식화

- 문제를 짧은 시간에 정확하게 파악하기 위하여 새롭게 도입한 방법으로 문제를 일으키는 가장 본질적인 원인을 도식화하여 쉽게 이해할 수 있고, 문제 속에 숨어 있는 모순도 쉽게 찾을 수 있다.

(2) 2단계: 서로 상충되는 사항 도출

- 1단계 그림에서 모순을 찾아 간단한 문장으로 표시한다.

(3) 3단계: 모순 분석 및 해결

- 구체적인 모순 해결방안을 찾는 과정이다.

3. TRIZ이론을 활용한 문제해결의 실제

문제 상황 1

화장실에서 손을 씻은 후, 젖은 손으로 티슈를 뽑을 때 티슈가 찢어지는 상황

1) 문제의 분석

문제를 그림으로 나타내어 보세요.

2) 원인과 결과를 분석해 보기

문제의 정리 -

내가 원하는 목적 -

모순 도출(~해야 하고 ~하지 않아야 하고)

문제 상황 1

화장실에서 손을 씻은 후, 젖은 손으로 티슈를 뽑을 때 티슈가 찢어지는 상황

3) 문제해결 아이디어

TRIZ이론 원리 번호:

4) 문제를 해결했어요!!

문제 상황 1.

화장실에서 손을
씻은 후, 젖은 손으로
티슈를 뽑을 때 티슈가
찢어지는 상황.

1) 문제의 분석:
문제를 그림으로 나타내어 보세요.

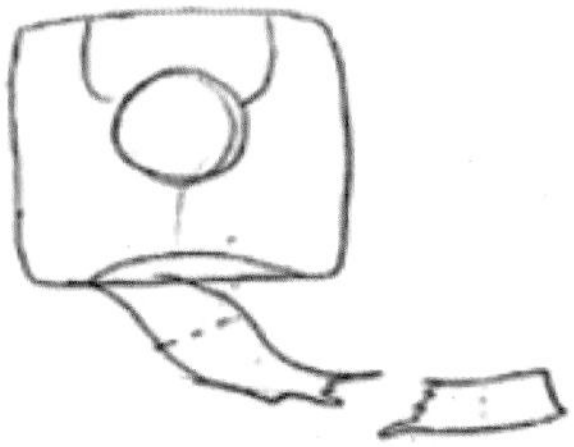

2) 원인과 결과를 분석해 보기

문제의 정리 -
젖은 손으로 휴지를 꺼냈을 때 찢어짐

내가 원하는 목적-
젖은 손으로 만지지 않고도 휴지를 꺼낼 수 있도록 기계화 함

모순 도출(~해야 하고 ~하지 않아야 하고)
- 젖은 손을 닦기 위해 휴지는 사용해야 하고
휴지는 찢어지지 않아야 하고

[학생 작품]

문제 상황 1.

화장실에서 손을
씻은 후, 젖은 손으로
티슈를 뽑을 때 티슈가
찢어지는 상황.

3) 문제해결 아이디어

TRIZ이론 원리 번호 :

15-자유도 증가

1- 분할

28-기계시스템의 대체

4) 문제를 해결했어요!!

버튼을 눌렀을 때 자동으로 휴지가 나옴

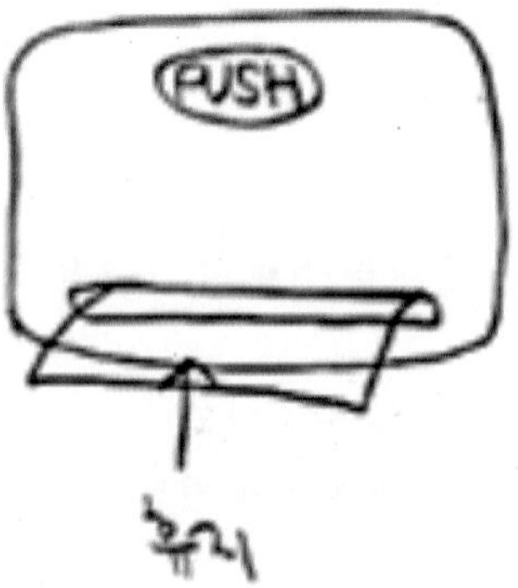

[학생 작품]

문제 상황 2
영화관에서 두 명이 팝콘을 먹을 때, 한 명이 팝콘을 들고 먹어야 한다. 음료를 팔걸이에 두면 거리가 멀다.

1) 문제의 분석

문제를 그림으로 나타내어 보세요.

2) 원인과 결과를 분석해 보기

문제의 정리 -

내가 원하는 목적 -

모순 도출(~해야 하고 ~하지 않아야 하고)

문제 상황 2
영화관에서 두 명이
팝콘을 먹을 때,
한 명이 팝콘을 들고
먹어야 한다. 음료를 팔걸
이에 두면 거리가 멀다.

3) 문제해결 아이디어

TRIZ이론 원리 번호:

4) 문제를 해결했어요!!

문제 상황 2.

영화관에서 두 명이
팝콘을 먹을 때,
한 명이 팝콘을 들고
먹어야 한다.
음료를 팔걸이에 두면
거리가 멀다.

1) 문제의 분석:
문제를 그림으로 나타내어 보세요.

2) 원인과 결과를 분석해 보기

문제의 정리 -
영화관 의자의 불편
팝콘을 들고 먹어야 하고 음료를 팔걸이에 두면 거리가 멀어서 마시기가 불편

내가 원하는 목적-
영화관 의자 변경
팝콘을 손에 들고 먹지 않을 수 있고 음료와의 거리가 가까워 마시기 불편하지 않아야 함

모순 도출(~해야 하고 ~하지 않아야 하고)
- 음료수와 팝콘의 거리가 가까워야 하고
친구와는 떨어지면 안 된다.

[학생 작품]

문제 상황 2.

영화관에서 두 명이
팝콘을 먹을 때,
한 명이 팝콘을 들고
먹어야 한다.
음료를 팔걸이에 두면
거리가 멀다.

3) 문제해결 아이디어

TRIZ이론 원리 번호 :

35- 속성변화
4- 분화
10-사전조치
28-기계시스템의 대처

4) 문제를 해결했어요!!

의자를 개선한다.

[학생 작품]

문제 상황 3
USB를 자주
잃어버린다.

1) 문제의 분석

문제를 그림으로 나타내어 보세요.

2) 원인과 결과를 분석해 보기

문제의 정리 -

내가 원하는 목적 -

모순 도출(~해야 하고 ~하지 않아야 하고)

문제 상황 3
USB를 자주
잃어버린다.

3) 문제해결 아이디어

TRIZ이론 원리 번호:

4) 문제를 해결했어요!!

문제 상황 3.

USB를 자주
잃어버린다.

1) 문제의 분석:
문제를 그림으로 나타내어 보세요.

2) 원인과 결과를 분석해 보기

문제의 정리 –
크기가 작아서 잃어버린다.
가지고 다니기 편하고 사용하기 편해야 한다.
사용의 편의성, 움직이지 않는 물체의 면적

내가 원하는 목적–
잃어버리지 않게 적당한 크기
잃어버렸다는 것을 바로 알 수 있어야 한다.

모순 도출(~해야 하고 ~하지 않아야 하고)
– 적당한 크기여야 하고 너무 작지 않아야 한다.
사용하기 편해야 하고 다양한 기능이 있어야 하고

[학생 작품]

문제 상황 3.

USB를 자주
잃어버린다.

3) 문제해결 아이디어

TRIZ이론 원리 번호 :

16-초과나 부족
4-비대칭
10-자유도증가
18-진동
39-불활성 환경
6-다용도

4) 문제를 해결했어요!!

USB카드로 만들기

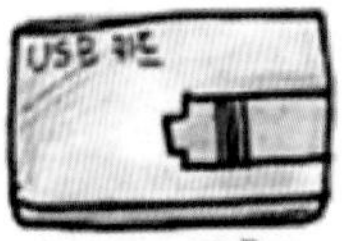

〈USB 카드〉

USB+펜의 기능

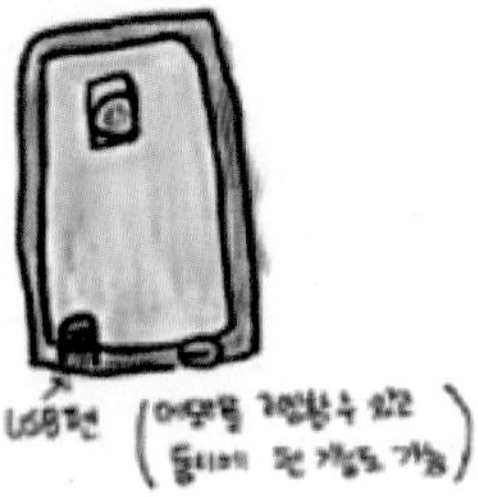

[학생 작품]

문제를 만들자

1) 문제의 분석

문제를 그림으로 나타내어 보세요.

2) 원인과 결과를 분석해 보기

문제의 정리 -

내가 원하는 목적 -

모순 도출(~해야 하고 ~하지 않아야 하고)

문제를 만들자

3) 문제해결 아이디어

TRIZ이론 원리 번호:

4) 문제를 해결했어요!!

문제를 만들자

여름에 의자에 앉으면
엉덩이에 땀이 생기는 문제

1) 문제의 분석:
문제를 그림으로 나타내어 보세요.

2) 원인과 결과를 분석해 보기

문제의 정리 -
여름에 의자에 앉으면 바람이 통하지 않고 습해서 땀이 찬다.

내가 원하는 목적-
여름에 의자에 앉았을 때 땀이 나지 않았으면 좋겠다.

모순도출 (~해야 하고 ~하지 않아야 하고)
- 의자에는 앉아야 하고 땀이 나지 않아야 한다.

[학생 작품]

문제를 만들자

여름에 의자에 앉으면
엉덩이에 땀이 생기는 문제

3) 문제해결 아이디어

트리즈 이론 원리번호 :

17-온도 에너지 손실

21- 급히통과

17-차원변경

35-속성변경

38-산화가속

4) 문제를 해결했어요!!

의자에 앉으면 무조건 땀이 나는 의자로 만들어서 다이어트 효과를 볼 수 있도록 한다.

[학생 작품]

참고문헌

김도형(2003). 중학교 초임교사가 경험하는 어려움의 원인과 해결 방법에 관한 연구. 국민대학교 교육대학원 석사학위논문.

김민영(2006). 과학 영재의 창의적 문제해결력 향상을 위한 과학사 CPS 수업 모형 개발과 유전영역 수업프로그램의 적용효과. 한국교원대학교 박사학위논문.

김영채(1999). 창의적 문제해결: 창의력의 이론, 개발과 수업. 서울: 교육과학사.

김혜숙(2009). 대학생의 창의적 문제해결과제 수행에 영향을 미치는 성향, 과제관련지식, 창의적 자기효능감 및 지각된 환경 변인의 효과. 교육심리연구, 23(1), 15-34.

김효준(2004). 생각의 창의성 TRIZ. 서울: 지혜.

남기윤(2005). 초임교사의 초기 경력개발을 위한 기초 연구. 교육발전논총, 26(2), 105-128.

배상휘(2012). 부모 자녀 의사소통 양식 및 스트레스 대처 양식과 장애아동 수용 태도의 관계. 경남대학교 교육대학원 석사학위논문.

서현아, 허수윤(2013). 트리즈로 풀어낸 창의성 동화. 경기: BM성안당.

서현아, 허수윤, 안세훈(2014). 유아용 TRIZ 프로그램 개발을 위한 기초연구: 누리과정을 중심으로. 한국TRIZ학회 포스터발표.

성진숙(2002). 과학에서의 창의적 문제해결력에 영향을 미치는 제 변수 분석: 확산적 사고, 과학 지식, 내외적 동기, 성격특성 및 가정환경. 이화여자대학교 박사학위논문.

오경철, 안세훈(2012). 트리즈 마인드맵: 생각이 열리는 나무. 경기: BM성안당.

오영미(2001). 교사 양성 교육과정에 대한 교감의 인식. 이화여자대학교 석사학위논문.

이경화, 김은경, 유경훈(2013). 대학생의 창의성과 문제해결력, 동기의 관계. 창의력교육연구, 13(1), 125-139.

이윤식, 김광범(2007). 중등학교 초임교사의 교직갈등 요인 탐색. 교육행정학 연구, 25(2), 145-164.

이정미, 김병찬(2010). 중학교 1학년 동학년 교사의 교직 문화에 대한 질적 연구: 경기도 보람중학교 사례. 교육문제연구, 36, 81-110.

이주연, 한대동(2005). 초등학교 초임교사의 교직적응 과정에 관한 질적 연구: 상징적 상호작용론적 관점에서. 교육연구, 15(1), 1-34.

전경원, 김경숙(2012). 세상에서 가장 행복한 유아 창의성 교육. 서울: 정민사.

트리즈 노리터(2013). 트리즈로 풀어보는 민담(김익철 감수). 경기: BM성안당.

Amabile, T. M. (1983). *The Social Psychology of Creativity.* New York: Springer-Verlag.

Anderson, J. R. (1980). 인지심리학(이영애 역). 서울: 을유문화사.

Bandura, A. (1997). *Self-Efficacy: The Exercise of Control.* New York: Freeman.

Csikszentmihalyi, M. (1988). Society, culture, and person: A system view of creativity. In R. J. Sternberg (ed.), *The Nature of Creativity: Contemporary Psychological Perspectives* (pp. 325-339). New York: Cambridge University Press.

Csikszentmihalyi, M. (1996). *Creativity: Flow and the Psychology of Discovery and Invention.* New York: HarperCollins.

Fisher, R. (ed.). (1987). *Problem Solving in Primary Schools.* Oxford: Basic Black well. 1-13.

Gardner, H. (1983). *Frame of Mind: The Theory of Multiple Intelligence.* New York: Basic Books.

Guilford, J. P. (1970). Traits of creativity. In P. E. Vernon (Ed.), *Creativity* (pp. 167-188). Middlesex, England: Penguin.

Lubart, T. I. (1994). Creativity. In R. J. Sternberg (Ed.), *Thinking and Problem Solving* (pp. 290-333). New York: Academic Press.

Mayer, R. E. (1999). Problem solving. In M. A. Runco & S. R. Pritzker (Eds.), *Encyclopedia of Creativity, Vol. 2.* (pp. 437-447). CA: Academic press.

Renzulli, J., & Hartman, R. (1971). Scales for rating the behavioral characteristics of superior students. *Exceptional Children, 38*, 243-248.

Rimm, S. (1976). *Group Inventory for Finding Creative Talent.* Watertown, Wis.: Educational Assessment Service.

Torrance, E. P. (1967). Epilogue: Creativity in American Education, 1865-1965. In J. C. Gowan, G. D. Demos, & E. P. Torrance (Eds.), *Creativity: It's Educational Implication.* New York: John Wiley.

Torrance, E. P. (1979). *The Search for Satori & Creativity.* New York: Creative Education Foundation.

Urban, K. K. (2002). Comments of "From creativity to responsible createlligence" By Taisir Subhi Yamin, WCGTC Executive Committee Member, Jordan. *World Council for Gifted and Talented Children, World Gifted, Vol. 21*, No. 2.

그림 출처

http://cafe.naver.com/trizmindmap/813

제 7 장

과학적 소양 증진 활동을 통한 창의 · 인성교육의 이론과 실제: 과학활동 중심으로

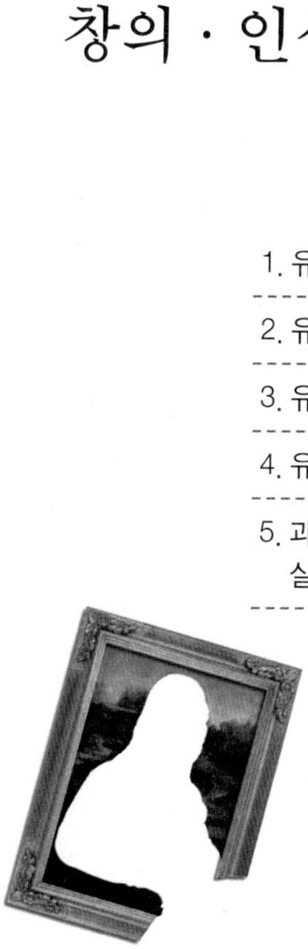

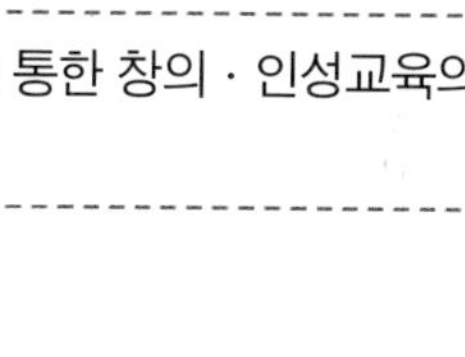

1. 유아교사의 과학에 대한 편견

우리는 과학을 어렵고 힘든 것, 위험하고 조심스러운 것, 나와는 별개의 것으로 생각하는 한편, 우리의 삶 깊숙이 들어와 생활을 편리하고 풍부하게 하므로 삶과 분리할 수 없는 친숙한 것으로 생각하기도 한다. 하지만 과학은 우리가 숨을 쉬고, 시간에 맞추어 식사를 하고, 날씨의 변화를 알고, 날씨에 따라 변화하는 삶의 모습을 느끼는 모든 것이다. 즉, 과학은 우리가 살고 있는 세계에 대해 의문을 가지고, 그러한 의문을 해결하기 위해 특정 현상에 대한 자료 및 정보를 수집하고 예측 가능한 원리를 찾으면서 사물과 사람이 어떻게 반응하는지 그 법칙을 알아내는 발견과정에서의 지식을 추구하는 과정이다(이민정 외, 2012).

유아과학교육이란 과학적 사실과 원리를 암기하도록 하는 것이 아니라, 창의적인 사고를 중심으로 과학자처럼 사물을 관찰하고 의문을 가지며 새로운 사실들을 발견해 가는 과정 속에서 유아 스스로 이론을 형성해 가도록 돕는 것이다(Koch, 1999). 또한 과학을 통해서 유아는 현재의 생활에 적응하고, 직면한 문제에 대처할 수 있는 능력을 기를 수 있다(Holt, 1993). 즉, 유아과학교육은 일상생활에서 직면하는 문제를 해결해 나가는 탐구의 과정을 통해 유아가 과학적 지식을 축적하고, 이를 활용하여 주변 세계를 정확히 이해하며, 보다 나은 생활을 하도록 하는 것이다(안지영, 2013).

유아기는 주변 환경 및 자연 현상에 호기심을 가지고 탐구하려는 욕구가 강한 시기다. 호기심을 가지고 질문하고, 재료와 현상을 탐색하며 주변 세계를 이해해 나가려는 유아의 특성은 과학자의 모습과 유사하다(Chalufour & Worth, 2004; Worth & Grollman, 2003). 그러므로 유아가 과학적 자아를 더욱 증진시키고 자유롭게 탐구할 수 있는 환경과 경험을 제공하여 과학적 소양을 기를 수 있도록 해야 한다(신은수, 안경숙, 김은정, 안부금, 2006). 유아기에 어떠한 과학적 경험을 하는가에 따라 이후 과학에 대한 흥미를 기르는 데 중요한 영향을 미치므로 유아의 과학적 자아를 더욱 증진시킬 수 있는 과학교육이 필요하다.

이에 유아과학교육은 유아들의 타고난 과학적 자아를 더욱 증진시키기 위해 유아의 과학적 질문에 대해 탐구할 수 있는 환경과 경험을 제공해 주어야 한다(황의명, 조형숙, 2013). 즉, 유아를 위한 과학교육은 지식이나 사실을 주입하는 것이 아니라 직접 경험을 통한 과정적인 것이어야 하며, 유아 스스로 새로운 사실과 정보를 발견하고 이를 조직해 보며 관찰, 추론, 분류, 의사소통을 해 보는 기회를 많이 줌으로써 유아가 즐겁게 활동하고 적극적으로 참여하여 과학적 사고가 발달될 수 있도록 돕는 것이어야 한다(권영례, 2011). 또한 유아가 접하게 되는 과학의 과정은 자신의 주변에서 관찰할 수 있는 것을 단순히 모방하는 것이 아니라 스스로 사고하고 문제해결을 해 본 결과를 학습하는 것이어야 한다(김경미, 김현주, 송연숙, 2012). 즉, 유아기에는 자신의 환경과 주변 세계에서 일어나는 현실에 대해 많은 것을 알고, 바르게 인식할 수 있도록 다양한 과학적 경험을 제공하여 주변 세계에 대한 과학적 태도의 발달을 도모해야 한다.

그러나 실제 유아교육현장에서 과학은 교사들이 가장 어려워하는 교과로서 다른 교과에 비해 소홀히 여겨지고 있는 것으로 보고된다(최인숙, 2000; Martin, 2001). 미국의 경우에도 유치원과 초등학교 저학년 교사들은 하루 평균 112분씩 읽기를 가르치는 반면, 과학교육에는 18분만을 소요하고 있는 것으로 조사된 바 있다(Weiss, Nelson, Boyd, & Hudson, 1989). 이는 유아교육현장의 미흡한 환경 여건, 과학 기기 및 장비의 부족이나 자원과 재정의 부족 등 환경적 요인이나 대부분 인문계 출신의 여성인 유아교사 자신의 과학적 지식 및 과학 교수 방법론에 대한 이해 부족 및 자신감의 결여 때문으로 지적된다. 그러나 보다 중요한 원인은 과학에 대한 소극적인 개념이나 부정적인 태도에 있다고 할 수 있다(한유미, 2003).

전통적으로 과학은 매우 어렵고 추상적이며, 과학을 하기 위해서는 복잡한 도구와 자료가 필요한 것으로 인식되어 왔다. 예를 들어, 많은 이들이 과학이라고 하면 실험실에서 흰 가운을 입고 화학 약품을 다루고 있는 모습이나 최첨단 컴퓨터 시스템이나 로켓 발사 장면 또는 난해한 물리 공식 등을 떠올린다. 그러나 이는 과학이 갖고 있는 외형과 과학의 결과에 치우친 인식이며, 이러한 관점에서 보면 과학과 유아는 동떨어진 것으로 생각하기 쉽다. 또한 과학은 추상적이고 형식적인 사고를 요하므로 유아기에 과학교육에 많은 시간을 투자하는 것이 낭비라는 생각도 유아의 학습능력에 대한 불신에서 비롯된 것이다. 아울러 이는 과학교육방법에 있어서도 단편적인 사실을 암기하게 하거나 설명을 통해 사실을 전달하는 등 다분히 내용 중심적인 경향이 나타나게 하였다(Butzow & Butzow, 2000).

그러나 과학을 책을 통해 사실을 배우고 공식을 암기하는 것이 아니라 행동, 사건, 사물을 관찰하고 생각하고 반영하는 과정으로 인식하게 됨에 따라 탐구, 실험, 가설 검증 등 학습자의 능동적인 역할을 강조하게 되었다. 이러한 관점에서 볼 때 진정한 과학이란 창의적 사고나 문제해결, 실험, 발명 등 유아의 특성과 매우 유사하며, 유아는 내적 호기심을 갖고 있는 존재로서 '타고난 과학자'라고 할 수 있다. 이와 같이 과학자들이 행하는 많은 과정과 유아가 과학뿐 아니라 모든 영역에서 지식을 구성하는 방법이 유사하다는 점에서 과학은 유아와 밀접한 관련성을 갖는다. 이는 많은 유아들이 '재미있어서' '궁금하고 신기한 것을 알 수 있어서' '과학자가 되고 싶어서' '똑똑해지니까' '자연스러워서' 등의 이유로 과학을 좋아한다는 사실에서도 확인된다(김정화, 조부경, 2001).

유아과학교육은 유아가 알고 싶어 하는 것을 출발점으로 하여 과학적인 소양을 지닐 수 있도록 환경을 마련해 주고, 과학적인 태도와 탐구능력을 갖추어 자신의 삶에 긍정적인 영향을 미치게 하는 것이므로, 즉 과학적 활동이 추상적인 세계의 탐구에만 머무르는 것이 아니므로 우리의 일상생활에서 경험하는 모든 현상에 대해 관심을 갖고 탐구하는 것이 필요하다(문영심, 이화영, 2006). 또한 어떤 지적 재능보다 과학적성이 조기에 확인될 수 있다고 한 브루너(Bruner)의 주장에서도 유아과학교육의 가능성과 중요성을 인식할 수 있다.

하지만 우리나라 유아교사들은 과학교육에 대한 자신감이 부족한 것으로 나타났는데(조형숙, 1999), 이러한 현상이 지식의 부족함 때문인지, 지도방법의 결여 때문인지, 부정적 태도 때문인지에 대한 원인을 밝힌 연구는 부족하다.

이와 같이 유아과학교육의 문제가 어디서 비롯되었는지에 대한 관점은 다양하지만 공통적으로 언급되는 것은 바로 교사의 변인이다(McDevitt, Heikkinen, Alcorn, Ambrosio, & Gardner, 1993). 그러나 교사들은 교육영역 중에서도 특히 과학교육을 회피하고 있는 것으로 나타나고 있고(강호정, 2002), 예비교사 또한 마찬가지다. 유아교사와 예비유아교사가 다른 교육영역보다 과학에 덜 전념하는 이유는 교사의 과학에 대한 불안이나 과학교육에 대한 자신감 부족 같은 신념의 영향이 크다는 보고들이 있다. 특히 교사가 학생을 가르치는 자신의 능력에 대한 신념은 과학지도에 있어 교사들 간의 개인차를 설명해 주는 준거가 된다고 알려져 왔다(강호정, 2002).

우리나라 유아교육 현장에서 과학교육이 활성화되고 있지 않다는 점을 지적하고 그 요인을 대학 교사교육 과정의 분석을 통해 제시한 엄기영(1994)의 연구에 의하면, 많은 대학의 과학교육 수업이 주로 이론적인 것에 치우쳐 있어서 적극적으로 과학교육을 실천할 수 있는 교사 양성이 이루어지지 못하고 있다는 것이다. 이에 이 장에서는 예비유아교사의 과학에 대한 편견을 허무는 것이 과학적 소양 증진을 위해 필요하다는 시사점을 도출하고자 한다.

2. 유아과학교육의 시대적 변천

1957년 소련의 스푸트니크(Sputnik) 호 발사는 과학교육에서 큰 전환점이 되었다. 그동안 자연교육에 초점을 두던 과학교육이 과학적 개념의 형성과 탐구교육으로 전환되었으며, 문제해결을 강조하고 인지 발달을 이루기 위한 학습이론이 수용되었다. 1970년대에는 피아제(Piaget)의 이론을 기초로 하는 유아과학교육 프로그램이 주류를 이루었고, 1980년대에는 유아의 일상에 보다 더 가까이 접근하는 유아과학교육 프로그램으로 통합적 접근법이 주목을 받았다. 1990년대 이후에는 자연환경의 오염으로 인해 환경을 보호하고 생명을 존중하는 내용에 초점을 두어 자연친화적 탐구 프로그램이 강조되었다. 2000년대 이후에는 과학과 인문학의 만남, 과학과 예술의 만남 같은 융합화의 노력을 통해 과학의 인간화를 위한 새롭고 의미 있는 시도가 이루어지고 있다(안지영, 2013).

안지영(2013)이 제시한 유아과학교육의 시대적 변천을 살펴보면 다음과 같다.

1950년대 이전의 유아과학교육은 주로 교과서에 기초하여 과학 현상을 설명하였다. 야거(Yager, 1991)는 이러한 과학교육이 유아의 이해력은 향상시키지만 교사의 설명과 교과서에 의해 제공된 과학 정보에 중점을 둔 수동적 학습으로 실험실 상황과 관련 없는 정보의 이용에는 거의 관심을 두지 않는다고 지적하였다.

1950년대에서 1960년대에는 과학에 대한 새로운 인식이 시작된 시기인데, 과학의 결과보다는 과정을 중요하게 여기는 방향으로 바뀌었다. 지식의 개발보다는 문제를 해결하기 위한 과정과 방법적인 능력을 길러 주는 과학의 필요성이 대두되었다. 이는 1957년 소련의 인공위성 스푸트니크 호 발사로 미국 교육 프로그램에 대한 효율성에 재평가를 가져왔고, 진보주의 교육과정에 큰 반론이 제기되면서 취학 전 교육에 관심을 기울이게 되었으며, 브루너와 피아제의 이론이 주목을 받게 되었기 때문이다.

새롭게 개발된 과학교육 프로그램이 500여 종이 넘는데, 이 가운데 우리나라 유아과학교육에 많은 영향을 준 대표적인 프로그램은 ESS(Elementary Science Study), SCIS(Science Curriculum Improvement Study), SAPA(Science A Process Apporach), COPES(Conceptually Oriented Program in Elementary Science)다.

ESS 프로그램은 브루너의 교육이론에 기반을 두어 과학의 내용과 과정을 발전시키기 위한 교수방법 개선에 중점을 두었고, SCIS 프로그램은 피아제의 인지이론에 기초하여 과학의 과정을 강조하고 물체를 직접 경험하게 하며, 문제해결력을 기르도록 하고 내용, 과정 및 태도를 통합하여 전개하는 프로그램이다. 또한 SAPA는 미국과학진흥협회의 과학교육위원회(Commission on Science Education of American Association for the Advancement of Science)가 개발한 것으로 AAAS라고도 하며, 과학을 사실이나 개념 등으로 나열하는 것이 아니라 과학자들이 과학을 실제적으로 실시하는 방법을 배우는 데에 의의를 두고 있는 프로그램이다(안지영, 2013).

1970년대에서 1980년대에는 피아제의 인지발달이론이 유아과학교육 프로그램에 큰 영향을 미쳤으며, 1970년대 후기에 들어와 까미(Kamii)와 드브리스(Devries)에 의해 학문 중심 프로그램과는 구별되는 '물리적 지식활동'이라는 프로그램이 개발되었다. 또한 실버만(Silverman)의 저서인 『교실의 위기』로 인본주의적 입장을 취하게 되면서 정서적인 면과 심리적인 면을 강조하며 전인교육, 즉 활동 중심의 통합교육이 강조되었다.

1990년대에는 Project 2061을 중심으로 과학, 수학, 기술에 있어 K-12학년을 통한 전체 경험의 결과로 획득되어야 하는 지식, 기술, 태도를 연구하여 기초 개념을 확립하는 데 목적을 두었다. 야거(1991)는 STS가 과학(Science), 기술(Technology), 사회(Society) 간의 상호작용을 다루는 프로그램으로 세계 여러 나라의 과학교육과정 개발에 주요한 원동력이 되었다고 하였다.

1990년대 이후 과학교육은 우리 생활 주변에서 당면한 문제를 합리적이고 창의적으로 해결할 수 있는 문제해결력과 과학기술에 관한 교육이 강조되고 있고, 환경오염 등 생활 속의 과학교육이 중요시되고 있다(신은수 외, 2006; 전경원, 2004). 또한 과학적 현상과 관련된 정보나 지식 또는 개념을 학습하는 데 중점을 두기보다는 그 결과에 도달하기까지의 사고과정이나 탐구과정에 중점을 두어 유아의 과학적 태도와 과학적 소양을 기르는 것을 추구하고 있다. 유아들이 '어떻게'와 '왜'라는 물음으로 주변 현상과 환경을 관찰하고 탐구하여 새로운 것을 창출하는 과정을 강조하고 있다고 볼 수 있다.

2000년대 이후에는 지속가능 발전교육의 필요성이 대두되었다. 자연과 사람의 다양성과 개성을 존중하고 함께하는 공존의식의 함양과 실천을 위한 태도, 기술, 지식 교육을 강조하였다. 과학의 본질이 인간의 삶의 질을 향상시키고, 생존적 · 문화적 욕구를 충족하기 위해 자연을 이해하기 위한 노력의 과정으로 보고 과학을 통해 보다 더 행복하고 인간적인 가치를 실현하도록 하였다(조형숙, 김선월, 김지혜, 김민정, 김남연, 2010). 이러한 과학교육의 흐름에 따라 최근에는 과학이 우리 삶에 보다 가까이 맞닿을 수 있는 인본주의적인 과학의 모습을 강조하는 노력이 이루어지고 있다(조형숙, 김지혜, 김태인, 2011). 또한 과학교육 속에 다양한 예술 영역을 적용한 교육이 제시되기도 하였다(김진수, 2012; 윤회정, 윤원정, 우애자, 2011; 이영인, 2005; 이윤옥, 임창옥, 2001). 즉, 과학의 대중화에 이어 과학과 인문학의 만남, 과학과 예술의 만남과 같은 융합화의 노력을 통해 과학의 인간화를 위한 새롭고 의미 있는 시도가 이루어지고 있음을 알 수 있다.

표 7-1 과학교육의 동향

시기	1957년~1980년대	1980년대 중반	1990년대	2000년대 이후~
목표	유능한 과학자 양성	과학의 대중화	대중의 과학화	과학의 인간화
내용	관찰과 실험 중심의 다양한 과학적 경험을 제공함으로써 소수의 과학적 엘리트 양성('과학을 배워서 과학자가 되자')	모두가 과학적 소양을 가진 사람으로 성장할 수 있도록 과학적 지식을 쉽고 친숙하게 전달('쉽게 알려 줄 테니 모두 배우자')	과학을 잘 할 수 있는 소양뿐 아니라 일상생활 속에서 과학의 이해와 합리적 문제해결 능력 증진('생활 속에서 과학을 만나고 활용하자')	과학이 우리 삶과 가까이 맞닿을 수 있도록, 인본주의적이고 간 학문적인 측면에서 접근('과학으로 삶의 가치를 추구하자')
과학과 대중의 관계	계몽		이해	관계

출처: 조형숙 외(2010).

또한 시대적 변화와 교육적 요구에 기초하여 과학교육의 목적에 따라 구분한 조형숙(2009)은 과학교육의 동향을 〈표 7-1〉과 같이 '유능한 과학자 양성' '과학의 대중화' '대중의 과학화' '과학의 인간화'의 4기로 정리하여 제시하였다. 시기별 연도의 구분은 서구를 중심으로 과학교육의 강조점이 대두되고 확대된 시점을 기술한 것이지만, 사실상 '유능한 과학자 양성' 시기를 제외한 나머지 동향들은 각각 구분되는 것이 아니라 함께 공존하는 것이라 할 수 있다.

미래사회는 단편적인 지식의 습득과 이해보다는 지식의 형성과정과 구조를 이해하여 자기 주도적으로 지식을 재조직할 수 있는 능력이 요구된다. 이러한 창의적인 아이디어는 국가의 발전의 토대가 되며 과학, 기술, 공학과 수학(Science, Technology, Engineering & Mathematics: STEM) 교육으로 형성된다. 이에 우리나라는 과학기술 인재 육성을 위한 과학, 기술, 공학, 예술과 수학(Science, Technology, Engineering, Art & Mathematics: STEAM) 교육을 강화하는 창의적 융합인재 양성 정책을 추진하였다(교육과학기술부, 2010). 또한 국가수준 교육과정에서도 만 3~5세 연령별 누리과정(교육과학기술부, 보건복지부, 2013)의 자연탐구 영역에 '탐구하는 태도 기르기'와 '과학적 탐구하기' 내용을 제시하여 유아기부터 창의적으로 사고하고 탐구하며, 일상생활의 문제를 논리적으로 해결할 수 있는 과학적 기본 소양을 기르도록 하였다.

이처럼 지식과 정보의 변화에 대처하고 변화를 주도해 나갈 수 있는 창의적인 인재가 요구되며, 시대적 변화를 이끌어 갈 수 있는 과학적 능력의 배양이 핵심적 역량이 된다. 이러한 시대적 변화의 흐름을 반영하여 최근의 동향은 유아과학교육을 통해 유아의 과학적 기본 소양 기르기, 긍정적인 과학적 태도 기르기, 과학적 탐구능력 기르기, 과학적 역량 증진하기를 강조하고 있고, 유아를 대상으로 적합한 창의 · 인성을 증진할 수 있는 과학교육에 접근할 수 있도록 하기 위해 유아교사와 예비유아교사를 대상으로 한 의미 있는 과학교육이 요구된다.

3. 유아과학교육의 목적

유아기의 과학교육은 유아가 과학에 대한 흥미와 탐구하는 태도를 가지고 감각을 통하여 스스로 탐색함으로써 자기 자신과 다른 사람, 그리고 주변세계의 여러 가지 현상과 사물을 알고 이해하는 과정이다. 유아의 이러한 자각과 이해는 자신들의 방식으로, 또 자신들의 시간에 능동적인 학습자가 됨으로써 얻어지는 것이다(권영례, 1992; 양은, 2006; 이민정 외, 2012).

리퍼(Leeper, 1994)는 유아과학교육의 목적을 과학적 방법을 사용하여 문제해결력을 발달시키고, 유아의 과학적 태도 발달과 과학적 지식 및 정보 습득을 용이하도록 돕는 데 있다고 하였다. 과학적 태도의 발달과 과학적 지식의 습득은 과학적 소양을 갖도록 하는데, 이러한 과학적 소양은 가시화된 첨단과학뿐 아니라 일상생활에서 합리적인 생활태도를 이끄는 원동력이라는 점에서 중요한 의미가 있다(이민정 외, 2012에서 재인용).

여러 학자가 제시한 유아과학교육의 목적을 정리하면 다음과 같다(이민정 외, 2012에서 재인용).

- 유아가 과학적 사실과 개념을 습득하고 과학적 습관과 태도를 형성하도록 하는 것이다. 여기서 특히 강조되는 점은 유아의 감각기관 사용을 확장시키고 세련되게 하는 점이다. 정확한 관찰자가 되기 위해서 유아는 자신의 모든 감각을 언제 어떻게 사용해야 하는지 알아야 한다.
- 대화하기, 질문하기, 분류하기, 예측하기, 검증하기 등을 통해 유아의 기술이 발달하도록 도와주는 것이다.
- 주변의 세계에 대한 유아의 호기심을 길러 주는 일이다. 주변세계에 대한 호기심을 길러 주는 일은 무엇보다 중요하다.
- 과학교육을 통해 유아가 실제 상황에 과학적 기술과 개념을 적용할 수 있는 논리적 사고자가 되도록 도와주는 것이다.

종합하면, 유아과학교육의 목적은 직접적인 경험을 통한 과학적 지식과 탐구능력을 습득하고, 과학적 태도를 함양하며, 미래사회에 대처할 수 있는 문제해결력과 창의 · 인성을 기르도록 유아들을 조력하는 것이라 할 수 있다.

시대에 따라 과학교육의 목표와 내용이 변화되어 온 것처럼 유아과학교육의 목표도 사회적 변화에 따라 그 지향점을 달리 갖게 된다. 21세기 사회에서는 일상생활 속에서 과학을 이해하고 활용할 수 있는 능력을 요구하고, 과학의 발달이 가져온 문제점에 대해 과학적 지식과 이해에 기초해서 의사 결정할 수 있는 능력, 즉 과학적 소양(scientific literacy)을 갖춘 과학적 교양인이 되는 것을 요구한다. 이러한 사회적 요구에 비추어 본다면, 유아과학교육은 유아가 생활 속에서 맞닥뜨리는 과학적 문제를 인식하고 해결하려는 태도와 능력을 갖춘 과학적 소양인의 기초를 다지는 것이라고 하겠다(조형숙 외, 2010).

이러한 유아과학교육의 흐름 속에서 과학교육을 통해 유아에게 길러 주어야 할 소양을 조형숙 등(2010)은 다음과 같이 제시하였다.

- 일상생활 속에서 접하는 사물과 현상에 대해 호기심을 갖는다.
- 주변에 대해 의문을 갖고 적극적으로 탐구하려는 과학적 태도를 기른다.
- 생활에서 활용하는 간단한 과학적 도구 및 기계를 비판적으로 활용하는 능력을 갖춘다.
- 과학적 탐구의 수행을 위해 필요한 탐구 기능인 과학 과정기술을 증진한다.
- 유아의 생활 및 경험과 관련된 과학적 지식을 습득한다.
- 자연에 대한 체험을 통해 자연환경의 중요성과 가치를 인식한다.
- 창의적이며 비판적인 사고력을 기른다.
- 과학의 가치를 인식한다.
- 과학과 사회의 관계에 대해 인식한다.
- 생활 속에서 과학을 활용할 수 있는 능력을 길러 준다.
- 과학자로서의 삶에 대해 관심을 갖는다.

4. 유아과학교육의 교수방법, 내용 및 교사의 역할

1) 유아과학교육의 교수방법

상호작용이론에 의하면 유아는 적극적이고 탐구적인 존재이며 끊임없이 외부 세계와의 상호작용을 통해서 세계를 이해하려고 하는 적응력 있는 유기체다. 그러므로 유아는 환경과의 상호작용을 통한 물리적 · 사회적 경험 속에서 발달과제를 수용하고 다음의 발달을 위한 학습과정을 촉진시킬 수 있는 새로운 기술과 경험을 획득하게 된다.

상호작용적 교수방법의 특징은 과학적 사실을 발견하고 탐구하기 위하여 유아 스스로 관찰, 측정, 분류, 의사소통 등의 구체적 과정을 직접 경험함으로써 과학적 소양을 쌓아 가는 것이다. 따라서 유아과학교육의 교수방법은 과학적 사실을 발견하고 탐구하기 위한 구체적 과정으로, 그 내용은 다음과 같다(이기현, 2013).

- 유아들의 필요와 흥미에 초점을 맞출 수 있어야 한다.
- 과학활동은 유아가 갖고 있는 사전 개념과 경험에 기초해서 인지적 갈등을 일으키면서 능동적으로 학습할 수 있도록 적합한 활동과 자료를 제공해야 한다.
- 과학에 대한 유아들의 관심을 지속적으로 이끌 수 있어야 한다.
- 과학활동 과정 중에 유아 간 상호작용을 격려할 수 있도록 해야 한다.
- 창의적이고 비판적인 탐구활동을 위해 상황에 적합한 교사의 적절한 질문이 중요하다.
- 과학활동은 통합적인 방법으로 이루어져야 한다.
- 유아들이 적극적으로 과학의 과정을 체험할 수 있는 활동을 제공하는 것이 바람직하다.

2) 유아과학교육의 내용

유아과학교육의 내용을 전통적 과학영역인 물리, 화학, 지구과학, 생명과학뿐만 아니라 현대사회의 이슈인 환경과 공학 및 관련 주제들을 다루는 환경과학 영역을 포함하여 과학활동의 내용으로 구분함으로써 유아들이 다양한 과학적 탐구과정에 참여할 수 있도록 하고자 한다.

(1) 물리(물체의 움직임)

물리는 물체의 움직임을 예측하는 것으로 유아들이 일상적으로 접하는 물체와 물질의 특징을 더 잘 이해할 수 있게 한다. 이는 물리적 세계를 이해하는 가장 쉽고 즉각적인 방법으로 물리적 지식과 논리적 · 수학적 지식의 구성에 도움을 준다. 물리활동은 유아들이 주의 깊게 관찰하고, 예측하고, 추론하여 알게 된 물체의 성질, 시간에 따른 변화, 물질의 상호작용에 의해 발생하는 변화에 대한 이해로 구성되어야 한다(이민정 외, 2012).

물리 영역의 일반적 과학내용은 자석, 온도, 빛, 소리와 공기, 무게중심, 전기, 탄성과 용수철, 열과 이동, 굴절, 물체의 속력, 에너지, 물과 부력, 물과 수압, 도구와 운동 등으로 구성된다.

(2) 화학

화학은 물체와 물질 자체를 변화시키는 것으로 물체와 물질의 반응을 관찰하는 활동이다. 예를 들면, 유아가 물과 기름을 혼합하는 것과 소금과 물을 혼합하는 것은 활동 자체는 같지만 유아의 활동결과에서 나타나는 물질의 반응은 전혀 다르다. 전자는 기름이 물 위에 뜨지만 후자는 소금이 물에 녹게 되는데, 이는 유아의 행위에 의해 직접적으로 일어나는 것이 아니라 물체 자체의 속성에 의한 것이다. 따라서 화학활동에서는 유아가 자신이 관찰한 것을 통해 지식을 구성하게 된다(한유미, 2013).

화학 영역은 우리 주위의 물질과 물체의 특성, 물질의 상태, 열에 의한 부피 변화, 혼합물 분리, 용액의 성질, 기체의 성질 등의 과학내용을 포함한다.

(3) 지구과학

지구과학은 지구와 행성의 탄생, 이동과 소멸과정에 관한 과학내용을 포함한다. 유아들은 지구과학활동을 통해 주변에서 볼 수 있는 흙, 암석, 비, 눈, 구름, 무지개, 태양, 달, 별 등을 관찰하고 탐색할 수 있다(이민정 외, 2012).

지구과학 영역의 과학내용은 지구와 달, 흙, 암석과 광물, 지형, 화산, 지진과 지진대, 지층, 기온과 바람, 지구와 물, 날씨와 생활, 계절의 변화, 태양계, 별자리, 은하수와 우주 등으로 이루어진다.

(4) 생명과학

생명과학 영역은 생물의 출생과 성장에 대해 유아들이 경험할 수 있도록 생명에 대한 호기심과 궁금증을 바탕으로 생물의 특징과 일생, 자연환경을 구성하는 모든 요소 간의 복잡한 상호작용에 대한 관심과 이해를 기초로 구성된다.

오늘날 주변 환경에서 동물이나 식물을 경험할 기회가 제한되어 생명과학에 대한 직접적인 경험보다는 책이나 TV 등 간접적인 경험이 대부분이다. 그러나 생명과학에 대한 지식은 직접적인 학습경험을 통해 경험되는 것이 바람직하다.

생명과학 영역의 과학내용은 생물이 사는 곳, 식물의 잎과 줄기, 식물의 뿌리, 꽃, 식물의 분류, 동물의 분류, 인체, 감각기관, 생태계, 환경오염과 보존 등으로 구성된다.

(5) 환경과학

환경과학은 과학기술을 이용한 문제에 대한 해결을 고안하는 능력과 이를 탐구하는 내용으로 구성된다. 환경과학은 환경공학, 재생에너지, 컴퓨터공학 등과 같은 과학과 기술을 적용하는 내용이 포함된다.

3) 유아과학교육을 위한 교사의 역할

이민정 등(2012)은 유아의 과학교육을 담당하는 교사로서의 역할을 교육 계획자로서 교사의 역할, 활동 참여자로서 교사의 역할, 교육평가자로서 교사의 역할로 제시하였다. 교사의 역할에 대한 구체적인 내용은 다음과 같다.

(1) 교육 계획자로서 교사의 역할

- 교사는 유아에 대한 관찰자다. 유아에 대한 관찰을 통하여 교사는 유아의 이해 정도와 흥미 및 요구를 파악할 수 있고, 이를 토대로 유아의 문제해결을 도울 수 있으며, 이는 과학활동을 개발하고 확장시키기 위한 근원이 되기도 한다. 따라서 교사는 올바른 관찰기법을 알아야 할 것이며 이를 교육계획에 반영하여야 할 것이다.
- 교사는 활동의 계획자다. 유아가 관심을 보이고 유아의 현재 수준보다 다소 높은 단계의 활동, 즉 근접발달영역 내에 있는 활동을 계획하도록 한다. 일과 중에 유아가 과학적 의구심을 가지는 부분이 있을 경우, 교사는 적절한 반응을 보이며 교육활동에 포함될 수 있도록 해야 할 것이다.
- 교사는 물리적 · 심리적 환경의 제공자다. 과학활동에서는 유아가 직접 행할 수 있는 자료가 충분히 준비되어야 하며, 물리적 환경뿐만 아니라 심리적 환경도 중요하다. 교사 자신이 과학에 대한 긍정적인 태도를 가지고 적극적이고 허용적으로 참여할 때 과학활동이 활성화될 수 있다.

(2) 활동 참여자로서의 교사의 역할

- 소그룹이나 대그룹 형태로 유아에게 활동을 제시할 때 교사의 제시방법에 따라 유아의 과학활동이 제한되거나 확장되기도 한다. 교사는 활동에 대한 구체적인 설명이나 시범보다는 유아들에게 준비된 자료를 주고 스

스로 탐색해 보는 과정을 통하여 활동을 찾아갈 수 있도록 해야 한다.

- 교사는 활동의 촉진자다. 과학활동에서 탐색과 발견이란 같은 활동을 지속해 보는 과정이다. 이때 유아가 주도적으로 활동을 이끌어 나갈 수 있도록 교사는 활동을 심화하고 촉진할 수 있는 역할을 해야 한다. 활동의 촉진자로서 과학 자료에 나타나 있는 내용에 대한 동기 유발하기, 탐구활동을 위한 방법과 규칙에 대한 설명 제시하기, 가설 증명과 실험 순서 그리고 기록 및 발표 등에 대한 역할 안내하기, 새로운 활동과 결과에 대해 유아들과 자유롭게 이야기 나누기 등의 역할을 해야 한다.
- 교사는 질문자다. 유아가 실험을 하고 좀 더 복잡한 수준의 문제를 탐색할지의 여부는 교사의 질문 유형과 시기에 의해 좌우될 수 있다. 유아가 인지적으로 갈등을 느끼게 되면 인지구조의 평형이 깨어져 새로운 평형을 이루고자 하는데, 이 과정에서 지적 성장을 하게 될 뿐만 아니라 문제해결력이 발달하게 된다. 개별 또는 소집단 활동이 진행될 때 언어적 피드백을 주어야 하며, 다른 유아의 활동을 관찰하게 함으로써 인지갈등을 유발할 수 있도록 적절한 시기에 적절한 질문을 해야 한다.
- 교사는 공동 참여자다. 유아와 함께 활동에 참여하면서 탐구하는 교사의 태도는 유아들에게 좋은 본보기가 된다. 교사가 호기심을 가지고 관찰하고, 관찰한 것들을 유아들과 공유하는 등 적극적으로 활동에 참여한다면 유아들도 자연스럽게 이러한 태도를 배울 것이다.

(3) 교육평가자로서 교사의 역할

- 교사는 유아의 행동 관찰자다. 유아의 행동관찰은 다음 과학활동을 계획하는 데 도움이 되므로, 유아의 이해 정도와 관심 및 흥미를 파악하기 위해 활동에 참여 중인 유아를 관찰하고 기록해야 한다. 이를 위해 인터뷰, 저널 쓰기, 포트폴리오 등의 방법을 활용할 수 있다.
- 교사는 교육활동의 평가자다. 과학활동이 교육목표 달성에 기여할 수 있

는 활동이었는지, 유아의 발달에 도움이 되는 활동이었는지, 활동형태가 적절하였는지 등에 대한 평가를 하여 추후 활동에 반영해야 한다.

- 교사는 끊임없는 학습자다. 교사는 스스로 지식을 끊임없이 재구성해 가는 자세를 가지고 전문가로서의 발전을 위해 끊임없이 노력해야 한다. 또한 동료 교사와 서로의 교육적 경험에 대한 토의시간을 가지거나, 교사를 위한 워크숍이나 연수과정에 참여하는 등 적극적인 자세가 필요하다.

5. 과학적 소양 증진 활동을 통한 창의 · 인성교육의 실제

과학이 인간의 삶과 맞닿아 있음을 알기 위해서는 멀리서 과학을 찾을 것이 아니라 우리 주변에 이미 과학이 함께 있다는 것을 인식해야 한다. 그리고 적극적으로 자신의 생활에 과학을 적용하여 보다 행복한 생활을 만들어 가고자 하는 노력이 필요하다. 개발된 과학기술이나 지식을 잘 알고 활용하는 '과학적 소비자'로서뿐만 아니라, 과학기술이나 지식을 직접 창안하는 '과학적 생산자', 더 나아가 삶의 다방면에서 과학과 함께하기를 즐기는 '과학적 생활인'으로서의 면모를 두루 갖추어야 할 것이다(조형숙 외, 2010).

유아가 과학적 생활인으로 성장하도록 돕기 위해서는 무엇보다도 교사의 역할이 중요하다. 생활 속에서 미처 인식하지 못했던 재미있는 현상이나 개념에 대한 인식과 도전, 문제해결의 과정을 통해 교사 스스로가 과학과 함께하는 것을 즐기게 된다면, 유아도 자연스럽게 과학적 생활인으로 성장하는 데 필요한 경험의 기회가 많아질 것이기 때문이다. 하지만 과학교육이 유아의 발달 및 성장에 지대한 영향을 미친다는 사실은 인정하면서도 실제로 유아 교실에서의 과학교육은 타 영역에 비해 많은 관심을 받지 못하고 있는 것이 현실이다. 특히 교사의 절대다수가 여성인 유아교육현장에서는 더욱 그러하다. 발튼(Barton, 1988)은 여성이 남성보다 과학을 잘하지 못하거나 덜 즐기는 이

유가 본성적 차이 때문이 아니라 사회 · 문화적 맥락에 의해 거리를 둘 수밖에 없었던 영향 때문이라고 하며, 페미니즘 과학교육의 필요성을 제기하였다.

조형숙(2007)은 발튼(1988)이 제안한 페미니즘 과학교육의 방향에 기초하여 우리나라 유아교사의 과학교수 효능감을 증진하기 위한 교사교육모형을 개발하였다. 다음에서는 과학을 스스로 즐기며 유능하게 교육할 수 있는 교사의 소양을 키우기 위한 '자기학습모형'을 조형숙(2007)의 연구에 기초하여 수정 · 보완하여 제시하고, 구체적인 내용과 방법에 대해 살펴보고자 한다.

1) 과학에 대한 나의 인식 돌아보기

나의 과학 및 과학교육에 대한 인식을 반성적으로 사고해 봄으로써 과학에 대한 나의 태도와 인식을 돌아본다. 코흐(Koch, 1999)는 교사가 어린 시절에 가졌던 과학적 자아를 내면으로부터 다시 끌어내서 과학적 소양을 형성하기 위해서는 자신의 경험에 대해 반성적으로 사고(reflective thinking)하는 과정을 갖는 것이 중요하다고 제안하였다. 이를 위한 구체적 방법으로 조형숙(2007)은 '과학에 대한 개념도 만들기' '과학 관련 저널 쓰기' 등을 제시하였다. 여기서는 이에 기초하여 '과학자 그리기' '과학 로드맵 작성' '과학 개념도 만들기' '과학 관련 저널 쓰기'를 제안한다.

활동 ①

과학자 그리기

자신이 생각하고 있는
과학자의 이미지를
재미있게 그려 봅시다.

예비유아교사의 '과학자 그리기' 활동

활동 ②

과학 로드맵 작성

자신의 과학적 경험을 스토리에 기초하여 재미있게 구성해 봅시다.

예비유아교사의 '과학 로드맵 작성' 활동

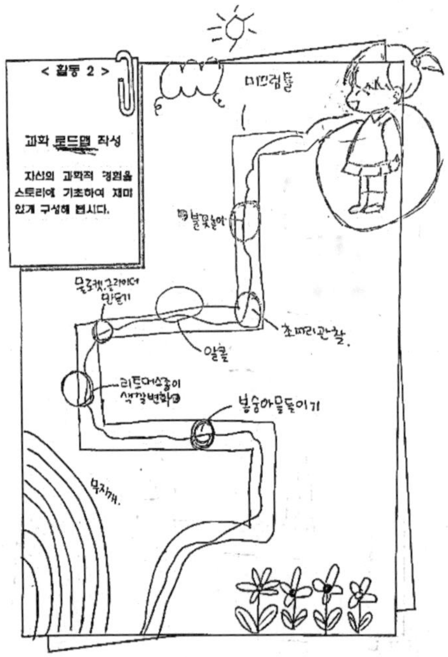

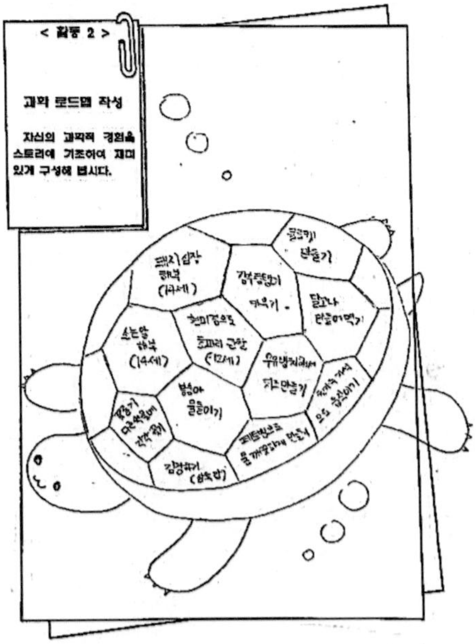

예비유아교사의 '과학 로드맵 작성' 활동

활동 ③

과학 개념도 만들기

자신이 생각하고 있는 과학에 대한 개념을 나열한 후 위계를 구성해 개념도를 만들어 봅시다.

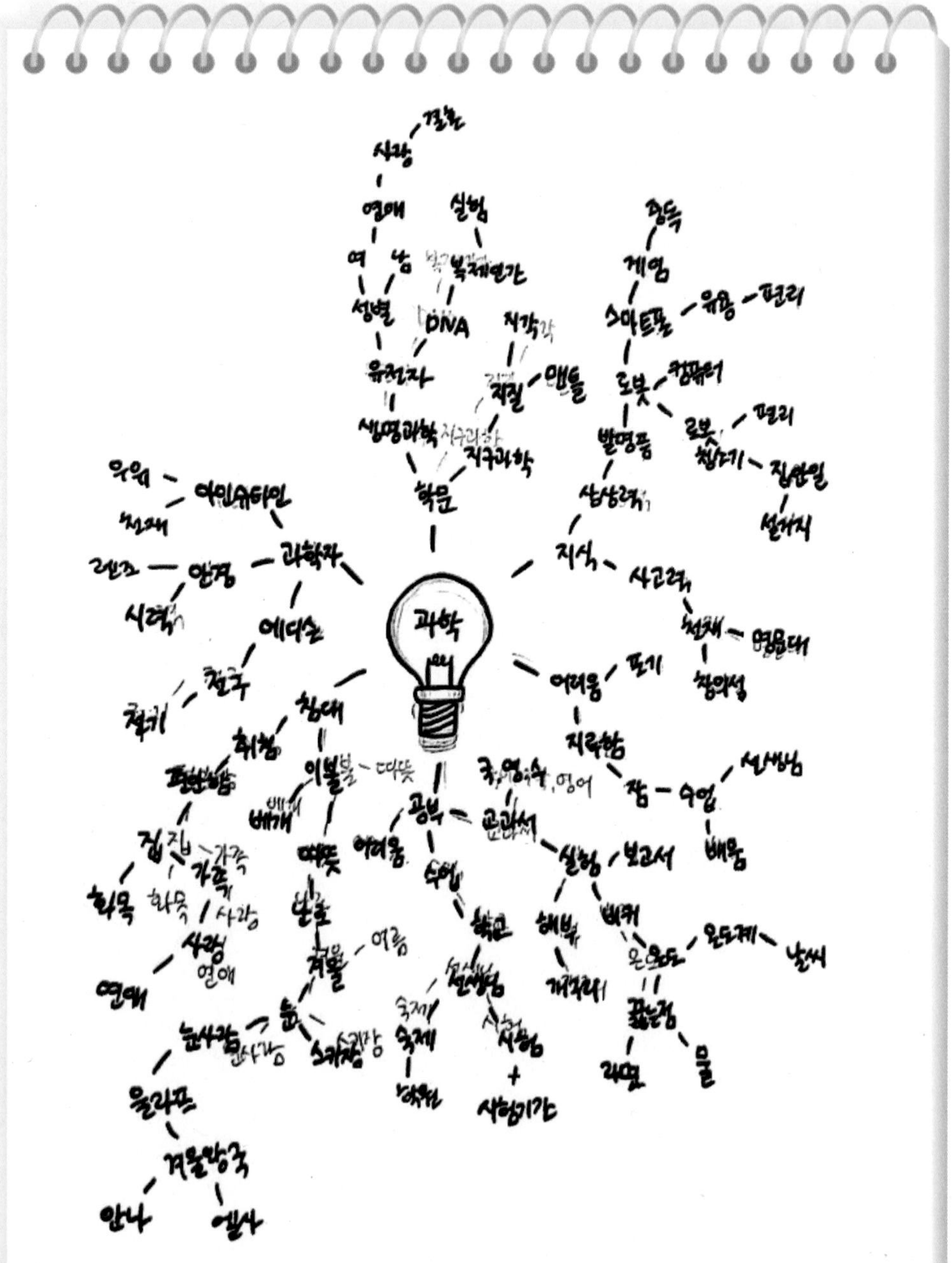

예비유아교사의 '과학 개념도 작성' 활동

활동 ④
과학 저널 쓰기
과학에 대한 자신의
경험을 반성적 사고를
통한 저널 쓰기로
펼쳐봅시다.

과학 저널 쓰기 사례

어린 시절 나의 모습을 회고해 보면 과학과는 참으로 거리가 많은 아이였던 것 같다. 지금도 그렇지만, 특히 자연과학으로 대표되는 과학 분야는 나와 동떨어져 있는 세계인 것 같았다. 희미한 기억 속의 잔상을 되돌아보았을 때, 지금으로부터 가장 멀고 아련한 기억은 유치원 시절의 나다. 그 시절에 나는 아무런 계획과 생각 없이 단순히 신나는 것, 흥미로운 것에만 유독 관심을 가졌었다. 그 시기의 모든 아이들 역시 그러했겠지만 나는 이에 대한 정도가 보다 심했던 것으로 기억한다. 지금 생각해 보면 내가 신이 났던 게임과 놀이, 그리고 흥미로워했던 모든 영역의 개념과 실제가 과학 분야와 긴밀하게 연관되어 있는 듯하다. 하지만 흥미로운 것은 이와 같은 방향으로 사고를 전환한 것이 몇 해 되지 않았다는 것이다. 과거의 나는 과학을 단순히 학문적인 개념으로 받아들였고, 고차원적이고 수리적인 영역에만 국한하여 과학이라는 개념을 사용하며 인식해 왔다. 또한 성장기에 접한 과학의 이미지는 부정적이었고, 흥미 없는 나와는 상관없는 영역이었다. 나의 생애 전반에서 과학과 관련된 일련의 사건과 전반적인 생활을 되돌아보면 위의 주장은 설득력이 있다고 생각한다.

유년기 시절의 나는 과학과 관련된 영역의 학과 수업과 특별활동 등에 대한 참여는 거의 전무하였다. 왜냐하면 나의 흥미 영역은 오로지 예체능 영역에 한정되어 있었기 때문이다. 피아노, 서예, 태권도, 검도, 바이올린 등 예체능과 관련한 영역은 항상 배워 왔고, 그만큼 흥미와 수행능력도 남달랐다. 각종 대회에 출전하며 입상한 경력도 나름 화려하였다. 따라서 예체능 분야에 대한 자부심과 자존감은 상당히 높았던 것으로 기억한다.

하지만 학교에서 주최하는 과학경시대회나 과학상자 만들기 대회 등에서의 내 모습을 회고해 보면 한없이 작아지고 초라해진다. 간혹 기회가 닿아 과학 관련 영역의 대회에 출전하면 대회에 참여하는 시간과 준비하는 시간 등은 고된 노역이었고, 흥미 없는 영역의 성과는 비참할 정도였으니 말이다. 과학과 관련한 대회에서는 그 흔한 장려상조차도 수상하지 못했던, 과거의 아픈 기억일 뿐이다. (생략)

2) 과학교육의 실제에 대해 돌아보기

예비교사의 경우 실제 수업을 해 본 경험이 없으므로 교육계획안 분석을 통해 수업 실제에 대한 활동을 진행하며 연간 과학교육의 실행 정도나 교실에 있는 과학 영역의 운영 양식, 수업 상황 등을 이야기하면서 과학교육의 실제에 대해 이해할 수 있을 것이다.

표 7-2 교육계획안: 과학활동의 예

<table>
<tr><th colspan="2">학급명</th><td>인성반</td><th>대상연령</th><td>만 4세</td><th>교사</th><td>김윤아</td><th>일 시</th><td colspan="2">2014. 09. 12</td></tr>
<tr><th colspan="2">활동명</th><td colspan="5">전분가루 놀이</td><th>활동형태</th><td colspan="2">소집단</td></tr>
<tr><th colspan="2">활동목표</th><td colspan="8">• 전분가루의 성질을 안다.
• 물을 섞은 전분가루의 변화과정을 살펴본다.
• 오감을 이용하여 자유로운 탐색활동을 돕는다.</td></tr>
<tr><th colspan="2">교육과정 관련 요소</th><td colspan="8">• 자연탐구 - 과학적 탐구하기
- 물체와 물질 알아보기
• 예술경험 - 미술적 요소 탐색하기
- 자연과 사물의 색, 모양, 질감 등에 관심 갖기</td></tr>
<tr><th colspan="2">활동자료
(준비물)</th><td colspan="8">전분가루, 색깔 물, 대야 2개, 그릇 2개, 활동용 비닐, 검은색 전지</td></tr>
<tr><th>절 차</th><th>시 간</th><th colspan="7">활동내용</th><th>분석 내용</th></tr>
<tr><th>도 입</th><th>5분</th><td colspan="7">• 전분가루에 대해서 이야기 나눈다.
T: 인성반, 예쁘게 앉아 보세요. 선생님이 오늘 여기에 신기한 가루를 가지고 왔어요. 이 가루는 우리 주변에서도 볼 수 있는 가루예요. 친구들 생각에는 이게 어떤 가루일 것 같아요?
C: 음, 미숫가루요! / 밀가루요!
T: 와! 우리 주변에는 정말 여러 가지 가루가 있는 것 같아요. 그런데 선생님이 오늘 들고 온 가루는 이렇게 하얀 전분가루예요. 전분가루는 감자, 고구마, 옥수수에서 나온 끈적끈적한 물을 가루로 만든 것인데 선생님이 오늘 가져온 건 감자전분가루예요~ 친구들, 탕수육 먹어 봤어요? 그 탕수육도 고기에 이 전분가루를 묻혀서 튀긴 음식이에요. 이 가루 이름이 뭐라구요?
C: 전분가루!</td><td></td></tr>
</table>

		T: 우리 이 전분가루를 선생님이 조별로 나누어 줄 테니 이 가루에서 어떤 느낌이 나는지 손으로 만져 보기로 해요. 그런데 이 가루를 만질 때는 어떤 것들을 조심해야 할까요? C: 음, 가루가 막 날리지 않게 해요. T: ○○이 말처럼 가루가 날리지 않게 해야 돼요. 가루가 날리면 친구들 눈에도 들어가고, 입에도 들어가고, 그러면 눈도 따갑고, 목도 아프겠죠? C: 네. T: 자, 이제 가루에서 어떤 느낌이 나는지 손으로 만져 보고, 어떤 느낌인지 이야기해 보도록 해요. **• 전분가루의 느낌과 물을 넣은 전분가루에 대해 이야기 나눈다.** T: 여러분, 가루를 만져 보니까 느낌이 어때요? C: 보들보들해요. / 뽀득뽀득해요. T: 와! 정말 그러네요. 근데 여러분, 이 전분가루에 물을 섞으면 어떻게 될까요? C: 음, 찐득찐득해질 것 같아요. / 미끌미끌해질 것 같아요. T: 다양한 이야기가 나왔네요. 그럼 우리 진짜 어떻게 되는지 물을 한번 섞어 볼까요? 그런데 친구들, 우리 지난 시간에 당근이랑 치자랑 시금치로 색깔 물을 만들었지요? C: 네. T: 당근으로는 어떤 색깔 물을 만들었는지 기억이 날까요? C: 주황색이요! T: 시금치로는? C: 초록색이요! T: 치자로는? C: 노란색이요! T: 와~ 인성반 친구들 잘 기억하고 있네요. 사실 선생님이 친구들이랑 이 색깔 물을 전분가루에 섞어 보고 싶은 마음에 이렇게 가지고 왔어요. 이 세 가지 색깔 물 중에 어떤 색깔을 섞을지 같은 조 친구들이랑 이야기해서 선생님한테 이야기해 주세요.	
전개	20분	**• 전분가루에 색깔 물을 섞어 반죽해 본다.** T: ○○조는 어떤 색깔 물을 하기로 했어요? C: 노란색이요~ / 초록색이요~ T: 그러면 이쪽 조는 노란색 물로, 저쪽 조는 초록색 물로 활동을 해 보도록 해요.	

	20분	T: 그럼 우리 색깔 물을 넣어 봐요. 물을 넣으니까 전분가루가 어떻게 됐어요? C: 다 녹았어요. T: 그럼 우리 전분가루를 조금만 더 넣어 볼까요? 이번에는 느낌이 어때요? C: 조금 더 찐득찐득해졌어요. T: 와! 진짜 그러네요. 근데 선생님은 가루를 조금 더 넣어 보고 싶어요. 한 번만 더 넣어 볼까요? 이제는 느낌이 어때요? C: 어, 느낌이 이상해요. T: 어, 정말 느낌이 이상하다! (유아가 반죽을 최대한 오래 만져 볼 수 있도록 한다.) • **전분가루 반죽으로 전지에 표현해 본다.** T: 인성반, 우리 이 전분가루 반죽으로 그림 그려 볼까요? 선생님이 조별로 커다란 종이를 줄게요. 전분가루 반죽으로 친구들 마음대로 표현해 보세요. T: 인성반~ 다 그렸어요?	
마무리	5분	• **활동에 대한 자신의 생각과 느낌을 이야기해 본다.** T: 인성반, 오늘 어떤 활동을 했었죠? C: 가루랑 물을 섞어 봤어요. T: 오늘 우리가 만져 본 가루가 어떤 가루라고요? C: 전분가루요. T: 이 전분가루 반죽으로 그림도 그렸죠. 그럼 우리 전분가루 반죽 느낌이 어땠는지, 어떤 그림을 그렸는지 한 명씩 이야기해 볼까요? C: (한 명씩 돌아가면서 이야기한다.) T: 선생님도 오늘 인성반이 활동을 너무 즐겁게 해 줘서 기뻐요. 그런데 손에 이렇게 전분가루를 묻히고 있으면 안 되겠다. 그럼 우리 인사하고 화장실 가서 손 씻고 와요. 화장실 갈 때는 '한 줄 기차' 해서 갑시다. 인성반, 예쁜 손 배꼽에. C: 짝짝 배꼽에!	

* T: Teacher, C: Children.

활동 ⑤

수업 계획안 분석

수업계획안을 살펴보고 수정, 보완하거나 좋은 점에 대해 분석하여 기록해 봅시다.

활동명	전분가루 놀이	분석 내용
활동 목표	- 전분가루의 성질을 안다. - 물을 섞은 전분가루의 변화과정을 살펴본다. - 오감을 이용하여 자유로운 탐색활동을 돕는다.	
활동 내용	- 전분가루에 대해서 이야기 나눈다. - 전분가루의 느낌과 물을 넣은 전분가루에 대해 이야기 나눈다. - 전분가루에 색깔 물을 섞어 반죽해 본다. - 전분가루 반죽으로 전지에 표현해 본다. - 활동에 대한 자신의 생각과 느낌을 이야기해 본다.	
참고 사항	- 물과 반죽에 옷이 젖을 수 있으므로 주의한다.	

3) 과학의 렌즈로 세상 만나기

교사 스스로 자신의 일상을 과학적 렌즈로 들여다보려는 노력과 일상적인 현상이나 사물에 대해 관심을 갖고 관련된 정보를 수집하는 태도가 필요하다.

실제 과학자가 과학을 하는 과정을 살펴보면, 그들 역시 과학적 생활인으로서의 관심이나 호기심에서 세계적인 연구를 시작한 경우가 많다. '하늘을 날고 싶다.'는 관심에서 라이트(Wright) 형제의 비행기가 탄생하게 되었고, '종이가 찢어지고 잉크가 번지는 만년필'에 불편함을 느낀 언론가이자 화학자였던 비로(Biro) 형제에 의해 볼펜이 개발된 것이 그 사례다. 최근 오스트리아 의학계의 권위자 비스친거(Bischinger) 박사는 '코를 파서 코딱지를 먹는 것은 괜찮을까?'라는 다소 엽기적이지만 생활 속 궁금증에서 출발한 연구를 통해 '코를 파는 것은 코 속을 청결하게 유지해 줄 뿐 아니라, 코에서 파낸 것을 먹으면 면역체계를 강화시켜 주기 때문에 건강에 좋다.'는 결과를 발표하기도 하였다.

이처럼 과학자의 과학적 업적은 일상생활 속에서 관심이나 호기심을 적극적으로 갖는 것에서 출발하여, 직접 해결해 보고자 하는 탐구의 실천을 통해 이루어진 것이라 할 수 있다(조형숙 외, 2010).

4) 생활 속에서 과학적 탐구 수행하기

자신의 일상과 관련이 있는 주제를 중심으로 과학적 탐구를 다음과 같이 수행해 볼 수 있다.

- 생활 속 건강, 미용, 식생활 등에서 궁금하거나 흥미로운 대상 발견해 보기
- 이를 확인할 수 있는 실험 및 방법 수행하기

활동 ⑥

생활 속 궁금한 과학

일상생활 속에서 만날 수 있는 과학에 대해 생각을 나누어 봅시다.

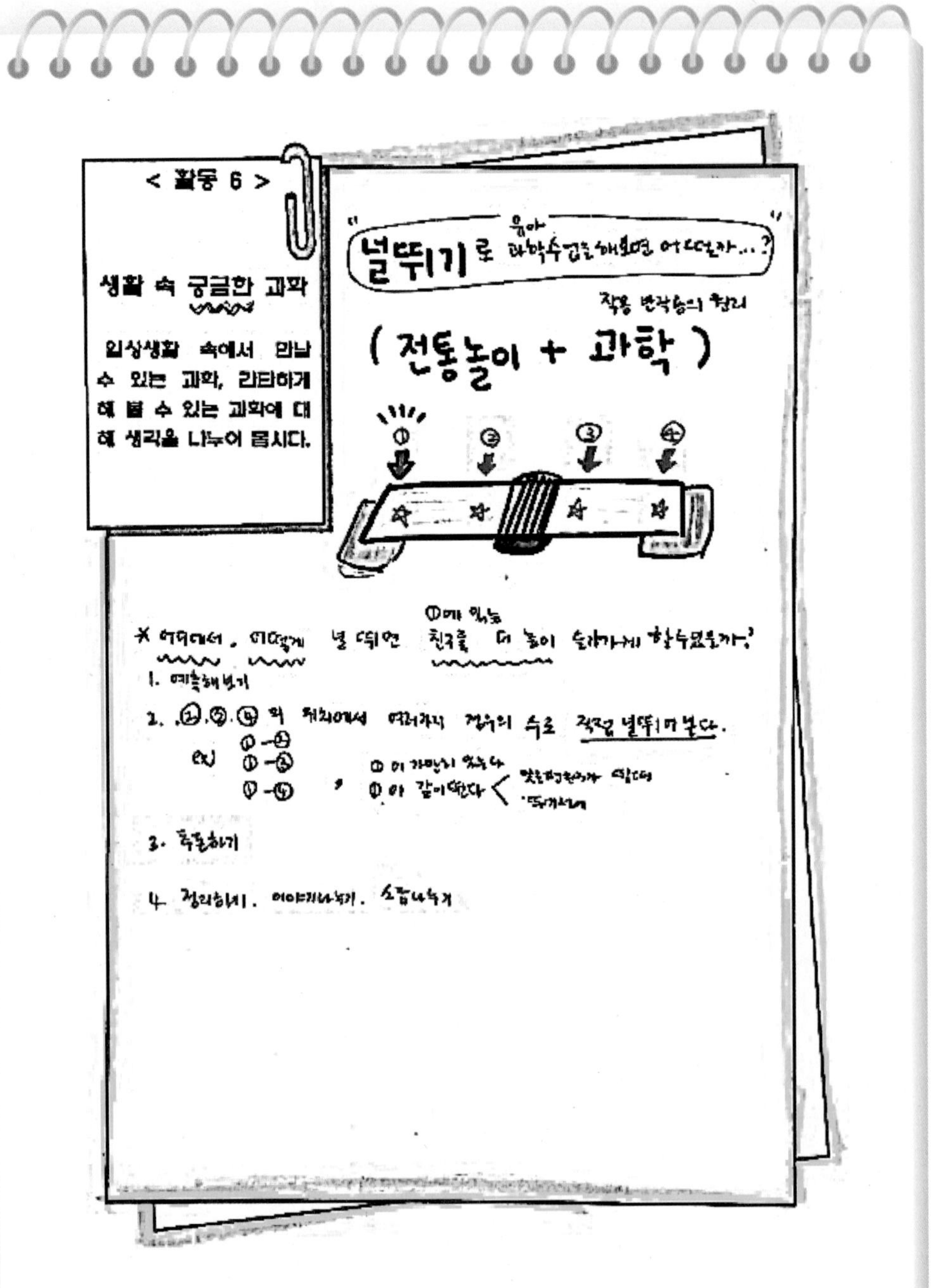

예비유아교사의 '생활 속에서 과학적 탐구 수행하기' 활동

5) 유아교육과의 연계 활동

교사 자신의 일상과 관련된 과학 탐구 활동을 유아들과 함께 해 볼 수 있는 과학활동으로 활용하는 방안을 생각해 본다.

활동 7

생활 과학을 유아교육 속으로

일상생활 속에서 만날 수 있는 과학을 유아와 함께할 수 있게 창안해 봅시다.

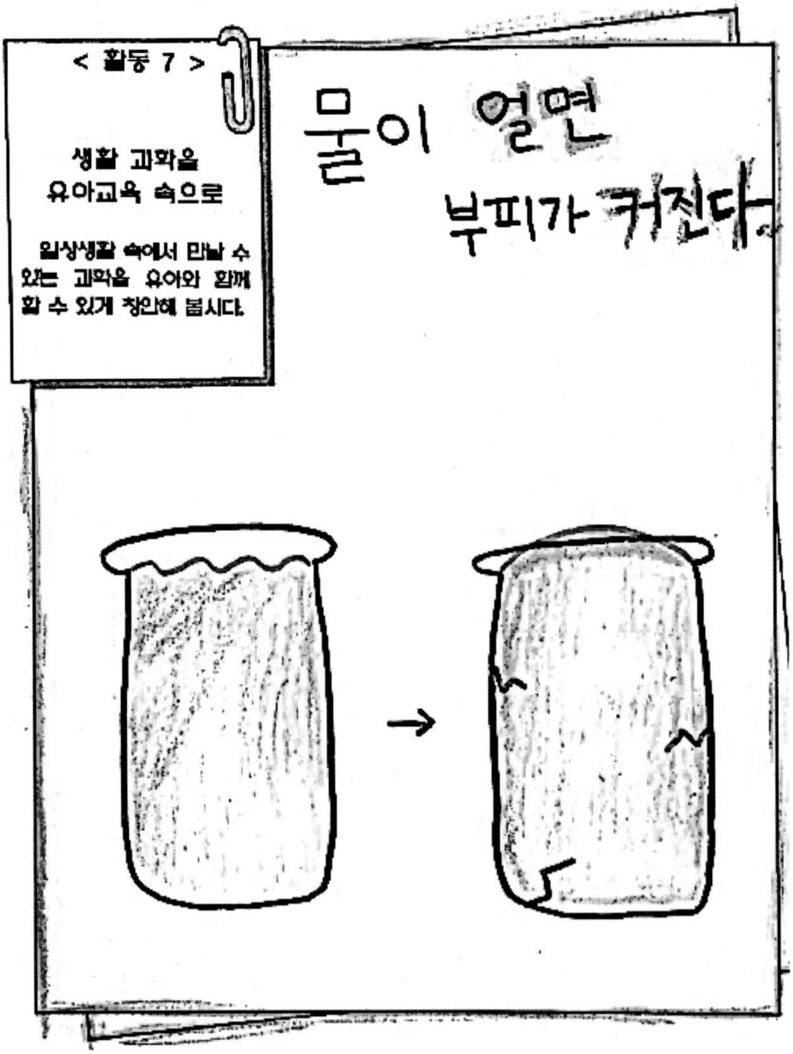

예비유아교사의 생활 속에서 과학적 탐구 수행하기 활동

참고문헌

강호정(2002). 예비유아교사의 과학교수에 대한 태도 및 인식에 관한 연구. 중앙대학교 교육대학원 석사학위논문.

교육과학기술부(2010). 창의인재와 선진과학기술로 여는 미래 대한민국. 2011년 교육과학기술부 업무보고, 1-41.

교육과학기술부, 보건복지부 (2013). 3-5세 연령별 누리과정 교사용 지침서.

권영례(1992). 유치원 아동의 과학행동에 미치는 교사의 언어형태와 학습주제 선정방법의 효과. 중앙대학교 대학원 박사학위논문.

권영례(2011). 유아과학교육. 서울: 학지사.

김경미, 김현주, 송연숙(2012). 현장중심 유아과학교육. 서울: 창지사.

김정화, 조부경(2001). 과학, 과학자 및 과학활동에 대한 유아의 인식. 아동학회지, 22(1), 177-190.

김진수(2012). STEAM 교육론. 경기: 양서원.

문연심, 이화영(2006). 통합적 접근에 기초한 영유아 수 · 과학 교육. 경기: 양서원.

신은수, 안경숙, 김은정, 안부금(2006). 생활과 환경 중심의 영유아 과학교육. 경기: 양서원.

안지영(2013). 예술적 경험을 통한 유아과학교육 프로그램 개발 및 효과. 전남대학교 대학원 박사학위논문.

양 은(2006). 유아과학 프로그램의 활용 실제 및 개선방향. 목포대학교 교육대학원 석사학위논문.

엄기영(1994). 현장적용을 위한 유아과학교육 프로그램연구. 청심 아동문제연구소.

윤회정, 윤원정, 우애자(2011). 2009 개정 교육과정과 융합형 과학 교과서에 대한 고등학교 과학교사들의 인식. 교과교육학연구, 15(3), 757-776.

이기현(2013). 자연과 상호작용을 위한 유아과학교육. 경기: 정민사.

이민정, 이연승, 전지형, 강민정, 이해정, 김정희, 전윤숙, 박주연(2012). 유아과학교육: 실험중심 탐구활동. 경기: 공동체.

이영인(2005). 미술교육과 과학교육의 통합 프로그램 지도방안 연구: 6~7세 아동을 중심으로. 동국대학교 교육대학원 석사학위논문.

이윤옥, 임창옥(2001). 유아미술 교육과 과학교육의 통합적 접근 연구. 교육논총, 5, 181-216.

전경원(2004). 창의성을 중심으로 한 유아과학교육. 서울: 학문사.

조형숙(1999). 예비교사를 위한 탐구중심 및 과학교육수업의 효과 탐색. 유아교육연구, 17(2), 227-245.

조형숙(2007). 페미니즘 과학교육론에 기초한 유아 교사교육모형 개발. 유아교육연구, 11(3), 265-292.

조형숙(2009). 유아와 과학, 그리고 세상에 대한 관심. 아이코리아연수원 교원워크숍과정, 5-17.

조형숙, 김선월, 김지혜, 김민정, 김남연(2010). 삶의 가치와 아름다움을 찾아가는 유아과학교육. 서울: 학지사.

조형숙, 김지혜, 김태인(2011). 배려의 과학. 서울: 다음세대.

최인숙(2000). 유아과학교육. 서울: 학지사.

한유미(2003). 보육교사의 과학 교수 개인효능감에 관한 연구. 한국생활과학회지, 12(5), 687-697.

한유미(2013). 유아과학교육. 서울: 창지사.

황의명, 조형숙(2013). 탐구 능력 증진을 위한 유아과학교육. 경기: 정민사.

Barton, A. K. (1988). 페미니즘 과학교육이란 무엇인가(신동희, 최경희 역). 경기: 동녘.

Butzow, C. M., & Butzow, J. W. (Eds.). (2000). *Science through Children's Literature: An Integrated Approach*. Hamilton, New Zealand: Science Education Research Unit, University of Waikato.

Chalufour, I., & Worth, K. (2004). *Building Structures with Young Children*. Washington, DC: NAEYC.

Holt, B. G. (1993). *Science with Young Children*. Washington: NAEYC.

Koch, J. (1999). *Science Stories: Teachers and Children as Science Learners*. Boston, New York: Houghton Mufflin Company.

Martin, D. J. (2001). *Constructing Early Childhood Science*. Albany, NY: Delmar/Thompson Learning.

McDevitt, T. M., Heikkinen, H. W., Alcorn, J. K., Ambrosio, A. L., & Gardner, A. L. (1993). Evaluation of the preparation of teachers in science and mathematics: Assessment of preservice teacher' attitudes and beliefs. *Science Education*, 77(6), 593-610.

Weiss, I., Nelson, B., Boyd, S., & Hudson, S. (1989). *Science and Mathematics Educating Briefing Book*. Washington, DC: National Science Teachers Association.

Worth, K., & Grollman, S. (2003). *Worms, Shadows, and Whirlpools: Science in the Early Childhood Classroom*. Education Development Center, Inc., Newton, MA.

Yager, R. E. (1991). The constructivist learning model: Towards reform in science education. *The Science Teacher, 58*(6), 52-57.

제 8 장

스토리텔링을 활용한 창의 · 인성교육의 이론과 실제: 고전문학 중심으로

1. 스토리텔링을 활용한 창의 · 인성교육의 필요성

현대사회는 빠르게 변화하고 있으며, 이러한 변화에 부응하기 위해 창의성이 부각되고 창의성의 중요성과 더불어 인성교육의 중요성 또한 날로 부각되고 있다. 이러한 창의성 신장 및 인성 함양을 위해 다루어져야 할 영역이 바로 문학이며, 고전문학이야말로 풍부한 환상적 요소, 시공간을 초월한 상상력 및 창의력 증진효과가 있고 다양한 재해석으로 인한 긍정적인 영향을 미치는 등 창의성과 인성교육에 있어 핵심 영역이라고 볼 수 있다.

창의성을 이 세상에 존재하지 않는 것을 새롭게 만들어 내거나 이미 존재하는 것이라 할지라도 재창조하는 사고작용(박태화, 2002)이라는 측면에서 볼 때 고전문학에서의 스토리텔링을 빼놓을 수 없다.

스토리텔링이란 창의력을 신장하기 위한 문학적 접근방법 중 하나인데 직접 이야기를 듣고 창작하거나 다양한 반응을 표현해 보는 것으로, 창조적인 스토리를 발굴하고 개발하는 것, 그리고 기존의 이야기를 발전시켜 모든 이가 좋아하고 감동받을 수 있도록 하는 것이다(하은미, 2010). 또한 정은순(2006)은 스토리텔링을 '구연자는 이야기를 하고 청자는 구연자의 말하기와 자신의 경험과 믿음에 기초하여 상상 속에서 이야기를 만들어 내는 창조적 활동'으로, 창자와 화자 사이의 역동적 상호작용으로 설명하고 있다.

즉, 스토리텔링을 활용한 고전문학 작품을 통해 다양한 방면에서의 창의력을 증진시킬 뿐 아니라 서로 감정을 교류하고 공감하며, 서로를 존중하게 되고, 다양한 문학 체험 및 이야기 속의 삶을 내면화함으로써 바른 심성과 태도를 함양하고, 기본 예절을 갖춘 건전한 시민으로서의 자세, 타인을 배려할 줄 아는 마음을 기를 수 있게 된다(김해연, 2007).

따라서 이 장에서는 창의 · 인성 함양을 위해 스토리텔링을 활용한 고전문학에 대하여 알아보도록 한다.

2. 고전문학에서의 스토리텔링 교육

1) 스토리텔링 교육

(1) 스토리텔링의 개념

'스토리텔링(Storytelling)'은 단어 그대로 '이야기'를 지칭하는 영어 단어 'story'와 '말하다'의 의미를 갖고 있는 동사 'tell'에 현재진행형을 나타내는 '-ing'가 결합된 합성어로, '이야기하다'라고 정의할 수 있다(류수열 외, 2007). 즉, 스토리텔링은 학습자가 자연스럽게 언어를 습득하도록 하기 위해 학습자에게 동화나 우화를 들려주는 활동을 의미하는 것으로 '구연'이라는 용어와 같은 개념으로 사용되고 있다. 구연이란 얼굴표정과 약간의 제스처를 곁들여 말의 고저 · 강약 · 장단 · 완급을 조절하고 음색과 포즈(pause)를 적절하게 활용하여 말의 의미를 극화하는 것(김해연, 2007)으로 구연의 개념은 스토리텔링에 비해 다소 포괄적으로 여겨진다.

스토리텔링에 대한 개념을 정리해 보면 다음과 같다.

이인화(2003)는 사건 진술의 내용을 '스토리'라 하고 사건 진술의 형식을 '담화'라고 할 때 스토리텔링은 스토리, 담화, 이야기가 담화로 변화하는 과정의 세 가지 의미를 모두 포괄하는 개념이라 하였다. 최혜실(2006)은 스토리텔링이란 'story' 'tell' 'ing'이 결합된 것으로 이야기성, 현장성, 상호작용성의 특징을 가진다고 하였다. 김의숙과 이창식(2005)은 스토리텔링이란 좁게는 재미있고 감동적인 스토리를 만들어 내는 능력, 넓게는 문학적 상상력, 예술적 심미안, 공학적 기술 가치를 모두 아우르는 통합적 능력으로 보았다. 박기용(2009)은 원형이 되는 어떤 이야기를 타인에게 전달하는 담화의 방식이자 담화의 과정으로 보고 '이야기하기'가 아닌 '이야기 나누기'의 개념을 도입했다. 김해연(2007)은 스토리텔링이란 구술적 연행(구연) 중 낭독을 제외한 교사가 실감 나게 이야기해 주기의 방법을 의미하며, 얼굴표정, 몸짓, 손짓

등의 비언어적 요소를 동원하여 이야기를 외우거나 자신이 아는 이야기를 감정을 살려 생동감 있게 들려주는 행위이자, 청자와 구연자가 반응을 주고받으며 의사소통하는 상호작용적 행위라고 하였다.

(2) 스토리텔링의 교육적 의의

스토리텔링은 이야기를 해 주는 사람과 듣는 사람 사이에 의사소통이 일어나기 때문에 여러 측면에서의 교육적 가치가 있다. 다음은 스토리텔링의 교육적 가치에 대한 것이다.

- **정서체험 제공에서의 스토리텔링 교육** 상호작용을 통하여 이야기를 듣는 활동은 직접성과 친밀감으로 인해 구연자와 청자 사이의 일체감을 형성할 뿐 아니라 청자가 이야기에 더욱 몰입할 수 있도록 하며 감정이입을 통해 다양한 정서체험이 일어나도록 도와준다.

- **문학 향유에서의 스토리텔링 교육** 듣기는 의사소통 과정의 핵심적인 부분으로서 생활 속에서 가장 큰 비중을 차지한다. 보기와 듣기를 통해 문학을 향유하기 시작하여, 점차 자신이 본 것을 재구성하여 말하거나 들은 것을 모방하여 말하는 방식으로 범주를 넓혀 나간다.

- **상호작용을 통한 심미적 체험에서의 스토리텔링 교육** 스토리텔링은 상호작용적 의사소통 과정이다. 즉, 구연자는 이야기하는 도중에 청자를 참여시킬 수 있다. 예를 들어 경험과 관련지어 보거나 특정 장면에서 떠오르는 생각 말하기, 이야기 속 등장인물에게 하고 싶은 말 표현하기 등을 통해 능동적 입장에서 심미적 반응을 하도록 돕는다.

- **창의력 및 상상력 신장에서의 스토리텔링 교육** 이야기는 창의력 및 상상력을 증진시키며 무한한 환상의 세계를 맛볼 수 있게 한다. 이야기 속의 장

면, 인물, 중심 생각이나 새로운 이야기를 재창조해 내는 것과 이야기의 상호작용적 성질을 이용한 활동을 통해, 청자의 창의력 및 상상력을 더욱 증진시킬 수 있다.

- **올바른 인성 함양에서의 스토리텔링 교육** 스토리텔링 교육을 통해 좀 더 순수한 마음을 지니며 바른 자세와 태도를 지닌 인격자로 성장하게 된다. 이야기를 듣고 이야기를 만들어 보는 과정을 통해 사회의 여러 가지 상황을 접하게 되며, 옳고 그름을 구분하여 진정한 삶의 의미를 모색하게 됨으로써 올바른 인격의 소유자로 성장하는 데 도움을 얻을 수 있다.

(3) 스토리텔링의 방법

스토리텔링의 방법으로 문학작품을 듣고 반응하기가 있다. 스토리텔링에서 이야기를 듣고 난 후 들은 이야기에 대하여 느낌, 생각을 다른 장르로 표현하는 것이다. 이때 다른 장르로는 그림 그리기, 글쓰기, 노래하기, 무용하기, 만화로 나타내기 등의 활동을 할 수 있으며, 또한 이야기 듣고 뒷이야기를 꾸며 내는 활동, 앞 이야기를 완성시킬 수 있도록 중간 부분의 이야기를 꾸며 내어 완성시키는 활동을 하도록 한다.

창작 스토리텔링의 경우 자신이 직접 경험하고 본 것, 듣고 읽고 알게 된 여러 가지 이야기를 활용하여 내용을 다시 개작하거나 전혀 다른 내용으로 창작한 뒤 주어진 이야기와 연결되도록 꾸며 낼 수 있다.

스토리텔링 학습 지도에서는 뒷이야기 완성하기, 앞 · 뒤 이야기를 알고 가운데 이야기 완성하기, 뒷이야기 알고 앞이야기 완성하기의 순서를 적용하는 것이 좋다(하은미, 2010).

[그림 8-1]은 두 곰의 모습이다. 첫 번째 사진 속 두 곰은 서로 싸우거나 다투고 있는 모습이며, 두 번째 사진에서 두 곰은 다정하고 사이좋은 모습이다.

그림의 두 사진을 보고 스토리텔링을 해 보자. 어떻게 할 수 있겠는가?

스토리텔링을 하기 위해서 먼저 그림에서의 곰들의 상황을 분석하는 것이

[그림 8-1] 싸우는 곰과 사이좋은 곰 사진

출처: 왼쪽 사진) http://cafe.naver.com/2006ktp/125284
오른쪽 사진) https://www.stylesha.re/tkfk7868/906525

필요하다. 즉, 그림 속의 두 곰의 상황이 어떠한지 생각해 보고 이러한 상황이 되기까지의 원인을 분석하여 구체적으로 이야기를 만들어 보도록 한다. 그리고 자신의 감상을 적극적으로 표현할 수 있도록 자유로운 분위기를 조성하고 그림에서 앞뒤 정황이 나올 수 있음을 확인한 뒤 자신이 감상한 것을

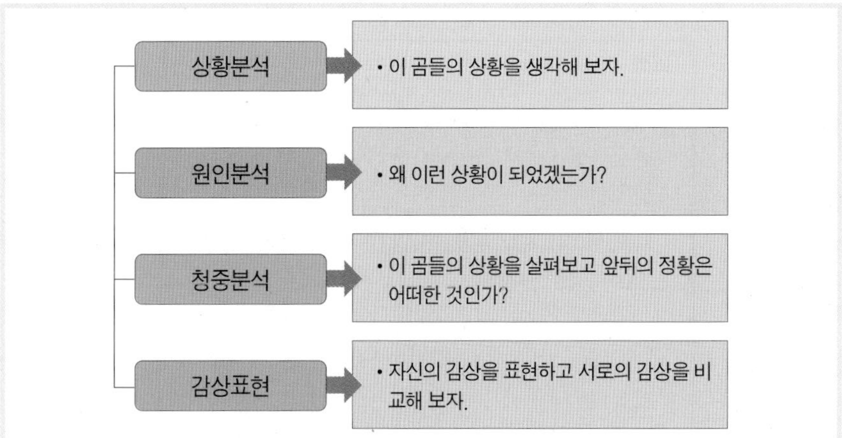

[그림 8-2] 상황분석을 통한 스토리텔링 과정

표현하고, 다른 사람의 감상을 비교함으로써 작품 감상의 차이를 스스로 알도록 한다.

① 뒷이야기 만들기

이야기를 읽고 뒤에 이어질 내용을 상상하는 활동으로 인물의 성격과 배경, 사건 등을 고려하여 작성하되, 최대한 자유롭게 이야기를 만들 수 있도록 한다.

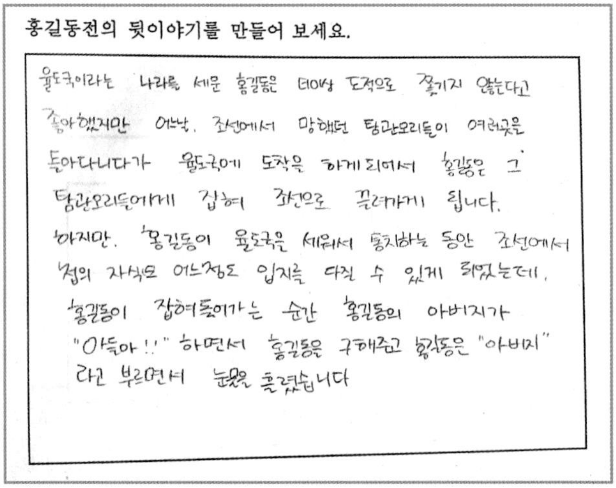
홍길동전의 뒷이야기를 만들어 보세요.

율도국이라는 나라를 세운 홍길동은 더이상 도적으로 쫓기지 않는다고
좋아했지만 어느날, 조선에서 망했던 탐관오리들이 여러곳을
돌아다니다가 율도국에 도착을 하게되어서 홍길동은 그
탐관오리들에게 잡혀 조선으로 끌려가게 됩니다.
하지만, 홍길동이 율도국을 세워서 통치하는 동안 조선에서
첩의 자식도 어느정도 입지를 다질 수 있게 되었는데,
홍길동이 잡혀들어가는 순간 홍길동의 아버지가
"아들아!!" 하면서 홍길동을 구해주고 홍길동은 "아버지"
라고 부르면서 눈물을 흘렸습니다

홍길동전의 뒷이야기를 만들어 보세요.

홍길동은 율도국의 왕이되어 자신과 처지가 비슷한
사람들을 율도국으로 불러 들입니다. 그들과 힘을 키운
홍길동은 다시한번 자신을 도적으로 내몬 나라로 쳐들어가
왕을 내몬후 자신이 그나라의 왕이되어
탐관오리의 재산을 모두 가난한 사람들에게 나누어주고
첩의자식들도 아버지를 아버지로 부를수 있게하고
벼슬길로 나갈수 있는 제도를 만들어 차별없는
행복한 나라로 만들었다.

[학생 작품 - 『홍길동전』을 듣고 뒷이야기 만들기]

② 앞이야기 만들기

이야기를 읽고, 앞에 전개된 내용을 상상하거나 결과의 원인이 무엇인지에 대하여 알아보는 활동이다. 인물, 사건, 배경 등을 고려하여 뒷이야기와 논리적으로 맞는 앞이야기를 만드는 활동을 통하여 창의력을 증진시킬 수 있다.

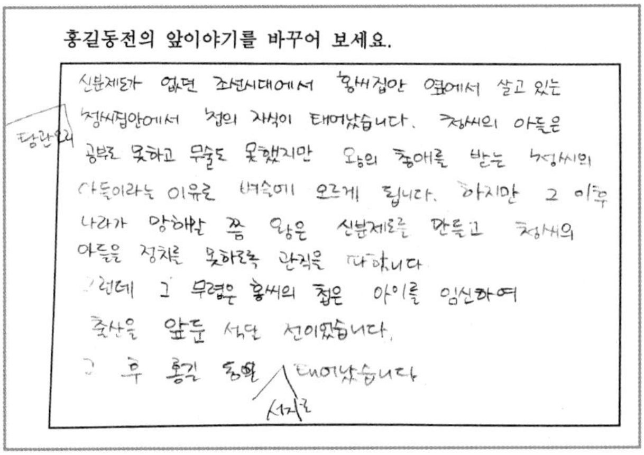
홍길동전의 앞이야기를 바꾸어 보세요.

신분제도가 없던 조선시대에서 홍씨집안 옆에서 살고 있는 청씨집안에서 첩의 자식이 태어났습니다. 청씨의 아들은 공부도 못하고 무술도 못했지만 왕의 총애를 받는 청씨의 아들이라는 이유로 벼슬에 오르게 됩니다. 하지만 그 이후 나라가 망해갈 쯤 왕은 신분제도를 만들고 청씨의 아들은 정치를 못하도록 관직을 땄었니다
그런데 그 무렵은 홍씨의 첩은 아이를 임신하여 출산을 앞둔 석달 전이었습니다.
그 후 홍길동은 서자로 태어났습니다

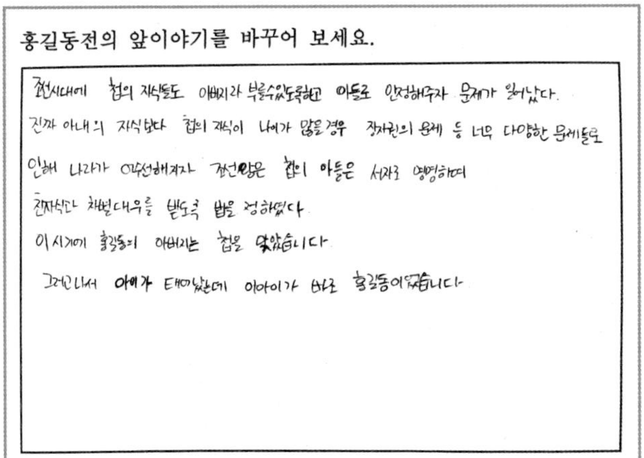
홍길동전의 앞이야기를 바꾸어 보세요.

조선시대에 첩의 자식들도 아버지라 부를수있도록하고 아들로 인정해주자 문제가 일어났다.
진짜 아내의 자식보다 첩의 자식이 나이가 많을경우 장자권의 문제 등 너무 다양한 문제들로 인해 나라가 어수선해지자 조선왕은 첩의 아들은 서자로 명명하며 친자식과 차별대우를 받도록 법을 정하였다
이 시기에 홍길동의 아버지는 첩을 맞았습니다
그러고나서 아이가 태어났는데 이아이가 바로 홍길동이였습니다

[학생 작품 – 『홍길동전』을 듣고 앞이야기 바꾸기]

③ 가운데 이야기 만들기

이야기의 앞부분과 뒷부분을 읽고 가운데에는 어떤 내용이 전개될지 생각해 보고 이야기를 만드는 활동이다. 가운데 이야기 만들기는 내용이 제한적이기 때문에 상상력과 함께 논리력의 신장을 가져올 수 있도록 지도해야 한다.

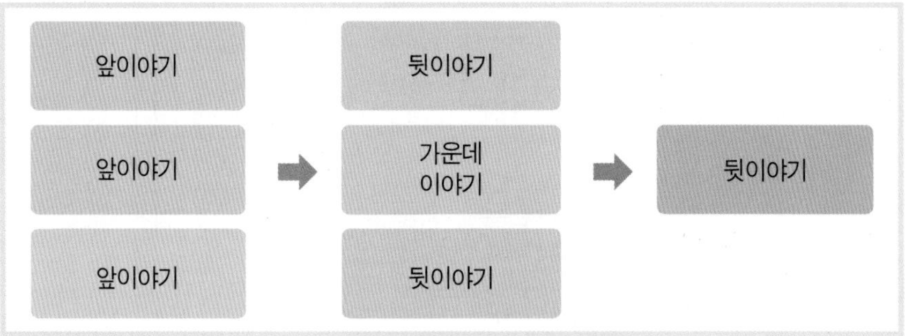

[그림 8-3] 이야기 꾸미기 활동

④ 들은 이야기 다시 스토리텔링

이야기를 들려주고 그 이야기를 다시 스토리텔링 해 보는 활동으로, 이야기를 단순히 전달하거나 반복하기보다는 창의적인 재구성에 초점을 두어 지도한다. 이야기를 들려주기 전에 듣기 자세나 간단한 메모 요령을 지도하면 효과를 높일 수 있다.

⑤ 핵심어 스토리텔링

제시한 핵심어를 사용하여 이야기를 만드는 활동이다. 이 활동에서는 제시된 모든 핵심어를 사용해도 되고 일부의 핵심어만 사용해도 되는 자율성을 주어 학생의 창의력이 최대한 발휘될 수 있도록 지도한다.

⑥ 주인공의 성격 바꾸기 스토리텔링

이야기의 사건을 결정짓게 되는 결정적인 요소는 주인공의 성격이다. 이 활동에서는 주인공의 성격이 바뀜에 따라 이야기의 사건이 어떻게 바뀌는가에 초점을 두고 지도한다.

⑦ 결말 바꾸기 스토리텔링

전체 이야기를 들려준 다음, 이야기의 결말만 바꾸는 활동이다. 이야기의 인물, 사건, 배경이 정해져 있다 해도 결말이 바뀔 수 있다는 것에 초점을 두며 자유롭게 생각할 수 있도록 지도한다.

⑧ 시대적 · 공간적 배경 바꾸기 스토리텔링

원래 이야기에서 시대적 · 공간적 배경을 다르게 제시하여 전체 이야기를 바꿔 보는 활동이다. 이를 통해 시대적 · 공간적 배경을 달리하면 이야기의 내용이 어떻게 바뀌게 되는지 알아보며 이야기의 전개에 있어서 배경의 중요성을 인식하게 한다.

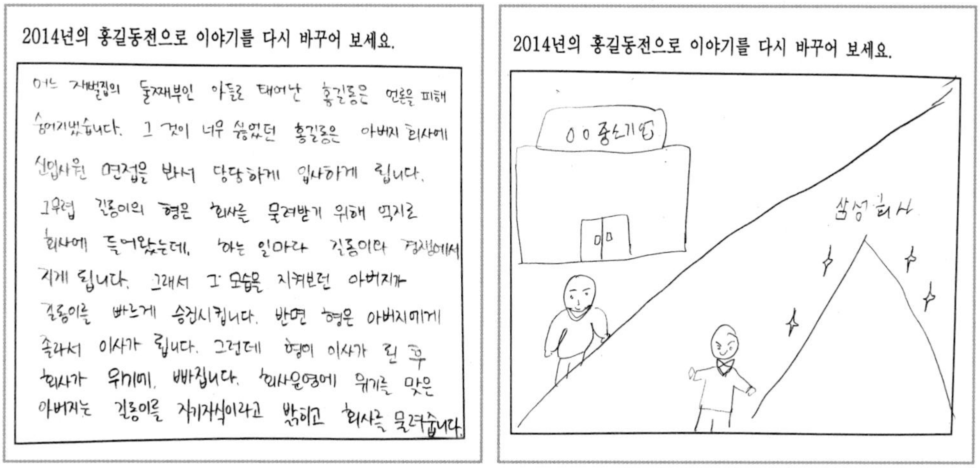
2014년의 홍길동전으로 이야기를 다시 바꾸어 보세요.

어느 재벌집의 둘째부인 아들로 태어난 홍길동은 언론을 피해 숨어지냈습니다. 그 것이 너무 싫었던 홍길동은 아버지 회사에 신입사원 면접을 봐서 당당하게 입사하게 됩니다. 그무렵 길동이의 형은 회사를 물려받기 위해 억지로 회사에 들어왔는데, 하는 일마다 길동이와 경쟁에서 지게 됩니다. 그래서 그 모습을 지켜본 아버지가 길동이를 빠르게 승진시킵니다. 반면 형은 아버지에게 졸라서 이사가 됩니다. 그런데 형이 이사가 된 후 회사가 위기에 빠집니다. 회사운영에 위기를 맞은 아버지는 길동이를 자기자식이라고 밝히고 회사를 물려줍니다.

[학생 작품 – 2014년 홍길동전 스토리텔링]

⑨ 글의 종류 바꾸기 스토리텔링

동시나 만화, 극본 등 다른 종류의 글을 제시하고, 이를 이야기로 바꾸어 보는 활동이다. 이 활동은 이야기의 구성요소에 대한 학습이 이루어져야만 가능하며, 이야기의 전체적인 틀은 다른 종류의 글을 통하여 제시되지만 최대한 창의력을 발휘하여 만들도록 지도한다.

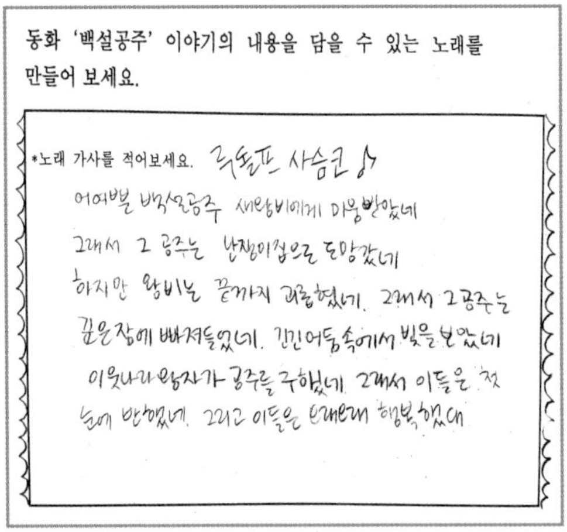
동화 '백설공주' 이야기의 내용을 담을 수 있는 노래를 만들어 보세요.

*노래 가사를 적어보세요. 루돌프 사슴코 ♪
어여쁜 백설공주 새왕비에게 미움받았네
그래서 그 공주는 난쟁이집으로 도망갔네
하지만 왕비는 끝까지 괴롭혔네. 그래서 그 공주는
깊은잠에 빠져들었네. 긴긴어둠속에서 빛을 보았네
이웃나라왕자가 공주를 구했네. 그래서 이들은 첫
눈에 반했네. 그리고 이들은 오래오래 행복했대

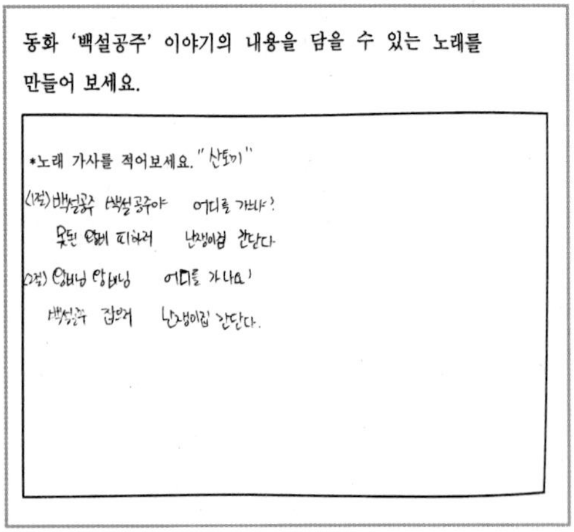
동화 '백설공주' 이야기의 내용을 담을 수 있는 노래를 만들어 보세요.

*노래 가사를 적어보세요. "산토끼"
(1절) 백설공주 백설공주야 어디를 가느냐?
못된 왕비 피하러 난쟁이집 간단다
(2절) 왕비님 왕비님 어디를 가나요?
백설공주 잡으러 난쟁이집 간단다.

[학생 작품 – 『백설공주』 이야기를 듣고 노래 가사 만들기]

⑩ 캐릭터 스토리텔링

캐릭터는 소설, 연극, 영화, 만화 등에 등장하여 이야기를 이끌어 나가는 인물을 뜻하는 말이다. 캐릭터를 만들 때에는 이름, 출생일과 출생지, 나이, 신체, 가족관계, 탄생과 성장과정, 성격, 좌우명, 특기, 취미, 좋아하는 것, 싫어하는 것 등을 구체적으로 제시하게 한다. 나만의 캐릭터를 만들면 그 캐릭터를 이용하여 스토리텔링을 해 본다.

(4) 스토리텔링 교육 시 유의점

스토리텔링할 때 호흡을 적절히 조절하여 발음을 정확하게 하는 등 이야기에 대하여 충분히 이해 가능하도록 해야 한다. 뿐만 아니라 다양한 아이디어를 생각하거나 적용할 수 있는 분위기를 조성하여 스토리텔링의 재미에 빠질 수 있도록 한다.

2) 고전문학에서의 스토리텔링 교육

(1) 고전문학교육의 필요성

고전문학의 수많은 작품들은 시대에 걸쳐 읽히고 또 읽힘으로써 우리에게 그 가치를 전달하고 있다. 디지털화되고 있는 현대사회에서 고전문학은 익숙하지 않은 문학 장르다(이신혜, 2014). 하지만 이러한 고전문학이 그 시대와 동떨어져 있거나 재미없는 장르로 도태된 것이 아니라, 오히려 더 흥미 있는 작품으로 볼 수 있다. 고전문학작품은 그 자체로도 중요하게 여겨질 가치가 있을 뿐 아니라 아주 오래전부터 많은 사람들에게 사랑을 받고 읽혀져 왔으며 지금까지 오랜 세월에 걸쳐 선택되는 작품들이다.

고전문학의 경우 단순히 그 시대상을 반영하는 것에 그치지 않고 우리 선조들의 삶의 지혜와 태도를 엿볼 수 있으며, 그로 인해 현재의 가치관의 기초를 마련해 주고 있다. 고전문학을 통하여 우리가 직접 경험하지 못한 일들을 간접적으로 경험할 수 있게 되고, 오랜 세월에 걸쳐 전승해 오는 동안 재해석되고 조상의 지혜를 본받게 됨으로써 현재의 삶을 지혜롭게 헤쳐 나가는 원동력이자, 정서적으로 긍정적 영향을 끼치는 등 우리의 인성 함양에 많은 영향을 미치고 있다.

고전문학의 중요성은 다음과 같이 정리할 수 있다.

- 고전문학은 허구적으로 꾸며진 이야기이므로 무한한 상상력을 증진시킬 수 있다. 현대문학에서는 어색해질 수 있는 시공간을 초월한 상상력을 고전문학을 통해 가질 수 있다. 고전문학의 상상력으로 인해 작가와 독자의 구별이 없는 상호소통성이 첨단 정보화시대의 다양한 매체와 만날

수 있다(권순긍, 2006).

- 고전문학 속에는 환상적인 요소가 많이 내포되어 있으며 시대의 문학으로서 독자의 경계를 허무는 상호소통을 전제로 활용될 수 있다. 고전문학의 환상성은 작품을 통해 삶의 가치를 얻는 것과 연계할 수 있다(이신혜, 2014).
- 고전문학은 다른 문학과 마찬가지로 삶의 문제를 다루고 있기 때문에 이를 통하여 삶을 가치 있게 하며, 문학적 체험을 풍부하게 할 수 있도록 도와준다. 고전문학을 통해 우리 선조들의 지혜와 가치를 자연스럽게 배울 수 있는 장이 열리게 된다.
- 고전문학을 통하여 현실을 비판적으로 볼 수 있는 안목을 길러 삶에 대해 진지하게 고민하면서 삶을 객관적으로 바라볼 수 있는 태도를 갖도록 도와준다. 또한 고전문학을 통해 웃음과 삶의 지혜를 배울 수 있다.

춘향전	심청전	흥부전	장화홍련전

신동흔 글, 노을진 그림 한겨레아이들, 2004	홍윤희 글, 박철민 그림 예림아이, 2012	이규희 글, 강신광 그림 한국톨스토이, 2014	방미진 글, 오윤화 그림 웅진주니어, 2013
별주부전	구운몽	홍길동전	토끼전

김해원 글, 박해남 그림 웅진주니어, 2014	강원희 글, 서선미 그림 알라딘북스, 2014	권혁래 글, 홍선주 그림 장영, 2014	김진경 글, 강우근 그림 장영, 2012

[그림 8-4] 한국 고전문학작품

레 미제라블	작은 아씨들	소공녀	어린 왕자

빅토르 위고 글, 박주원 그림, 통큰세상, 2014	루이자 메이 올컷 글, 김민지 그림, 삼성출판사, 2014	프랜시스 버넷 글, 송지향 그림, 키움북스, 2014	생텍쥐페리 글, 문계주 그림, 삼성출판사, 2014
비밀의 화원	톰 소여의 모험	마지막 수업	로빈 후드의 모험

프랜시스 호지슨 버넷 글, 찰스 로빈슨 그림, 비룡소, 2011	마크 트웨인 글, 박승범 그림, 삼성출판사, 2012	알퐁스 도데 글, 김현정 그림, 지경사, 2001	하워드 파일 글, 김세온 그림, 지경사, 2012

[그림 8-5] 세계 고전문학작품

(2) 스토리텔링을 활용한 고전문학교육

스토리텔링을 통한 고전문학교육은 학습자의 이야기를 하기 위한 준비단계로 질문과 이야기를 가지고 텍스트를 읽는 과정이다. 여기서 텍스트는 학습자의 눈높이에 맞게 재해석된 테스트를 제공하여 읽기를 먼저 한 후 접근하는 과정이 필요하다.

현대문학의 경우 우리의 삶의 모습을 그대로 보여 주는 경우가 많고, 우리 주변에서 흔히 접해 볼 수 있는 인물들의 성격과 특징으로 거리감이 느껴지지 않는다. 하지만 고전문학의 경우 텍스트 독해의 어려움과 표현, 사건의 생소함이 몰입을 방해하는 요소가 될 수 있기에 스토리텔링이 필요하며 스토리텔링 과정이 의미가 있다. 즉, 이야기를 들려주는 사람과 듣는 사람의 상호작용을 통해 이야기 재창조와 공감의 극대화가 이루어져 구연자와 청자의 상호공감으로 문학 향유를 가능하게 하고 그 재미를 극대화하게 한다.

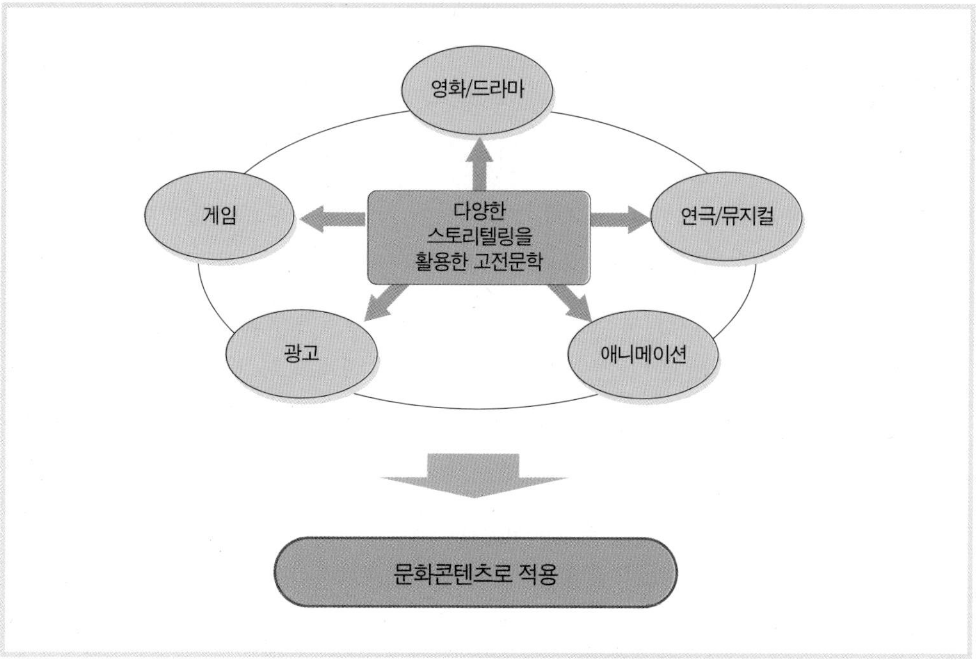

[그림 8-6] 고전문학의 스토리텔링

고전문학의 변형 없이 매체만 전환하는 방법	

MBC 드라마 〈주몽〉(2006) 〈주몽신화〉의 내용을 TV 매체로 전환	애니메이션 영화 〈빨간머리 앤〉(2013) 소설 『빨강머리 앤』을 영화 매체로 전환

[그림 8-7] 고전문학의 스토리텔링의 예 1

고전문학은 시간적 · 공간적 배경 또한 다채롭고, 다양한 이야기 요소를 가지고 있으므로 문화콘텐츠로 옮겼을 때 대중들의 흥미를 유발하기에 적절하다. 예를 들어 『춘향전』 『홍길동전』 『심청전』 『장화홍련전』 등은 고전문학으로서 대중들에게 오랫동안 읽혀져 왔으며, 여러 차례 문화콘텐츠로 재생산된 작품들이다(김미진, 2008). 이와 같은 작품들이 성공적인 콘텐츠로 개발될 수 있었던 것은 원작의 기본 텍스트의 뚜렷한 서사구조와 풍부한 이야기로서의 가치 때문이다. 문자나 구비의 형태로 대중들에게 스토리텔링 되던 고전작품들이 디지털과 IT 기술의 발달로 다양한 매체를 통해 변형되어 영화, 드라마, 애니메이션, 광고, 소설과 같은 문화콘텐츠로 스토리텔링 되고 있다.

① 고전문학이 문화콘텐츠화 되는 방안

첫째, 고전문학의 변형 없이 매체만 전환하는 방법으로, '원작이 있는 드라마'와도 일맥상통한다. 즉, 문자나 말로 전해 내려오던 설화나 소설을 포함한 고전문학을 TV라는 영상매체, 혹은 광고매체, 애니메이션, 연극/뮤지컬

고전문학의 주제나 핵심적 인물을 활용하여 현대적으로 수용하는 방법

만화 〈신암행어사〉(2001~2007)
윤인완 글, 양경일 그림
『춘향전』 내용에 판타지 요소를 넣어
현대적으로 수용

영화 〈장화, 홍련〉(2003)
『장화홍련전』을
현대적인 시각으로 재해석한 작품

[그림 8-8] 고전문학의 스토리텔링의 예 2

고전문학의 일부 모티프를 이용하여 새 작품으로 재창조하는 방법

KBS 드라마 〈쾌도 홍길동〉(2008)
『홍길동전』을 재해석 · 재구성한 작품

뮤지컬 〈인당수 사랑가〉
『심청전』과 『춘향전』을 섞어 재구성한 퓨전 뮤지컬

[그림 8-9] 고전문학의 스토리텔링의 예 3

등으로 가져와 스토리텔링 하는 방식이다(김미진, 2008).

둘째, 고전문학의 주제나 핵심적 인물을 활용하여 현대적으로 수용하는 방법, 즉 고전문학이 갖추고 있는 뚜렷한 주제의식과 캐릭터를 현대극으로 가져와 새롭게 재창조하는 방법으로, 한 작품 전체에 활용되기도 하고 에피소드 중 하나로 패러디되어 새로운 에피소드를 만들어 내기도 한다.

셋째, 고전문학의 일부 모티프만 이용하여 새로운 작품으로 재창조하는 것이다. 즉, 전체가 아니라 일부 핵심적인 몇 가지 요소를 콘텐츠로 수용해 내는 과정으로, 이러한 과정에서 새로운 사건과 캐릭터가 창조되어 원작과는 전혀 다른 이야기가 전개된다.

[그림 8-10]은 고전문학 『춘향전』의 서사구조이며, [그림 8-11]은 고전문학 『춘향전』을 모티프로 새로운 에피소드를 만들어 내어 재구성한 영화 〈방자전〉의 서사구조다.

발달	남원 광한루에서 성춘향과 이몽룡이 만난다.
전개	두 사람은 혼인을 약속한다.
위기	이몽룡은 아버지를 따라 한양으로 올라가게 되고 새로운 신관 사또 변학도는 춘향을 불러들여 수청을 들게 한다.
절정	수청을 거부한 성춘향은 옥에 갇히게 된다.
결말	장원급제 후 암행어사가 된 이몽룡은 탐관오리인 변학도를 숙청하고 옥에 갇힌 춘향을 구한 뒤 월매를 한양으로 데려오고, 성춘향을 부인으로 봉한다.

[그림 8-10] 고전문학 『춘향전』의 서사구조

발달	방자는 남원의 양반 자제 몽룡의 집 몸종으로 들어가고, 몽룡을 따라간 청풍각에서 기생의 딸 춘향에게 한눈에 반한다. 춘향 역시 방자를 보고 몽룡과 다른 모습과 자상함에 흔들려 마침내 방자는 춘향을 품게 된다.
전개	신분상승 욕망이 큰 춘향은 몽룡이 과거를 위해 한양으로 떠나기 전 정인 서약을 맺고, 방자와 연애를 한다.
위기	새로운 사또 변학도가 춘향에게 수청을 명하고 이를 거부한 성춘향은 옥에 갇히게 된다. 장원급제한 몽룡이 돌아와 춘향에게 더 큰 출세를 위해 제안한 모종의 거래로 몽룡의 정실부인이 된다.
절정	급기야 춘향과 몽룡 그리고 방자 셋이 함께 지내게 되었고, 그러던 어느 날 몽룡이 춘향을 폭포 위에서 밀어 떨어뜨린다.
결말	방자는 춘향을 구해 멀리 도망치고, 춘향은 기억을 잃고 아이 모습으로 방자 곁에 있게 된다. 방자는 춘향의 꿈을 이루게 해 주고 싶어 색안경에게 춘향이 원했던 대로 소설을 써 주기를 부탁한다.

[그림 8-11] 영화 〈방자전〉의 서사구조

[그림 8-12]는 고전문학 『춘향전』과 영화 〈방자전〉의 서사구조에 따른 이야기 변화를 비교한 것이다. 영화 〈방자전〉의 경우 『춘향전』의 기본 인물 및 배경을 모티프로 한 작품이지만, 만남에서 재회까지 다른 시각으로 재구성한 것으로 새로운 사건이 형성되고, 캐릭터가 창조되어 원작과는 전혀 다른 이야기로 전개된다.

서사	춘향전	방자전	변화 양상
만남	광한루에서 첫 만남	청풍각(기방)에서 첫 만남	연인 → 몽룡보다는 방자의 입장에서 재구성
약속	혼인을 약속함	각서를 씀	혼인에 대한 진실됨 → 춘향의 신분상승을 위한 서약
이별	과거로 인한 이별	과거로 인한 이별	이별 → 이별 후 춘향과 방자와의 연인관계
수청	변학도가 신관 사또로 부임 / 춘향에게 수청 들 것을 요구	변학도가 신관 사또로 부임 / 춘향에게 수청 들 것을 요구	변학도의 광적인 집착 → 탐욕에 사로잡힌 영혼
암행어사 출두	장원급제하고 암행어사로 돌아온 몽룡 / 변학도 응징	장원급제하고 암행어사로 돌아온 몽룡 / 자신의 승진을 위해 변학도 응징	암행어사(몽룡) 변학도 응징 → 몽룡과 춘향의 계획으로 희생양이 된 변학도
재회	옥에 갇힌 춘향과의 재회	몽룡이 춘향을 죽이려 함	재회 → 방자가 죽을 위기를 맞은 춘향을 구해 방자와 함께 살게 됨

[그림 8-12] 고전문학 『춘향전』과 영화 〈방자전〉 비교

3. 스토리텔링을 활용한 고전문학에서의 인성 지도

1) 고전문학교육을 활용한 인성 지도

인간은 문학을 통해 가치 있는 삶에 대한 고뇌를 하게 된다. 이에 문학교육의 목적은 단순한 기능인 배출만이 아니라 삶의 총체적인 모습을 이해하고 그 가치를 내면화하는 존재를 기르는 것에 있다고 할 수 있다. 고전문학에서 중점적으로 다루고 있는 정서적인 측면에는 도덕적 자율성, 정직성, 탐구정신, 법과 질서의 존중 등의 목표가 포함되어 있다(김해연, 2007).

최영환(2003)은 문학이란 본래 현대사회의 가치관 혼란으로 인해 인간성을 상실하고 방황하는 인간에게 문제에 대한 비판의식을 촉구하고 스스로 고민하면서 해결에 접근하도록 한다는 점에서 문학이 중요한 인성 지도의 장으로 활용될 수 있음을 강조하고 있다. 문학의 가치는 다양한 갈등 사태를 직면하게 함으로써 문제해결력을 증진시키도록 하는 데 의의가 있다.

2) 스토리텔링을 활용한 인성 지도의 필요성

인성이라 함은 존중, 공정성, 보살핌 등의 도덕적 · 윤리적 가치와 책임감, 신뢰, 시민성 등을 망라하는 개념이다. 이는 개인 또는 집단의 정서적 · 지적 · 도덕적 자질은 물론 이러한 자질들이 친사회적 행동으로 나타나는 것을 포함하고 있다(김은정, 2003).

고전문학에서 추구하는 '새로운 인간형의 창조'라는 개념은 인성 지도에서 요청하는 인성가치에 매우 근접하다(김해연, 2007). 다시 말해 고전문학에서 그려 내는 인물의 형상을 통해 정신적 성장은 물론, 인간에 대한 폭넓은 이해와 안목을 가질 수 있게 된다(이하나, 2010). 즉, 고전문학은 인간에 대한 폭넓은 이해와 자신의 모습을 다시 돌아보게 함으로써 개인의 반성적 태도를 기르고 내면적 성장을 하는 데 도움을 준다고 할 수 있다.

고전문학을 통한 스토리텔링은 개인의 경험과 연관 지어 다양한 심미적 반응을 유도하고 상호 간 역동적인 상호작용이 일어나도록 하여 삶의 지혜와 더불어 깊이 있는 생각과 교양을 넓히고, 가치관을 함양하며, 인간의 성실성, 진실성, 협동심을 기르도록 한다(김해연, 2007).

스토리텔링을 활용한 고전문학을 통해 인성 지도를 해야 할 필요성을 정리하면 다음과 같다.

- 인간에 대한 성찰을 가능하게 한다. 고전문학에서의 스토리텔링은 인간의 삶과 정서를 반영하는데, 이는 인간과 삶을 천천히 들여다봄으로써 인간 이해의 심층을 깊게 하여 올바른 인성을 형성하도록 돕는다.

- 스토리텔링의 이야기는 '울림', 즉 심미적인 감동을 전해 줄 뿐 아니라, 다양한 해석과 상대방과의 소통을 존중해 준다. 이러한 과정을 통해 긍정적 정서를 자극하며 인성을 도야하게 된다.
- 스토리텔링을 통해 인성적 가치를 발견하게 된다. 스토리텔링을 통해 다양한 주제를 접해 봄으로써 문학경험을 통하여 자연스럽게 공동체적 인성을 습득하게 된다.
- 스토리텔링을 통해 작품 내용을 이해하고 그 속에서 감동을 전달받게 되며 삶의 진정성을 경험하게 된다. 이러한 과정을 통해 전인성을 추구하게 하며 인성 함양을 돕는다. 인성 함양을 향상하기 위한 '스토리텔링을 활용한 고전문학 활동'을 제시하면 다음과 같다.

활동 ①-① 고전문학 듣고 감정이입 스토리텔링

고전문학작품
『춘향전』을 읽고
궁금한 부분
공감하기

1) 궁금한 것들은 무엇인가요?

2) 궁금한 부분을 찾아 적어 보세요.

3) 그 부분을 어떻게 찾을 수 있었나요?

4) 궁금한 부분과 관련하여 나의 이야기를 적어 보세요.

활동 ①-① 고전문학 듣고 감정이입 스토리텔링

고전문학 듣고 감정이입 스토리텔링

고전문학 '춘향전'을 보고

작품의 궁금한 부분 공감하기	궁금한 것들은 무엇인가요?	춘향이는 왜 절개를 지키려고 노력했을까?
	궁금한 부분을 찾아 적어보세요	사또가 춘향이에게 수청들기를 원하자 춘향이가 거절하였다.
	그 부분을 어떻게 찾을 수 있었나요?	책에서 찾을수 있었다.
	궁금한 부분과 관련하여 나의 이야기를 적어보세요	요즘은 일편단심 한 여자 한 남자만을 사랑하는 청춘남녀가 드물다. ~~1회용으로 사귀거나.~~

[학생 작품]

고전문학 듣고 감정이입 스토리텔링

고전문학 '춘향전' 을 보고

작품의 궁금한 부분 공감하기	궁금한 것들은 무엇인가요?	춘향이의 엄마는 예뻤었는가? 향단이는 예뻤는가? 방자는 못생겼는가? 반대는 없었을까?
	궁금한 부분을 찾아 적어보세요	고을에 잘생긴 사람이 몽룡 하나 뿐이었을까? 춘향은 신분이 천한데 몽룡의 부모님이 쉽게 허락했을까?
	그 부분을 어떻게 찾을 수 있었나요?	주인공외 주요한 스토리 이외의 이야기를 찾아보았다
	궁금한 부분과 관련하여 나의 이야기를 적어보세요	드라마에서 신분의 차이로 결혼을 반대하는 것을 봄 ex) 상속자들

[학생 작품]

활동 ①-② 고전문학 듣고 감정이입 스토리텔링

고전문학작품
『춘향전』을 읽고
등장인물과 자신의
주변인물 비교하기
- 가장 마음에
드는 인물 -

1) 가장 마음에 드는 인물을 캐릭터로 표현해 보세요.

2) 가장 마음에 드는 인물의 성격은 어떠한가요?

3) 내 주변에 이런 사람이 있나요?

4) 어떤 점이 비슷한지 그림으로 표현해 보세요.

5) 그 사람과의 경험을 간략하게 적어 보세요.

활동 ①-② 고전문학 듣고 감정이입 스토리텔링

고전문학 듣고 감정이입 스토리텔링

고전문학 '춘향전'을 보고

<table>
<tr><td rowspan="5">등장 인물과 자신의 주변 인물 비교하기</td><td rowspan="5">춘향전에서 가장 마음에 드는 인물은?
이몽룡</td><td>캐릭터로 표현해 보세요.
</td></tr>
<tr><td>성격이 어떠한가요?
솔직함, 발표를 잘함, 말을 잘함
추진력이 높음
(비록 다른사람을 통해 자신의 마음을 표현했지만, 솔직함.</td></tr>
<tr><td>내 주변에 이런 사람이 있는가요?
이정민 언니
25살 이정민 씨</td></tr>
<tr><td>어떤 점이 비슷한지 그림으로 표현해 보세요.

</td></tr>
<tr><td>그 사람과의 경험을 간략하게 적어보세요.
정민언니는 말을 잘하고 솔직해서
발표도 잘하고 추진력이 높다.</td></tr>
</table>

[학생 작품]

고전문학 듣고 감정이입 스토리텔링

고전문학 '춘향전'을 보고

<table>
<tr><td rowspan="5">등장인물과 자신의 주변인물 비교하기</td><td rowspan="5">춘향전에서 가장 마음에 드는 인물은?
방자</td><td>캐릭터로 표현해 보세요.
</td></tr>
<tr><td>성격이 어떠한가요?
일관성 있고 착하고 자신한테 상황이 안 좋더라도 한사람만 좋아하는 그런 점이 좋은것 같다.</td></tr>
<tr><td>내 주변에 이런 사람이 있는가요?
있는것 같습니다</td></tr>
<tr><td>어떤 점이 비슷한지 그림으로 표현해 보세요.
</td></tr>
<tr><td>그 사람과의 경험을 간략하게 적어보세요.
진짜 많이 착하고 • 그사람과 나는 공감대가 "해바라기" 였다 ㅠ..</td></tr>
</table>

[학생 작품]

활동 ①-③ 고전문학 듣고 감정이입 스토리텔링

고전문학작품
『춘향전』을 읽고
등장인물과 자신의
주변인물 비교하기
- 가장 마음에 들지
않는 인물 -

1) 가장 마음에 들지 않는 인물을 캐릭터로 표현해 보세요.

2) 가장 마음에 들지 않는 인물의 성격은 어떠한가요?

3) 내 주변에 이런 사람이 있나요?

4) 어떤 점이 비슷한지 그림으로 표현해 보세요.

5) 그 사람과의 경험을 간략하게 적어 보세요.

활동 ①-③ 고전문학 듣고 감정이입 스토리텔링

고전문학 듣고 감정이입 스토리텔링

고전문학 '춘향전'을 보고

등장인물과 자신의 주변인물 비교하기	춘향전에서 가장 마음에 들지 않는 인물은? 변사또 (변학도)	캐릭터로 표현해 보세요. 
		성격이 어떠한가요? 좋아하는 마음은 나쁘지 않지만, 표현하는 방법이 잘못되었다. 강압적이다..
		내 주변에 이런 사람이 있는가요? 선후배 관계를 너무 엄격하게 만드는 사람.
		어떤 점이 비슷한지 그림으로 표현해 보세요. 
		그 사람과의 경험을 간략하게 적어보세요. 내 경험은 아니지만, 적당히가 아닌 도를 넘어선 선후배사이의 규율과 엄격함은 후배들과 서로 좋아하는 마음이 나쁘게 표현된 예라고 생각한다

[학생 작품]

고전문학 듣고 감정이입 스토리텔링

고전문학 '춘향전'을 보고

등장인물과 자신의 주변 인물 비교하기	춘향전에서 가장 마음에 들지 않는 인물은?	캐릭터를 표현해 보세요. 
		성격이 어떠한가요? 단 한사람만 보는 그 모습이 있다.
		내 주변에 이런 사람이 있는가요? 친구
		어떤 점이 비슷한지 그림으로 표현해 보세요. 
		그 사람과의 경험을 간략하게 적어보세요. 친구가 밤마다 전화와서 남자친구와 놀았던거나 사소한 카톡내용 또는 매일 같이 찍은 사진을 보고 잔다고 자랑을 매해준다.

[학생 작품]

활동 ①-④ 고전문학 듣고 감정이입 스토리텔링

고전문학작품 『춘향전』을 읽고 등장 인물과 자신의 주변인물 비교하기

-가장 마음에 드는 인상 깊었던 사건과 관련하여 나의 이야기 들려주기-

1) 인상 깊었던 사건과 관련하여 나의 이야기를 적어 보세요.

2) 춘향전에서 가장 기억에 남거나 인상 깊었던 사건을 그림으로 표현해 보세요.

활동 ①-④ 고전문학 듣고 감정이입 스토리텔링

고전문학 듣고 감정이입 스토리텔링

고전문학 '춘향전' 을 보고

인상깊었던 사건과 관련하여 나의 이야기 들려주기	춘향전에서 가장 기억에 남거나 인상깊었던 사건은 무엇인가요?	<그림으로 표현하기> 인상 깊었던 사건과 관련하여 나의 이야기를 적어주세요. 어릴 시절, 춘향전을 보고 나도 춘향이 처럼 되고 싶어 학교 운동장 그네에서 춘향이 처럼 그네를 탔던 기억이 있다.

고전문학 듣고 감정이입 스토리텔링

고전문학 '춘향전' 을 보고

인상깊었던 사건과 관련하여 나의 이야기 들려주기	춘향전에서 가장 기억에 남거나 인상깊었던 사건은 무엇인가요?	<그림으로 표현하기> 인상 깊었던 사건과 관련하여 나의 이야기를 적어주세요 이몽룡과 성춘향이 함께 행복한 모습 나도 미래에 행복하게 살고

[학생 작품]

고전문학 듣고 감정이입 스토리텔링

고전문학 '춘향전' 을 보고

인상깊었던 사건과 관련하여 나의 이야기 들려주기	춘향전에서 가장 기억에 남거나 인상깊었던 사건은 무엇인가요? 그네 타기	<그림으로 표현하기> 인상 깊었던 사건과 관련하여 나의 이야기를 적어주세요 처음 좋아하게 된 순간이 떠올랐습니다.

고전문학 듣고 감정이입 스토리텔링

고전문학 '춘향전' 을 보고

인상깊었던 사건과 관련하여 나의 이야기 들려주기	춘향전에서 가장 기억에 남거나 인상깊었던 사건은 무엇인가요?	<그림으로 표현하기> 인상 깊었던 사건과 관련하여 나의 이야기를 적어주세요 9살때 밤늦게까지 엄마와 아빠가 빨리 집에 들어오기를 기다렸던게 생각이 나네요. 하염없이 이불속에 들어가 기다림.

[학생 작품]

4. 스토리텔링을 활용한 고전문학에서의 창의성 지도

스토리텔링을 활용한 고전문학에서는 창의력을 키우기 위하여 사고의 유창성, 독창성, 융통성, 다양성을 강조하고 있다.

1) 가치 탐구 모형

가치 탐구 학습은 주입식으로 가치를 받아들이는 학습법이 아니라, 가치를 나름대로 발견하고 정당화해 보는 학습법이다.

여기서는 창의와 인성의 자질을 익히고 키우는 데 주안점을 두고 가치 탐구 모형을 적용하므로, 주로 내러티브 제재들을 중심으로 수업이 이루어진다. 가치의 주체는 인물이고, 그 인물을 이해하는 상황이 사건이다. 그 맥락 안에서 가치를 발견하고 해석하는 일련의 활동이 일어나도록 하는 것이 중요하다.

표 8-1 가치 탐구 모형

과정	주요 활동 내용
사건 분석하기	작품 세계를 재현된 상황에 따라 이해하는 활동 (사건의 인과적 관련성 이해하기, 사건의 방향 예측하기)
인물의 생각 찾기	사건 맥락과 배경을 참조하여 인물의 생각과 의식을 찾아내는 활동 (인물의 숨은 생각/드러난 생각 찾기, 생각의 흐름 찾기)
가치 찾아보기	인물의 생각 일반화하기, 인물의 생각을 현실에서 발견하기, 인물의 생각을 현실 가치와 호응시키기
가치 합리화하기 (내면화하기)	인물의 생각에 맞서 보기/옹호하기, 인물의 생각 확장해 보기, 인물을 현실에서 재생해 보기

2) 갈등 이해 모형

일반적으로 '갈등'은 인간의 내면적인 면을 드러내 주고, 외적으로는 인간이 다른 대상과 상호작용하는 면을 보여 주는 것이라 할 수 있다. 그래서 갈등 이해 모형은 사회 문제나 사회 현상을 탐구할 때도 적용할 수 있는 모형이다. 문학 영역에서는 갈등을 중심축으로 하는 내러티브의 내용과 구조를 집중해서 몰입하여 경험할 수 있는 이점이 있다. 이러한 문학 수업을 통해서 삶에 대한 성찰적 경험을 익히도록 한다.

표 8-2 갈등 이해 모형

과정	주요 활동 내용
성격 분석하기	갈등의 주체인 인물의 성격을 분석하기, 개성 발견하기, 성격의 선천성/후천성 구분하기, 성격 특징 짚어 내기(독창성, 공감적 이해력)
갈등 요인 찾기	갈등의 요인을 다양하게 발견하기, 먼 요인과 가까운 요인 구분해 보기, 요인들 간의 인과관계 찾기, 인성적 요인 찾아보기
갈등과정 분석하기	갈등의 흐름 진단하기, 갈등의 방향 예측하기, 갈등으로 인한 나쁜 영향/좋은 영향 분석하기(독창성, 인성)
평가하기 (내면화하기)	심판하기, 인물들이 갈등을 만드는 방식 비교하기, 갈등을 해결하는 방식 평가하기, 현실 속 갈등과 비교하여 평가하기

3) 해석 교환 모형

문학작품을 지도할 때 작품을 읽은 독자의 반응을 중시하라는 원리는 지금까지도 반응중심 수업모형을 통해서 강조된 바 있으며, 정답 찾기 방식의 주입식 문학교육을 극복하기 위한 노력을 해야 한다는 것에는 모두가 공감하고 있다. 독자 반응을 중시하는 것이 곧 모든 반응이 다 타당하다는 것을 의미하지는 않는다. 중요한 것은 학습자 각자의 반응과 해석을 서로서로 교환하고 교류하고 순환해 봄으로써 해석의 정당성을 스스로 모색하고 발견해 나가는 과정을 경험하게 해 주는 것이 바람직하다는 것이다. 이를 통해서 학습자들은 작품이 지니고 있는 여러 가지 해석의 가치와 주제의 다양성을 맛볼 수 있게 된다. 또한 이 과정에서 풍부한 창의성 경험을 자극받을 수 있게 된다. 해석 교환 모형은 반응중심 수업모형과 같은 효과를 도모하면서도 학습자 반응의 일반화 · 합리화 과정을 더 충실하게 반영한 것이라 할 수 있다. 인성교육 차원에서 본다면 역지사지의 배려를 익힐 수 있는 계기를 제공해준다고 할 수 있다.

표 8-3 해석 교환 모형

과정	주요 활동 내용
객관적 해석 과정	해석의 기본 단계로 객관적 준거를 중심으로 한 반응과 해석을 한다.
주관적 해석 과정	주관적 기준에 따른 해석을 하면서 텍스트의 심층을 파악한다.
해석의 교환, 순환	객관:객관, 객관:주관, 주관:주관 사이의 해석들을 교환 혹은 순환한다.
해석 일반화하기	공유한 해석의 공통점과 차이점 정리하기, 일반화하기, 새로운 해석 가능성 발견하기

4) 텍스트 상호성 모형

"모든 텍스트는 다른 텍스트를 향해서 열려 있다."라는 유명한 명제가 텍스트 상호성 모형의 이론적 근거다. 글을 쓰는 사람이나 글을 읽는 사람이나, 지금 붙잡고 있는 글은 이미 자신이 예전에 경험한 다른 텍스트들과 알게 모르게 강한 상호성을 지니고 있다. 즉, 글을 읽고 쓰는 활동이 가장 창의적 능력을 발휘하는 기제가 된다는 것이다. 따라서 글을 읽고 쓰는 수업을 할 때, 이와 같은 텍스트 상호성의 원리를 학습자들이 잘 활용할 수 있도록 수업을 이끌어 나간다면 창의성 능력을 효과적으로 도모할 수 있을 것이다. 또 텍스트의 세계나 사람의 삶의 세계가 넓고 긴밀한 관계의 섭리 속에 있음을 이해함으로써 배려의 인성과 인내의 인성을 내면화할 수 있을 것이다. 텍스트 상호성을 어떤 준거로 따져 볼 것인가 하는 문제는 다양한 측면에서 살펴볼 수 있다. 대체로 주제의 상호성(같은 주제 범주에 있는 글들은 서로 텍스트 상호성이 있다고 본다), 장르의 상호성, 경험(소재)의 상호성, 읽고 쓰는 목적이나 상황의 상호성, 인물이나 사건의 상호성, 작가의 상호성, 독자의 상호성 등 매우 다양하게 다룰 수 있다.

표 8-4 텍스트 상호성 모형

과정	주요 활동 내용
작품 내용 비교하기	둘 이상의 텍스트를 비교해 보며, 상호성을 지닐 수 있는 가능성을 짚어 본다. 두 텍스트의 내용을 연관되는 코드로 묶기
상호성의 준거 정하기	두 개 이상의 작품을 같은 틀에서 비교하고 분석하고 종합할 수 있는 상호성 준거를 정한다(예: 주제, 경험, 사건, 배경, 독자 등).
상호성으로 의미 확장하기	한 작품 내에서 단일한 요소였던 것을 상호성으로 다른 작품과 연관 지으면서, 경험, 해석, 가치, 주제 등을 확산시켜 본다(창의활동).
새 이야기 구성하기	두 작품의 상호성으로 인해 확장된 경험이나 주제를 가지고 제3의 이야기(또는 새로운 결말 만들기 등)를 구성해 본다.

5) 소통 확장 모형

창의 · 인성교육이 지향하는 바는 소통이며, 문학교육의 목표 또한 문학을 통해 소통하는 것이다. 익히고 배운 문학 또는 자신이 창작한 문학과 의미 있게 소통하여 문학과 더불어서 자신의 삶과 정신이 어떤 보람과 가치를 얻는 것이라 할 수 있다. 이 자체로서 문학교육의 중요한 가치 하나가 실현되는 것이라 할 수 있다.

또한 "소통되지 않는 문학은 죽은 문학이다."라는 수용미학의 원리가 보여주는 것처럼 자신의 문학적 성과들과 부지런히 소통하는 일은 그 자체로 교육적 가치를 가지게 된다. 문학과 더불어서 정서, 의식, 감동, 이념 등과 소통함으로써 자신을 의미 있는 존재로서 자각하고 문화적 실천을 하는 것이다. 이런 과정이야말로 매우 높은 윤리적 경험을 하는 것이라 할 수 있고, 문학과 현실을 오가면서 문제를 발견하고 해결하는 창의적 자질을 실천적으로 습득하는 것이라 할 수 있다.

표 8-5 소통 확장 모형

과정	주요 활동 내용
문학을 실용적으로 동원하기	읽거나 창작한 이야기를 일상생활에서 어떻게 활용하면 좋을지 활용 상황과 활용 효과를 생각해 본다.
문학으로 친교활동하기	기존 친구들과의 사귐이나 새로운 친교 상황에서 문학을 활용한다. 새로운 가족 구성원, 새로운 이웃과의 관계에서도 실천해 본다. (인성)
매체를 이용하여 문학소통하기	문학 소통의 상황과 목적에 따라 다양한 매체를 이용하여 문학과 소통한다. 매체 이용의 경험을 반성적으로 평가하고 새로운 소통 전략을 세운다. (창의)
문학으로 문제해결하기	어떤 특정한 문제 사태에서 문학을 통하여 그 문제를 해결할 수 있는 방안을 찾아보고, 문제해결을 실천하고 평가한다.

6) 창작 모형

'창작하기'는 창의 · 인성교육의 실현이 비교적 열린 상태로 시도될 수 있는 장면이라 할 수 있다. 창작의 형식과 언어 운용에서 창의적 자질이 드러난다면, 창작 작품의 주제 요소는 인성 자질과 연계될 수 있다. 그러나 온전한 개념의 '창작하기'를 수업에 적용하는 데에는 기술적 제약이 많다. 그렇기 때문에 공학적 체제로 조정된 다음과 같은 수업 모형을 활용할 수 있을 것으로 본다.

표 8-6 창작 모형

과정	주요 활동 내용
패러디하기	패러디하고 싶은 작품의 선정 및 선정 이유, 바람직한 모방으로 창작 효과를 익힌다. 단순 패러디와 풍자 패러디를 구분한다.
부분 재구성하기	텍스트의 일정 부분을 기존의 것과 다르게 재구성한다. 재구성 과정에서 창의적 발상과 설계가 나타나도록 한다.
텍스트 상호성 살려 재구성하기	두 개 이상의 작품을 상호 연관 짓는 과정에서 작품을 재구성하는 활동을 한다. 새로운 세계를 만들어 내는 창의적 발상에 초점을 둔다.
대안 그리기	비교적 제한이 없는 창작활동이다. 비판적 상상력을 전제로 그 비판의 대안이 되는 상황이나 세계를 그리도록 한다.

창의력 신장에 도움을 주는 스토리텔링을 활용한 고전문학 반응을 활성화하기 위해 다음과 같은 지도모형을 제시하였다.

표 8-7 창의력 신장을 위한 스토리텔링 지도모형 구안

지도 단계	지도 내용
계획	• 이야기 자료 선정 • 스토리텔링 방법 정하기
관계 형성하기	• 스토리텔링을 위한 내외 환경 조성 • 이야기 소개 • 이야기 예측 • 학습목표 확인
이야기 확인하기	• 이야기 확인 • 질문을 통한 상호작용 • 스토리텔링 방법 확인
이야기 완성하기	• 이야기 만들기 • 만든 이야기 검토하기
창의적 의사소통	• 만든 이야기 전달하기 • 창의적 의사소통하기 • 이야기 수정 · 보완하기
공유 및 평가	• 완성된 이야기 공유하기 • 평가하기

• 계획 계획단계에서는 들려줄 이야기의 내용과 그에 따른 스토리텔링 방법을 교사가 선정한다. 학습자의 지적 수준과 흥미, 관심도를 미리 파악하여 이야기와 스토리텔링 방법을 선정할 필요가 있으며 모두 선정되고 난 후 흐름을 계획한다.

• 관계 형성하기 스토리텔링의 효과를 높이기 위한 단계로서 심리적, 정서적 공감대를 넓히고 분위기를 조성하는 단계다. 스토리텔링 후 창의적 의사소통이 가능하도록 모둠을 구성한다. 모둠을 통해 창의적 의사소통의 효과를 높이도록 하며, 그 과정에서 긍정적인 피드백이 이루어질 수 있도록 한다.

• 이야기 확인하기 스토리텔링 하기 전 이야기에 몰입하여 이야기를 확인하는 단계다. 교사가 이야기를 읽을 때 호흡할 곳을 적절히 조절하며 발음을 정확히 하고 또박또박 힘을 주어 말한다. 그리고 시선을 골고루 주면서 표정 연기와 동작을 곁들이도록 하며 각 단어의 의미나 문맥의 상황을 충분히 고려하여 반전이나 전환이 일어나는 시점에서는 강조하는 전략을 사용한다.

• 이야기 완성하기　자신의 상상대로 스토리텔링을 하는 단계다. 이야기의 내용을 확인하면서 느꼈던 점이나 더 이야기하고 싶은 점을 바탕으로 하여 스토리텔링을 한다.

• 창의적 의사소통　자신이 만든 이야기를 전달하고 의사소통하는 과정에서 이야기를 수정 · 보완하는 단계다. 다른 친구들의 이야기를 들으며 잘된 부분, 이해가 되지 않는 부분과 고칠 부분에 대해 의견을 제시한다.

• 공유 및 평가　자신의 이야기와 타인의 이야기를 공유하면서 평가해 본다. 하나의 이야기를 가지고도 여러 가지 아이디어가 나올 수 있어서 다양한 시각에서 이야기를 볼 수 있고, 스토리텔링의 재미를 느낄 수 있는 장점을 가진다.

[학생 작품]

표 8-8 스토리텔링 시 평가지

( ) 평가지

	평가항목	매우 그렇다	그렇다	보통이다	그렇지 않다	매우 그렇지 않다
내용	새롭게 창조했는가?					
	창조한 내용이 재미있고 공감이 가는가?					
	주제가 통일성이 있는가?					
표현	어조는 적절했는가?					
	동작은 상황에 적절했는가?					
	표정은 상황에 적절했는가?					
태도	시선 처리는 자연스러웠는가?					
	청자의 반응을 살피는가?					
	읽기만 했는가?					

5. 스토리텔링을 활용한 창의 · 인성교육의 실제

고전문학

『홍길동전』 줄거리

조선시대에는 신분제도가 엄격하여 첩의 자식은 차별 대우를 받았어요.

홍길동은 서자로 태어났어요.

본부인이 아닌 첩에게서 태어난 아이를 서자라고 말하지요.

길동이는 어린 시절부터 매우 총명하여 하나를 가르치면 백을 알 정도였어요.

'아버지를 아버지라 부르지도 못하고, 벼슬길에 나서지도 못하다니…….'

어린 길동이는 자신의 신분이 족쇄처럼 느껴져 늘 마음이 아팠지요.

길동이는 아버지께 하소연했어요.

"소인은 이 세상에 당당한 남자로 태어났으나, 아버지를 아버지라 부르지 못하고 형을 형이라 부르지도 못하오니 어찌 사람이라 하겠습니까?"

"벼슬 높은 집안에 천한 출신이 너뿐이 아닌데, 어찌 방자하게 구느냐? 그런 말을 또 하면 용서하지 않겠다."

'내가 품은 뜻을 이루기 위해서는 집을 떠나야겠다.'

길동은 아버지의 말씀을 듣고 결국 집을 나와 수많은 어려움을 겪었어요.

탐관오리의 재산을 빼앗아 가난한 사람들을 구제하는 활빈당이라는 조직도 만들었어요.

그 후 길동은 조선에서 도적으로 쫓기게 되었고, 결국 섬으로 가서 율도국이라는 새로운 나라를 세웠답니다.

출처: 김동훈(2013).

활동 ②

『홍길동전』에 나타난
갈등의 원인을 찾아
적어 보세요.

이 소설에 나타난 갈등의 원인을 찾아서 적어 보세요.

홍길동이 서자로 태어난 것과.

신분차별시대에 태어난 잘못.

이 소설에 나타난 갈등의 원인을 찾아서 적어 보세요.

아버지에게 하소연을 했다

집을떠나게 되었다.

활빈당이라는 것

[학생 작품]

활동 ③

『홍길동전』에서 갈등을
해결하기 위해
주인공이 한 행동을
정리해 보세요.

⬇

⬇

⬇

⬇

갈등을 해결하기 위해 주인공이 한 행동을 정리해 보세요.

아버지에게 서럽다고 하소연을 함

↓

집을 나감

↓

활빈당 조직, 탐관오리 처치

↓

도적에게 쫓김

↓

율도국 세움

갈등을 해결하기 위해 주인공이 한 행동을 정리해 보세요.

아버지에게 하소연을 했다.

↓

집을 떠나게 된다

↓

활빈당 조직을 만든다

↓

탐관오리의 재산을 빼앗아 가난한 사람을 도움.

↓

도적으로 오해를 받아 도망쳐서 자신의 나라 율도국 세움.

[학생 작품]

활동 ④

만약 내가 주인공이라면?

만약 내가 주인공이라면
어떻게 행동할지
생각해 보세요.

-내가 주인공이라면?-

만약 내가 주인공이라면 어떻게 행동했을지 생각해 보세요.

내가 만약 홍길동이라면?

활빈당이라는 조직을 만들어 탐관오리들의 재산을 뺏어 부자가 된 뒤, 자신이 잘 살고 있다는 점을 집에 알린뒤, 그 집 바로 앞에서 엄청 크게 떵떵거리며 살것이다. 신분세탁 후 더 높은 위치의 사람이 된다.

만약 내가 주인공이라면 어떻게 행동했을지 생각해 보세요.

내가 만약 홍길동이라면?

외국으로 유학을가서 머리가좋았으니 그나라말을배우고 더 공부해 높은자리에 오를것이고 그나라에서 첩의자식이 아니게 떳떳하게 살것이다.

[학생 작품]

활동 ⑤

상황에 대한 대처방안

만약 여러분이 홍길동이라면 이 상황을 어떻게 대처할까요? 집을 나가는 극단적 방법을 제외한 다른 대처방안을 생각해 보세요.

-상황-

길동은 서자이기에 벼슬길에 나서지도 못하고 호부호형도 하지 못한다. 길동은 자신의 안타까운 처지와 마음을 아버지에게 털어놓았지만, 아버지는 호통만 치신다. 이러한 상황을 길동이 슬기롭게 해결할 수 있는 방안은 무엇인가?

만약 여러분이 홍길동이라면 어떻게 대처했을까요? 집을 나가는 극단적인 방법 말고 다른 대처방안을 생각해 보세요.

자신의 아들이 서자이기 때문에 고런것이라면 아버지는 높은 관직을 가진 사람이니 서자들에게도 평등한 기회를 줄수있게 노력하고. 그리고 길동이는 총명하니 그점을 이용해서 길동이가 할수 있는 일들을 찾아본다.

아내와 상의를 해서 실제 친아버지가 아니라고 한다 마음은 아프지만 친한 친구의 아들인데 친구가 죽어서 거두어 들인 것이라고 한다.
그렇다면 길동이는 마음속으로 아버지라고 생각만 하고 부르지 못하는 것에 대해서는 속상해 하지 않을 것 같다.

[학생 작품]

만약 여러분이 홍길동이라면 어떻게 대처했을까요? 집을 나가는 극단적인 방법 말고 다른 대처방안을 생각해 보세요.

"허락할 수 없는 것은 사회의 법도.
너를 그렇게 태어나게 한 것이 내 죄이니라." 라며,
자신의 잘못을 인정하고 너는 적자인 나의 아들들처럼
모두 소중한 존재다, 라는 점을 얘기해준다
그래도 홍길동이 서운해하는 모습이 보이면,
자신의 아들들 모르게 많은 재산을 준 뒤 (집을) 나가서
열심히 잘 살라고 나중에 훌륭하게
성공해서 찾아오라고 할 것이다.

조선시대의 당시 법도 때문에 길동이에게 호통을 친 것이 마음아프지만 그렇다고 해서
사회의 법도에 따르지 않을 수는 없기에 해결할 수 있는 방법을 생각한다면
집안에서 사회의 법도에 따르되 길동이에게 학문과 집 밖으로 독립해서도
부유하게 (살 수 있고) 신분 상승을 할 수 있도록 조금씩 보탬이 되어주도록 한다
그리고 신분이 상승이 되어 돌아온다면 집 안에서라도 "아버지"
라는 호칭을 사용할 수 있도록 허가해준다.

[학생 작품]

활동 ⑥

『홍길동전』을 읽고 이 이야기가 우리에게 주는 교훈이 떠오르나요?

- 이야기 속에 담긴 교훈 -

이야기 속에는 이러한 교훈이 숨어 있습니다.

홍길동전을 읽고 이 이야기가 우리에게 주는 교훈이 떠오르나요?

* 이야기 속에 담긴 교훈
— 이 이야기 속에는 이러한 교훈이 숨어있습니다.
— 모든 사람들에게 평등한 기회를 주어야 한다

홍길동전을 읽고 이 이야기가 우리에게 주는 교훈이 떠오르나요?

* 이야기 속에 담긴 교훈
— 이 이야기 속에는 이러한 교훈이 숨어있습니다.
— 잘못된 사회제도를 바로 잡아야 한다
— 부정부패를 저지르는 벼슬아치들을 벌해야 한다
— 겉으로만 보고 벌을 주지 말고, 그 사정도 이해를 해주어야 한다

[학생 작품]

활동 ⑦

『홍길동전』을 생각했을 때 떠오르는 것을 다른 사물에 비유해 보세요. 그리고 그 이유도 적어 보세요.

홍길동은 ______________________ 이다.

왜냐하면

____

____

____

____

때문이다.

홍길동을 생각하였을 때 떠오르는 것을 다른 사물에 비유해 보세요. 그리고 그 이유도 적어 보세요.

홍길동은 개척자 이다.

왜냐하면 자신의 뜻을 위해 집을 나와 시대 상황과 다르게 어려운 사람들을 도와주기

이기 때문이다.

홍길동을 생각하였을 때 떠오르는 것을 다른 사물에 비유해 보세요. 그리고 그 이유도 적어 보세요.

홍길동은 뉴스 이다.

왜냐하면 지금 우리 사회를 비판하고 있는 것 같기 때문이다

이기 때문이다.

[학생 작품]

고전문학

『백설공주』 줄거리

예쁜 왕비와 왕 사이에 태어난 공주는 요정들의 축복을 받았어요.

얼굴은 하얗고 입술은 빨개서 백설공주였어요.

하지만 백설공주를 낳고 얼마 있지 않아 왕비가 죽고, 왕은 미녀로 변신한 마녀와 사랑에 빠지게 되었어요.

마녀는 세상에서 자신이 제일 예쁘다고 생각하여, 마법의 거울에게 매일같이 물었어요.

"거울아, 거울아! 세상에서 누가 가장 예쁘니?"

"백설공주님께서 가장 예쁘십니다."

화가 난 마녀는 사냥꾼을 시켜 백설공주를 성 밖으로 쫓아내며 죽여 달라고 했지만, 사냥꾼은 백설공주를 숲 속 깊은 곳에 버려두고 왔어요.

백설공주는 숲 속을 돌아다니다, 일곱 난쟁이의 집을 발견했어요.

집으로 들어가 차려져 있는 음식을 다 먹고는 침대에서 잠을 잤어요.

집으로 돌아온 난쟁이들은 집 안에 있던 백설공주를 보고 깜짝 놀랐어요.

백설공주는 난쟁이들에게 지금까지의 일들을 말해 주었어요.

그 후 난쟁이들과 백설공주는 함께 지내게 되었지요.

왕비는 어느 때와 다름없이 거울에게 물었지만 백설공주가 제일 예쁘다고 했어요.

거울은 숲 속 일곱 난쟁이네 집에서 백설공주가 살고 있다고 왕비에게 말해 주었어요.

화가 난 왕비는 노인으로 변장하여 독이 든 사과를 만들어 난쟁이네 집을 찾아갔지요.

난쟁이들은 일을 가고 백설공주만 남아 집안일을 하고 있었어요.

사과를 팔러 온 노인은 백설공주에게 너무 예뻐서 그냥 하나 드린다고 먹어 보라고 했어요.

독이 든 사과를 한입 베어 문 공주는 그만 쓰러졌지 뭐예요.

집으로 돌아온 난쟁이들은 쓰러진 백설공주가 죽은 줄 알고 슬퍼했어요.

며칠 후 난쟁이들은 꽃으로 만든 관에 공주를 눕혔어요.

그때 마침, 지나가던 이웃 나라 왕자가 너무나도 아름다운 백설공주의 모습을 보았어요.

백설공주에게 입맞춤을 하니 목에 걸려 있던 사과가 튀어나오며 백설공주는 기나긴 잠에서 깨어났어요.

이 모습을 본 난쟁이들은 얼싸안고 노래를 부르기 시작했어요.

왕자와 백설공주도 서로의 모습에 반해 결혼을 하게 되었고, 오래오래 행복하게 살았대요.

활동 ⑧

『백설공주』 속 등장인물 분석하기

동화 『백설공주』 속 등장인물을 분석해 보세요.

1) 백설공주의 성격은 어떠한가요?

2) 새 왕비의 성격은 어떠한가요?

3) 사냥꾼의 성격은 어떠한가요?

4) 일곱 난쟁이의 성격은 어떠한가요?

5) 왕자의 성격은 어떠한가요?

동화 '백설공주' 속 등장인물 분석해 보세요.

등장인물	성격
백설공주	여리다 / 살짝 의존적이고 사교성이 좋다.
백설공주 어머니	예쁘다 / 순수
새 왕비	질투와 시기가 많고 싸이코패스
사냥꾼	동정심이 있고 그렇게 나쁘지 않다.
일곱 난쟁이	착하고 사랑을 그리워한다.
왕자	쉬운 남자네

동화 '백설공주' 속 등장인물 분석해 보세요.

등장인물	성격
백설공주	긍정적이다. 밝다. 정이 많다. 어리숙하다. 의심이 없다. 세상물정모른다. 사교성이 좋다.
백설공주 어머니	백설공주를 너무나 사랑한다. 차분하다. 몸이 허약하다. 착하다.
새 왕비	지likely 여우다
사냥꾼	마음이 여리다. 티오지사상주의. 정이많다. 의리있다.
일곱 난쟁이	착하다. 성실하다. 부지런하다. 의리 있다.
왕자	예쁜사람을 좋아한다. 순하다. 마마보이. 거제적으로 한다.

[학생 작품]

동화 '백설공주' 속 등장인물 분석해 보세요.

등장인물	성격
백설공주	순진하고 조금 바보같은 면이 있다. 의심이 없다.
백설공주 어머니	순수하고 허약하다.
새 왕비	포악하고 못되고 자신만 이 세상에서 예뻐야만함.
사냥꾼	배려심이 있고, 착하다.
일곱 난쟁이	착하고 봉사정신이 강하며, 의리가 있다.
왕자	순수해보인다. 오지랖.

동화 '백설공주' 속 등장인물 분석해 보세요.

등장인물	성격
백설공주	착하고 예쁘다. 어리숙하다. 의심이 없다. 붙임성이 좋다.
백설공주 어머니	백설공주를 놓다놓아가서 불쌍하다. 몸이허약하다.
새 왕비	나쁘다. 못됐다. 사악하다. 질투가 많다. 현실적이다.
사냥꾼	약고르며 마음이약하다.
일곱 난쟁이	백설공주를 불쌍히여기고 같이산다. 정이많다.
왕자	공주를 살려주었다.

[학생 작품]

활동 ⑨
주인공이 바뀐다면?

주인공이 백설공주가 아니라 새 왕비라면 어떠할지 새 왕비의 입장에서 이야기를 전개해 보세요.

주인공이 백설공주가 아니라 새 왕비라면 어떠할지 새 왕비의 입장에서 이야기를 전개해 보세요.

미모하나만은 자신있었던 새왕비는 궁에 들어와보니
더 예쁜 백설공주를 보게됩니다.
그런 백설공주와 친해지며 미모의 비결을 알아냅니다.
그리고 백설공주의 성품도 같이 배우게 됩니다.
새왕비는 미모도 가꾸어 마음도 가꾸어 백설공주보다
훨씬 더 예쁜 여자가 됩니다.

주인공이 백설공주가 아니라 새 왕비라면 어떠할지 새 왕비의 입장에서 이야기를 전개해 보세요.

오랜만에 마법의 거울에게 누가 가장 예쁜지 물어보았다.
그런데 어찌된일인지 오늘은 거울이 백설공주가 가장 예쁘다고한다.
너무 분하고 또 슬펐다. 그래서 백설공주를 몰래 독사과를 만들어 찾아가 먹였다.
백설공주를 없애고 행복한 날들을 보내던 어느날 이웃나라 왕자와 백설공주가 결혼한다는 소식이
들려왔다. 끈질긴 백설공주의 생명력에 나는 두손두발 다들고 백설공주가 가장 예쁘다고 말하는
마법의 거울을 결혼 선물로 주었다.

[학생 작품]

주인공이 백설공주가 아니라 새 왕비라면 어떠할지 새 왕비의 입장에서 이야기를 전개해 보세요.

새왕비는 왕국에 들어와 의지할 사람 하나 없이 힘들게 지내고 있었어요.
믿을 수 있는건 자신의 친구이자 보물인 마법거울 (아주 눈부신) 뿐이었지요.
항상 모든 사람들의 관심과 사랑을 독차지 하던 백설공주는 그런 왕비에게
눈엣가시일 수 밖에 없었습니다. 많은 시간이 흘러 백설공주가 자랐고
거울 조차 자신의 편이 아닌 백설공주를 사랑하게 되었다고 생각한 왕비는
백설공주를 더 이상 지켜만 볼 수 없게 되었습니다. 그렇게
나쁜 마음을 먹고 백설공주를 죽인 왕비는 더 더욱 늙어가는 자신의 모습에
견딜 수 없어 (자신이 만든 독사과를 먹고) 스스로 목숨을 끊게 됩니다.

주인공이 백설공주가 아니라 새 왕비라면 어떠할지 새 왕비의 입장에서 이야기를 전개해 보세요.

매일 거울 앞에 가서 거울에게 누가 제일 예쁜지 묻습니다.
하루하루 답변을 들을 때 자신이 아니라는 답을 들을 경우
킬러를 시켜 매일 자신이 예쁘다는 소리를 듣습니다.
한 달에 한 번씩 자신의 예쁨을 보충하려고 나라의 어린
아이들을 재물로 바치라고 합니다. 그 곳에 백설공주가
나타나고 백설공주가 재물이 되어 왕비에게 바쳐집니다.
킬러에게 죽이라는 명령을 내린 뒤 왕비는 잠에 듭니다
킬러는 백설공주의 예쁜 모습에 반해 왕비를 죽인 후
백설공주를 왕비로 되게 할 것입니다.

[학생 작품]

활동 ⑩

『백설공주』 예고편 만들기

『백설공주』의 예고편을 만들어 보세요.

동화 '백설공주'의 예고편을 만들어 보세요.

동화 '백설공주'의 예고편을 만들어 보세요.

[학생 작품]

동화 '백설공주'의 예고편을 만들어 보세요.

동화 '백설공주'의 예고편을 만들어 보세요.

[학생 작품]

참고문헌

권순긍(2006). 중학교 고전소설 교육의 지향과 방법. 반교어문연구, 제21집, 397.

김동훈(2013). 맛있는 창의성 놀이. 서울: 한언.

김미진(2008). 고전문학을 활용한 텔레비전 드라마의 스토리텔링 사례연구. 단국대학교 대학원 석사학위논문.

김은정(2003). 인성 함양을 위한 효과적인 발문 연구: 시 수업을 중심으로. 신라대학교 교육대학원 석사학위논문.

김의숙, 이창식(2005). 문학콘텐츠와 스토리텔링. 서울: 역락.

김해연(2007). 스토리텔링을 활용한 인성지도 방법 연구. 광주교육대학교 교육대학원 석사학위논문.

류수열, 유지은, 이수라, 이용욱, 장미영, 주경미(2007). 스토리텔링의 이해. 서울: 글누림.

박기용(2009). 글쓰기 이론과 실제. 서울: 월인.

박태화(2002). 창의성 신장 및 인성 함양을 위한 글쓰기 지도 방법 연구: 시 · 소설 창작을 중심으로. 한남대학교 대학원 석사학위논문.

신명훈(2012). 스토리텔링을 활용한 구비문학 교육 방안 연구: 중학교 1학년 교과서를 중심으로. 한국외국어대학교 교육대학원 석사학위논문.

이신혜(2014). 스토리텔링을 활용한 고전문학 교육방안 연구: 〈박씨전〉을 중심으로. 강원대학교 교육대학원 석사학위논문.

이인화(2003). 디지털 스토리텔링. 서울: 황금가지.

이하나(2010). 판소리 문학을 통한 인성교육 방안 연구. 경희대학교 교육대학원 석사학위논문.

정은순(2006). 스토리텔링을 활용한 학습모형의 연구 : 『ももたろう』이야기를 소재로. 단국대학교 교육대학원 석사학위논문.

최영환(2003). 국어교육학의 지향. 서울: 삼지원.

최혜실(2006). 문화 콘텐츠, 스토리텔링을 만나다. 서울: 삼성경제연구소.

하은미(2010). 창의력 신장을 위한 스토리텔링 학습지도방안. 진주교육대학교 교육대학원 석사학위논문.

〈참고 그림책〉

강원희 글, 서선희 그림(2014). 구운몽. 서울: 알라딘북스.
권혁래 글, 홍선주 그림(2014). 홍길동전. 서울: 장영.
김진경 글, 강우근 그림(2012). 토끼전. 서울: 황제펭귄.
김해원 글, 박해남 그림(2014). 별주부전. 서울: 웅진주니어.
루이자 메이 올컷 글, 김민지 그림(2014). 작은 아씨들(한상남 역, 이지훈 해설). 서울: 삼성출판사.
마크 트웨인 글, 박승범 그림(2012). 톰 소여의 모험(박상재 편). 서울: 삼성출판사.
방미진 글, 오윤화 그림(2013). 장화홍련전. 서울: 웅진주니어.
빅토르 위고 글, 박주원 그림(2014). 레 미제라블(신이주 편). 통큰세상.
생텍쥐페리 글, 문계주 그림(2014). 어린 왕자(정진숙 역, 김준우 해설). 서울: 삼성출판사.
신동흔 글, 노을진 그림(2004). 춘향전. 서울: 한겨레아이들.
알퐁스 도데 글, 김현정 그림(2001). 마지막 수업(박명희 편). 서울: 지경사.
윤인완 글, 양경일 그림(2001~2007). 신암행어사 1~17. 대원.
이규희 편, 강신광 그림(2014). 흥부전. 한국톨스토이.
프랜시스 호지슨 버넷 글, 송지향 그림(2014). 소공녀(꿈바라기 편). 키움북스.
프랜시스 호지슨 버넷 글, 찰스 로빈슨 그림(2011). 비밀의 화원(김옥수 역). 서울: 비룡소.
하워드 파일 글, 김세은 그림(2012). 로빈 후드의 모험(엄예현 편). 서울: 지경사.
홍윤희 글, 박철민 그림(2012). 심청전. 서울: 예림아이.

〈그림 출처〉

http://cafe.naver.com/2006ktp/125284
https://www.stylesha.re/tkfk7868/906525

저자 소개

김형재(Kim Hyoung-jai)
경성대학교 유아교육학과 박사
아이나라 어린이집 원장
렌즐리 영재 창의성 교육원 원장
한국열린유아교육학회 이사
현 구미대학교 유아교육과 교수

구성수(Koo Sung-soo)
대구대학교 유아교육학과 박사과정
에덴 유치원 원장
교육대표자 정책 최고위 부회장
한국산학기술학회 이사
구미대학교 유아교육과 교수
현 문장유치원 설립자

김형숙(Kim Hyung-sook)
계명대학교 유아교육학과 박사과정
영동대학교 유아교육과 외래교수
놀이학교 위즈아일랜드 원장
구미대학교 유아교육과 겸임교수
현 대구시학부모역량강화 강사

김병만(Kim Byung-man)
부산대학교 유아교육학과 박사
동명대학교 산학협력단 연구지원팀 전임연구원
부산광역시 유아교육진흥원 전임연구원
현 경남대학교 유아교육과 교수

이종길(Lee Jong-gil)
경성대학교 유아교육학과 박사
동명대학교 유아교육과 겸임교수
한국아동통합예술연구소 소장
한국어린이디자인연구소 ThankU 소장
현 신나라뮤지움 대표

김경숙(Kim Kyoung-suk)
신라대학교 유아교육학 박사수료
신라대학교 외래교수
현 동부산대학교 유아교육과 겸임교수
반여1동 어린이집 원장

심민서(Sim Min-seo)
신라대학교 유아교육학 박사수료
부산과학기술대학교 외래교수
현 낙동강유역 환경청 어린이집 원장

허수윤(Heo Su-yun)
경성대학교 유아교육학과 박사
해뜸어린이집 원장
동의과학대학교 유아교육과 겸임교수
현 경성대학교 유아교육과 교수

김경은(Kim Kyung-eun)
경성대학교 유아교육학과 박사수료
로사 유치원 교사
동명대학교 산학협력단 창의 · 인성연구소 박사급 연구원
경성대학교 유아교육과 외래교수
현 전민유치원 교사

홍순옥(Hong Soon-ohk)
대구가톨릭대학교 교육학과 박사
미국 California State University, Northridge 객원교수
일본 세이난가쿠인대학교 아동학과 교환교수
한국열린유아교육학회 학술이사
현 경성대학교 유아교육과 교수

유아교사를 위한
창의 · 인성교육의 이론과 실제
The Theory and Practice of Creativity & Personality Education
-for Kindergarten Teacher

2015년 9월 15일 1판 1쇄 인쇄
2015년 9월 25일 1판 1쇄 발행

지은이 • 김형재 · 구성수 · 김형숙 · 김병만 · 이종길
김경숙 · 심민서 · 허수윤 · 김경은 · 홍순옥
펴낸이 • 김진환
펴낸곳 • (주) 학지사
121-838 서울특별시 마포구 양화로 15길 20 마인드월드빌딩
대표전화 • 02)330-5114 팩스 • 02)324-2345
등록번호 • 제313-2006-000265호

홈페이지 • http://www.hakjisa.co.kr
페이스북 • https://www.facebook.com/hakjisa

ISBN 978-89-997-0656-1 93370

정가 20,000원

이 도서의 국립중앙도서관 출판시도서목록(CIP)은 서지정보유통지원시스템 홈페이지(http://seoji.nl.go.kr)와 국가자료공동목록시스템(http://www.nl.go.kr/kolisnet)에서 이용하실 수 있습니다.
(CIP제어번호: CIP2015024263)